新广告与市场营销丛书

王国全 主编

思路·创意·技巧
新营销策划

潘小珍 李艳娥
赵江安 王国全 编著

中山大学出版社
·广州·

版权所有　翻印必究

图书在版编目（CIP）数据

新营销策划：思路·创意·技巧/潘小珍，李艳娥，赵江安，王国全编著. —广州：中山大学出版社，2009.3

（新广告与市场营销丛书/王国全主编）

ISBN 978-7-306-03269-0

Ⅰ. 新… Ⅱ. ①潘…②李…③赵…④王… Ⅲ. 广告—市场营销学 Ⅳ. F713.8

中国版本图书馆 CIP 数据核字（2009）第 019972 号

出 版 人：叶侨健
策划编辑：邹岚萍
责任编辑：邹岚萍
封面设计：实线创作室
责任校对：陈　霞
责任技编：黄少伟
出版发行：中山大学出版社
电　　话：编辑部 020-84111996，84113349
　　　　　发行部 020-84111998，84111981，84111160
地　　址：广州市新港西路 135 号
邮　　编：510275　传　真：020-84036565
网　　址：http://www.zsup.com.cn　E-mail：zdcbs@mail.sysu.edu.cn
印　刷　者：广州中大印刷有限公司
规　　格：787mm×960mm　1/16　19.75 印张　398 千字
版次印次：2009 年 3 月第 1 版　2019 年 1 月第 3 次印刷
印　　数：4001～5000 册　　定　价：38.00 元

本书如发现因印装质量问题影响阅读，请与出版社发行部联系调换

内 容 简 介

　　本书立足市场，贴近职场，坚持从策划人出发，着眼策划思维，突出创意技巧，讲究实战操作，对营销策划基本原理、营销战略策划、营销战术（策略）策划、营销创新策划等作了全面的介绍；并反映营销策划知识和职场上营销策划实务的新发展，以及目下国内外出现的新型策划（如产品策划中的品类创新策划和服务策划、渠道策划中的串货治理策划等）。本书有较强的知识系统性、实务指导性和作业技巧性，是一部新颖的营销策划原理与实务操作教材。

　　本书适用于高等院校市场营销、工商管理、商务贸易、企业管理、广告等专业学生，尤其是高职高专院校学生使用，也可以作为营销业界、商贸业界、广告业界职场人员的培训教材和读本，亦是有兴趣或有志于策划业者最可选择的新读物。

总序

◆ 王国全

"新广告与市场营销丛书"编著的初衷,委实是中山大学出版社邹岚萍副编审的出版新思路给我们的一个启发。

新世纪以来,我们多位在高校从事营销与广告教学和科研的老师,陆续承担了不少的课题研究和重点课程建设的任务。面对迅猛发展着的中国社会主义市场经济,面对深化改革的中国高等教育,我们深感很应该在高校教材与时俱进的创新中做点建设性工作。同时,我们也深感多年以来,在营销与广告的教材建设上,诸多问题始终缠绕着,却未能很好地直面,更谈不上解决:到底写的是什么?真正学科意义的某门学科知识是这样的吗?究竟写给谁看?学生需要的又是什么?应该写些什么?学生看了应该得到些什么?等等。见多的屡是些千人一面、缺少时代性和特色的教材,更遑论那些不负责任、作坊式流水线生产的教材还在误人子弟。站在讲台上,我们有时真的不敢正视学子们求知的目光,坐在书桌前,我们便有一种做些改革教材努力的冲动……

"新广告与市场营销丛书"的定位,一言蔽之——新。

从市场的客观现实看,自20世纪末以来,中国走过了计划经济、有计划的商品经济、社会主义市场经济的历史,其间,营销与广告的书籍出版由少而多,与时俱进。随着营销理论和广告理论的不断更新,突破传统观念,确立真正规范的独立学科意义,追踪最新的理论表述,甚而建设创新性的营销、广告理论与实务的文本已刻不容缓,这也是我们撰写此套丛书的目的。

其实,营销或广告行为与过程,无不关系到营销人员与广告人这一行为主体,无不面对着消费者(受众)的需求与接受。那么,如何写出立足于营销人员的营销学?

如何写出与广告的参与者和生产者——广告人密切相关的广告学？都是我们不得不直面重新审视的"以人为本"的关键问题。我们拟想在此套丛书中，坚持从营销人员和广告人的视角切入，将其作为贯穿始终的脉络主线，从新颖的角度架构出市场营销与广告教材的新的体例。

营销与广告，是实务性很强的学科，与社会经济发展如影随形，与市场运作紧紧相连，脱离第一线的实务去单纯地"谈经论道"，正是过往不少此类文本被实务人员视为"纸上谈兵"的死穴。故此，在丛书的撰写中，我们从体例开始，便刻意寻求新的途径，其他环节与元素，甚至连表述的方式也力图让人耳目一新，拟使整套丛书带有这样的特点：重视理论的深入浅出，观点新颖而不失精练；打造导读精要，统览观照而纲举目张；选用市场实例，典范贴切而举一反三；拆析精彩案例，引领思路而不失实践演示；精选阅读资料，印证借鉴而拓展视野。总之，力求整套丛书通俗易懂，既有理论性、知识性，也有实用性、操作性，并兼有新颖性和可读性。

当然，想法与现实不一定都能一一对路，限于我们的水平和能力，丛书中的不足与疏漏之处肯定存在，尚望出版后，能及时得到方家的不吝赐教与读者的热情反馈，以使我们今后的研究与写作有努力的方向，为高校广告与市场营销的教材建设继续添砖加瓦。

撰于广州城市职业学院

序

　　由王国全教授主编的"新广告与市场营销丛书"之四《新营销策划——思路·创意·技巧》（潘小珍、李艳娥、赵江安、王国全编著）一书，即将与广大读者见面了。我以为这是一件值得营销教育界和学术界高兴的事，因为与目前已经出版的一些类似著作和教材相比，这本书有其独到之处。

　　我十分欣赏这本书印在封面上、开宗明义的这样几句话——

　　　　　立足策划人员
　　　　　着眼策划思维
　　　　　突出创意技巧
　　　　　讲究实战操作

　　而且，我个人认为，这正是该书的主要亮点。

　　在市场上，营销策划是实务性、操作性很强的营销业务。所以，高校这类教材大多都非常注重其实战操作的技能和实训的指导。强调理论联系实际，知识便于应用，去分析问题、解决问题，适应职场需要，提升学生的就业能力，这无疑是十分正确和应该坚持的。但同时也提出了进一步思考的问题：与任何策划一样，营销策划也必须讲究创意，而创意的萌生、酿造与出新，关键在于思维的先进与合理，而谁应具备这种思维能力，特别是创造思维能力呢？——营销策划人员。

　　于是，由以上的链式关系中完全可以梳理出：营销策划，还是营销人去策划，归根到底，就是以人为本。

　　正是循此理念与思路，该书编著者辩证地认识到，从整个营销策划行为与过程来看，自始至终无不关系到营销人员这个行为主体，无不是面对消费对象的需求与接受。那么，营销策划的教材就本应立足于营销人员，坚持从营销人员的视点切入，将其作为贯串全书脉络的主线。抓住"以人为本"的核心，编著者尝试从新颖的角度构建出营销策划教材的新体例。

该书按照营销策划基本原理、营销战略策划、营销战术（策略）策划、营销创新策划进行编排，组构成营销策划原理篇、策划人篇、实务篇。其中首先突出了策划人作为营销策划活动主体的重要作用，对策划人应具备的精神品格、职业素养、业务能力进行专门的阐述。该书特别强调策划创意思维，着力于对策划人思维方法、思维特征和思维品质的阐述。为响应职场需求，该书讲究实训实战技巧的阐述，介绍各类有关策划作业的程序、方法和技巧，明晰简洁而又实用，对应设计的练习与实训项目都很有针对性，精选的参考案例新颖典型，难能可贵的是，其中还包括编著者个人营销策划实务成果。

该书还力求反映营销和营销策划研究的新信息、新理论和新成果。例如，特别强调营销传播在策划中的重要地位和作用，在营销战术策划阐述中突出了广告策划及传播，体现出贴近国内外市场现状、紧跟信息产业的发展、响应营销职场需求的敏感性。

总之，《新营销策划》一书是力图突出编著者求"新"努力的初衷的。

该书编著者都是在高等院校教学一线的"双师型"教师，并一直以来投身于市场营销示范性课程的建设中。可以看出，该书很好地反映出他们多年来从事市场营销、营销策划、广告策划等实务工作的亲身经历，参与教学活动的体验心得和教研科研的成果积累。所以，摆在面前的这本书，理念先进、眼界开阔、思路明晰、体例合理、结构严谨、开阖有度、文气统一；而在内容的表述以及表述设计以至编排版式上，甚而视觉接受的考虑上，都能明显地看出编著者的用心。在现今高校教材高速度而大规模撰写出版的情势下，每一个编撰者或编撰团队，只有与时俱进、立足前沿、贴近实践、力求创新、负责认真，才能真正为高校教材的建设做实事。

当然，该书的个别地方还可以更完善。比如，编著者已经注意到服务策划在现代营销策划中的重要作用，书中也力求阐述与服务策划相关的知识与方法，由于受到行业经验等方面的限制，对服务策划的论述稍显单薄。然而，瑕不掩瑜，因此，我非常诚恳地向广大读者推荐该书。

写于 2009 年元旦

杨群祥　教授
广东农工商职业技术学院　党委书记
广东省高等职业技术教育研究会　副理事长
广东营销学会　副会长
广东商业经济学会　副会长
广东农村经济学会　副会长
广东高职高专营销专业教学指导委员会　主任委员
广东营销职业技能鉴定专家组　副组长

在我国，策划的历史既短暂又悠久。说策划历史短暂，是因为策划作为一个行业，其兴起实在没有几年，人们认识策划和接受策划的时间并不长。说策划历史悠久，学者们已将"策划"一词考证到战国时代，其历史已经超过2000年。由此可见中国策划之奥妙。

21世纪是知识经济的时代，也是"策划经济"的时代。作为长期从事市场营销高等职业教育的营销学人，我们希望能够为营销策划的发展尽自己的绵薄之力，将策划的基本原理、基本技巧和方法加以总结，形成教本，使越来越多的有志从事和投身策划事业的青年学子，通过学习和演练，接受营销策划的思想，掌握营销策划的方法和技巧，能够成为未来策划业的生力军，为我国策划业的发展作出贡献。

本书编著的构想，考虑到营销策划的课程是在掌握了市场营销管理的理论、知识和运作的基础上开设的，所以本书的基本结构与市场营销管理的内容保持一致。即按照营销策划原理、营销战略策划、营销战术（策略）策划、营销创新策划进行编排，有利于学生在学完市场营销管理课程后，顺利衔接进入营销策划的学习。

本书体例的设计，从开始就充分注意到学生的需求和教学的需要。全书以图文并茂的阐述方法，以较完整、较新颖的知识架构编排，既重视知识阐明，更重视实操能力培养。特别是为能简单明了地介绍一些知识，尽量使用图示勾勒或表格说明，方便学生熟悉、把握并记忆，并方便其需要时查找。一些营销策划实务与制作，讲求程序步骤、具体做法，学生可按图索骥随时查阅。另外，还增补小资料以供参考，附以个案列举与剖析，力图把目前世界流行（国内策划业发达地区也陆续出现）的营销策划的观念与实务制作新信息介绍给学生。

本书之所以称为"新营销策划"，是希望能建立在"新"的前提下：新理念、新思维、新知识、新创意、新架构、新编排、新表述……力图给学生一本新的营销策划的教本。由此，本书凸显如下几个方面的特点：

一、立足从策划人出发。众多有关营销策划的书籍，都忽略了策划人自身。溯本求源，策划活动的主体，是策划人。营销策划作业的质量和效果，与策划人的精神品格、职业素养、业务能力是紧密关联的，所以，强化营销策划对策划人的要求，是本书的着眼点和出发点。本书专门安排独立的篇幅（第二编），对策划人应具备的素质和能力进行阐述，目的在于使有志从事营销策划的青年学子在学习营销策划理论、方法和技巧的同时，加强对自身品格和职业素养的修炼与提高，成为品德高尚、素质过硬、能力高超的新型营销策划人。

二、强调策划创意思维。强调策划人是策划活动的主体，更要强调在整个策划活动中策划人的思维活动。本书着力于对策划人思维方法、思维特征和思维品质的阐明，策划的灵魂是创新，策划创意思维正是我们着意要介绍的重要内容。本书还力求反映市场营销管理和营销策划研究的新理论、新成果，为此，专门设计了"创意策划"一章（第十章），反映目下最新市场营销管理理论和营销策划的新发展。其他的章节也加入了一般营销策划教材中所没有涉及的内容，如产品策划中的品类创新策划和服务策划、渠道策划中的串货治理策划等。

三、突出广告策划环节。随着信息业的发展，传播在营销策划中的地位和作用十分重要。任何好的策划方案，都需要传播，没有传播，策划将无法实现。而广告，在任何时候都是最重要的传播手段之一。本书在第三编营销策划实务中将广告策划作为独立的一章，对广告策划的地位、作用及与其他促销方式的关系，广告策划的方法和技巧进行全面的论述。

四、讲究实训实战技巧。营销策划是企业经营活动中出奇制胜的高招，是知识经济时代的代表产物，其思维的构建过程由实践完成，一个成功策划人完成的策划过程、经营理念、雄韬大略、操作手段一旦提炼成案例，带给社会的价值将是历史和文化的永恒。本书将策划人对策划的理解、创意、理念和手段融于一体，将响应职场需求的实战操作内容贯串始终，设计并强化了第三编营销策划实务之实用性。其中除了介绍各类有关策划作业的程序、方法和技巧外，还精选新颖、典型的优秀案例，通过对案例的学习和研究，以使学生更好地领会和把握营销策划的方方面面。因为策划归根到底是实践行为，要做到非"纸上谈兵"，必须进行实训，所以本书在每一章后的思考与实习中都设计了有针对性的实训项目，要求通过训练掌握和理解理论，锻炼能力，摸索技巧。

本书作为由王国全教授主编的"新广告与市场营销丛书"中的一本，由北京交通职业技术学院潘小珍副教授，广州城市职业学院王国全教授、李艳娥副教授和赵江安老师编著。其中第一编营销策划原理和第三编第八章战术策划由潘小珍负责，第二编营销策划人由李艳娥负责，第三编第七章战略策划和第十章创意策划由赵江安负责，第三编第九章广告策划由王国全负责。全书体例由王国全拟定，最后由潘小珍统稿，王国全审定。

　　本书内容源于编著者多年来从事市场营销、营销策划、广告策划等实务工作与教学活动的积累，同时，在编著过程中参考了大量的文献资料，在此，对文献资料的原创者致以由衷的感谢。尽管本书倾注了编著者大量心血和巨大精力，由于受到学识、行业经验以及能力水平等的限制，书中的缺点错误在所难免，敬请读者提出意见和建议。联系方式：xiaozhen.pan@263.net。

编　者

2009 年元月 15 日

目录 CONTENS

第一编　营销策划原理

第一章　营销策划基本原理 …………(3)
第一节　策划概述 ………………………(4)
第二节　营销策划 ………………………(6)
第三节　营销策划的内容 ………………(11)
第四节　营销策划的发展 ………………(15)
[思考与实习] ……………………………(17)

第二章　营销策划方法和理论 ………(21)
第一节　营销策划的原则 ………………(22)
第二节　营销策划的主题 ………………(26)
第三节　营销策划的方法 ………………(32)
第四节　营销策划常用的理论 …………(40)
[思考与实习] ……………………………(48)

第三章　营销策划创意与程序 ………(51)
第一节　营销策划创意 …………………(52)
第二节　营销策划创意技巧 ……………(56)
第三节　营销策划的程序 ………………(58)
第四节　营销策划书 ……………………(60)
[思考与实习] ……………………………(68)

第二编　营销策划人

第四章　策划人 ………………………(77)
第一节　我国策划人时代的来临 ………(78)
第二节　策划人的含义及分类 …………(81)
第三节　我国现代策划人的发展阶段和趋势
……………………………………………(84)
第四节　策划人的作业特点及方式 ……(86)
[思考与实习] ……………………………(88)

第五章 策划人的素质和能力 ………… (91)
  第一节 策划人应具备的素质 ………… (92)
  第二节 策划人应具备的能力 ………… (96)
  第三节 策划人能力的培养 …………… (98)
  第四节 营销策划团队的素质结构 …(102)
  [思考与实习] ………………………… (104)

第六章 策划人思维 ………………… (107)
  第一节 策划人的思维方法 …………… (108)
  第二节 策划人的思维特征 …………… (111)
  第三节 策划人应有的思维品质 ……… (112)
  第四节 策划人的创意思维 …………… (116)
  [思考与实习] ………………………… (117)

第三编　营销策划实务

第七章 战略策划 ………………… (123)
  第一节 市场定位策划 ………………… (124)
  第二节 市场竞争策划 ………………… (135)
  第三节 企业形象策划 ………………… (148)
  第四节 品牌形象策划 ………………… (157)
  [思考与实习] ………………………… (161)

第八章 战术策划 ………………… (164)
  第一节 产品策划 ……………………… (165)
  第二节 价格策划 ……………………… (181)
  第三节 渠道策划 ……………………… (193)
  第四节 促销策划 ……………………… (206)
  [思考与实习] ………………………… (226)

第九章 广告策划 ………………… (231)
  第一节 广告策划与促销 ……………… (232)
  第二节 广告策划的程序 ……………… (240)

第三节　广告策划书制作方法 ……… (243)
第四节　广告策划书撰写技巧 ……… (253)
［思考与实习］………………………… (255)

第十章　创意策划 ………………… (265)
第一节　整合营销策划 ……………… (266)
第二节　关系营销策划 ……………… (272)
第三节　知识营销策划 ……………… (277)
第四节　网络营销策划 ……………… (286)
［思考与实习］………………………… (296)

第一编　营销策划原理

策划概述

营销策划方法和理论

营销策划创意与程序

第一章　营销策划基本原理

重要提点
- 策划的概念、特点、分类与基本要素
- 营销策划的内涵、类别与特征
- 营销策划的内容及其相互联系
- 营销策划在我国的发展

【导读】 现代营销策划，不但要有创造性，还必须具备专业性、规范性，遵循科学性。营销策划作为策划活动的一个方面，在现代竞争激烈的经济社会无疑具有十分重要的意义和作用。要做好营销策划工作，充分发挥其在市场营销工作中的重要性，不单要有创意、信念和热情，还要真正认识、通晓营销策划的基本原理并将其融会贯通，了解营销策划的起源及其发展，把握营销策划的目的、意义、特征和作用，清楚它包含的具体内容。

第一节 策划概述

一、策划的概念

"策划"一词历史悠久,最早可见于《后汉书·隗嚣传》,是计划、打算的意思。最近几十年,尤其是最近几年,"策划"逐渐成为使用频率很高的一个词汇。今天人们所说的"策划"除了有"计划、打算"之意外,又增加了一些新的含义,如统筹、安排、酝酿、谋划等。

策划就是一种策略、筹划、谋划或者计划、打算,它是个人、企业、组织机构为了达到一定的目的,在充分调查市场环境以及相关环境的基础上,遵循一定的方法或者规则,对未来即将发生的事情进行系统、周密、科学的预测制订科学可行的方案,并在执行中不断地进行调整以适应环境的变化。

策划的前提是现实资源,策划既不是魔术,也不是点金术,不能无中生有。策划是创意、设计和机遇等因素的综合发挥。策划是软性的,不同于计划和规划。计划、规划是硬性的,是一种定量的指导方案;策划包含创意和点子,又不仅仅是创意和点子,创意和点子是零散的,其作用是有限的,创意和点子就像是珍珠,需要通过策划将其串成项链才有综合的价值。策划也不等同于 CI,CI 是企业形象策划,它只是策划的一个类别。策划也不等于谋略,谋略只是策划的创意方面,是机智用计,往往缺乏现实的可操作性。古代的谋略可以继承和发扬,将其运用于现代策划。

20 世纪 50 年代,策划作为一个明确的概念被提出。在 1955 年出版的一本名为《策划同意》的著作中,爱德华·波纳斯首先提出这一概念。20 世纪 60 年代,伦敦 BMB 广告公司的创始人斯坦利·波利坦在广告领域中率先使用了这一概念,很快便普及开来。

二、策划的特点

策划有以下几个主要的特点:

第一,策划的本质是一种思维智慧的结晶。

第二,策划具有目的性。不论什么策划方案,都具有一定的目的,否则策划就没有意义。

第三,策划具有前瞻性、预测性。策划是人们在一定思考以及调查的基础之上进行的科学预测，因此具有一定的前瞻性。

第四，策划具有一定的不确定性、风险性。策划既然是一种预测或者筹划，就一定具有不确定性或者风险。

第五，策划具有一定的科学性。策划是人们在调查的基础之上，进行科学的总结和预测，策划不是突发奇想，它是建立在科学基础之上的预测和筹划。

第六，策划具有科学的创意，是一种思维的革新。只有具有创意的策划，才是真正的策划，创意是策划的灵魂。

第七，策划具有可操作性，这是策划方案的前提。如果一个策划连最基本的可操作性都没有，即使这个策划方案很有创意，也是一个失败的策划方案。

三、策划的分类

策划由于涉及的内容和领域、参与策划的人员、采用的方法和手段等方面的不同，可以划分为不同的类别。

1. 根据策划涉及领域的不同，策划主要有七大类：政治策划、经济策划、文化策划、城市策划、企业策划、营销策划和个人成长策划（参见表1-1）。

表1-1 策划按其涉及的领域分类

策划的类别	主要内容
政治策划	政府公务人员为了某个政治目的而进行的各种策划。如政府进行的各种竞选策划，为提升政府形象所进行的策划，为应付国内外发生的政治、经济、外交危机而进行的策划，等等
经济策划	政府部门为了某个经济目的而进行的策划
文化策划	为举行各种文化、体育活动，以及推出各种文化产品而进行的策划，如影视策划、图书策划、体育比赛策划、演唱会策划、风景区推介活动策划等
城市策划	为提升城市形象、促进城市发展而进行的策划
企业策划	企业为制订策略、推行制度和各种内部管理活动而进行的策划
营销策划*	企业、商业界进行产品宣传等营销活动而进行的策划。它和企业策划并无本质区别，任何企业都需要进行营销策划
个人成长策划	个人为发展自身事业或为某项重大私人事务而进行的策划。如挑选一所理想的学校、选定人生事业等

*之所以将营销策划从企业策划中区分出来，是因为营销策划正是本书讨论的重点内容。

2. 根据策划使用的手段不同，策划可分为新闻策划、促销策划、广告策划、形象策划和公关策划等类别。

3. 根据策划的对象不同，策划还可分为选题策划、产品策划、专题策划、项目策划、体育策划、影视策划等类别。

四、策划的基本要素

策划的基本要素是指策划必须具备的内容或特性，要正确把握策划的内涵，首先要把握好策划的基本要素。策划的基本要素包括以下方面：

1. 目标。策划必须有明确的目标。策划是围绕解决某一问题、达成某一目标而进行的活动，具有很强的目的性。策划目标要切实可行，要力求具体化和数字化，要可以进行分解，要有价值。

2. 创意。创意是与众不同的新奇而富有魅力的构思和设想。创意是策划的关键和灵魂，是策划的第一要素，没有创意的策划充其量只能是计划。

创意本身是个死结，没有人能把它解开，它没有一个真正意义上的解释和定义。但可以肯定的是，创意绝不是一般意义上的模仿、重复和循规蹈矩，好的创意应该而且必须是新奇的、惊人的、震撼的和有实效的。死结意味着根本无法解开，要解开死结，就必须采取超乎寻常的非凡手段。

3. 可操作性。可操作性是指在现有的环境和条件下可以实现；与外部环境协调一致，没有冲突；有具体清晰的行动方案。策划不仅要有具体的目标和好的创意，还必须具备很强的可操作性，能够被实施；否则，再好的策划也只是水中月、镜中花。

第二节 营销策划

一、营销策划的概念及其内涵

（一）营销策划的概念

营销策划是策划运用于企业市场营销活动的重要分支。营销策划，就是策划人围绕企业目标，针对具体的策划对象，根据企业现有的资源状况，在充分调查分析市场营销环境的基础上，激发创意，制订企业具体市场营销目标和确定可能实现的解决问题的行动方案的过程。

营销策划的对象是企业特定的营销问题；营销策划的基础是市场分析和环境预期；营销策划的目标是企业的战略目标和绩效要求；营销策划的方法是对企业的经营资源和营销手段进行系统的设计、规划和安排。

营销策划，既可以是对企业营销活动全过程的战略性规划，也可以是对企业营销过程中某一阶段、某一产品或某项活动的战术性（策略）规划。

（二）营销策划的内涵

1. 营销策划的对象是企业未来的市场营销活动。营销策划的对象是营销活动，是对企业未来将要开展的营销活动进行的系统性的富有创意的谋划。因此，营销策划要立足企业现实资源，在对未来营销环境的变化作出科学的判断和预测的基础上，对将要开展的营销活动作出计划和安排。

2. 营销策划的实质是一种计划活动。营销策划是一个为了实现既定目标而进行的创造性思考和实践的管理活动，其实质是一种计划活动，但又不同于简单的程序性的计划活动。

营销策划和一般计划既相互联系又相互区别。营销策划的最终产物是计划，即营销策划最终要通过切实可行的一系列计划得以执行（参见表1－2）。

表1－2　策划与计划的区别和联系

关系	项目	策划	计划
区别	工作范围	范围不定，随机应变	范围一定，按部就班
	创意要求	必须有创意	不是必须，可多次重复
	工作规范	把握原则与方向	遵循程序与步骤
	工作重点	做什么	怎么做
	工作能力	技艺融合，长期积淀	初级技能，短期培训
	思维要求	创造性思维	逻辑性思维
	工作意义	创造性强，挑战性大	创造性弱，挑战性小
	工作约束	灵活性为主，刚性为辅	刚性为主，弹性为辅
联系	广义的计划包括策划与决策，计划不一定是策划		
	狭义的计划是策划的产物和延续，策划是计划的先导		
	策划的实质计划，富有创意的计划就是策划		

资料来源：张丁卫东：《营销策划：理论与技艺》，电子工业出版社2008年版。

3. 营销策划的灵魂是创意。营销策划最基本的要素之一是创意，创意是一切策划工作的核心和灵魂，也是营销策划的核心和灵魂。只有构思独特打破常规有所创新的营销策划，才能产生巨大的市场冲击。

4. 营销策划的依据是信息。作为营销策划依据的信息，包括两个部分的内容：一是策划人的知识储备和信息积累；二是与策划对象有关的各种专业信息。

5. 营销策划的目的是实现企业目标。营销策划具有很强的目的性，其目的就是企业要达到的目标，这个目标可能是销售量的大幅度增加；企业品牌知名度的提升；市场占有率的扩大；等等，营销策划的目的就是通过实施策划方案，实现企业的既定目标。

6. 营销策划的成果是营销策划方案。营销策划工作的最终成果是形成一套切实可行的营销活动执行方案，以书面的形式反映出来，通常称之为营销策划方案或营销策划书。营销策划方案经过评价分析，最终由企业的决策者决定执行与否。

二、营销策划的分类

营销策划的内容十分广泛，按照不同的分类标准可将营销策划划分成不同的类别。

（一）按照营销策划项目所处的层次划分

按照营销策划项目在企业总体战略中所处的层次划分，营销策划项目可分为战略性营销策划（营销战略策划）、战术性营销策划（营销战术策划）和随机性营销策划三类（参见表1-3）。

表1-3 按照营销策划项目所处的层次分类

策划类别	特点	具体内容
战略性营销策划（营销战略策划）	企业为适应环境变化，谋求长期生存和可持续发展，对关系企业战略目标能否实现而进行的全局性、纲领性和方向性谋划	营销战略规划：企业发展战略、生存战略和竞争战略等 目标市场营销策划：市场细分战略、目标市场选择战略和市场定位战略等
战术性营销策划（营销战术策划）	企业为保证营销战略目标的顺利实现，按照战略规划所确定的大政方针，对某一营销项目所进行的短期性策划	产品策划、价格策划、渠道策划和促销策划等
随机性营销策划	企业市场营销活动过程中，随环境变化而产生的某种随机性的策划	

（二）按照营销策划活动承担者的归属划分

按照策划活动承担者的归属，可将营销策划活动划分为内部自行策划、委托外部策划和内外协作策划三种。

1. 内部自行策划是指由企业内部的营销策划人员和有经验的专业人员、管理人员自行承担的策划。
2. 委托外部策划是指"借助外脑"聘请企业外部专业的咨询策划人或机构进行的策划。
3. 内外协作策划是指以内部策划为主，聘请外部专家、学者进行指导或联合进行的策划。

表1-4 上述三类策划的优缺点之比较

项 目	内部自行策划	委托外部策划	内外协作策划
优点	熟悉情况，针对性强，保密性好，灵活方便，节省费用，策划迅速	经验丰富，见多识广，专业化水平高，能够提供指导和帮助	费用适中，周期较短，既熟悉情况，又专业化
缺点	受企业资源、信息技术等制约，策划思维有局限性	费用较高，保密性差，周期较长，针对性弱	保密性差，协作较困难
适用	小型项目策划 策略性项目策划	综合性项目策划 战略性项目策划	大型项目策划 综合性项目策划

（三）按照营销策划活动所涉及的范围划分

按照策划活动所涉及的营销活动的范围，可将营销策划划分为综合策划与项目策划两种。

1. 综合策划，也称总策划。是指对所策划的营销项目进行总体策划，对项目全过程、各环节进行系统性整体性策划。
2. 项目策划，也称单环节策划。是对所策划的项目的某一部分、某一具体环节所做的策划。

（四）按照营销策划的对象划分

按照策划的对象，可将营销策划划分为企业策划、产品策划、服务策划和活动策划等类别。

1. 企业策划是指以企业生产经营活动为对象的策划。对企业生产经营活动的策划可分为财务策划、组织策划、管理制度策划、公关关系策划、CI策划等内容。
2. 产品策划是指对企业整体产品的各个部分的战术策划和产品销售推广策划，包括产品创新策划、品牌策略策划、包装设计策划、产品名称策划、产品销售策划以及产品广告策划等。
3. 服务策划是指对企业营销活动中服务提供的内容，如时间、地点、对象、程序、价格、场所、服务规范和标准、服务推广介绍等所做的策划。
4. 活动策划是指对一些非经营性活动的策划。例如企业为树立良好形象而开展的文艺活动、体育活动、宣传活动、庆典活动、赞助活动和社会公益活动等所做的策划。

三、营销策划的特征

营销策划是一门复合型学科，由多门学科如创意科学、市场营销学、哲学等学科知识综合、交叉而来，营销策划既是一门科学，也是一门艺术。要理解和把握好营销策划的实质，必须全面了解营销策划的特征。

（一）营销策划的目标特征

策划的目标性是指策划所指向的对象和要解决的问题。营销策划和任何策划一样，首先要有具体明确的策划目标，目标是制订策划方案的依据。

选择和确定目标是策划全过程的重要环节，是策划的前提，没有目标就无从策划，目标选定的准确与否直接影响策划的进行。

策划就是目标分解的过程。将大的目标分解为具体的目标，策划的目标越明确，实现的可能性就越大。

（二）营销策划的系统特征

营销策划是一项系统工程设计，其主要任务就是帮助企业利用开放系统中的各种资源，并用系统的方法将其进行新的整合，使之在营销过程中产生整合效应。

营销策划的系统特征还表现在，营销策划是一系列点子、创意和谋略的整合，即营销策划是建立在多种因素、多种资源及多种学科知识整合之上的系统工程。

（三）营销策划的创新特征

没有创新的营销策划不能称之为策划，充其量只能是一种计划或者是一种固有模式的照搬、一种简单的重复。营销策划的创新特征表现在创意是策划的基本要素和灵魂。

营销策划的过程就是发挥创造性思维的过程,创造性思维贯串于营销策划的全过程。

(四) 营销策划的理论特征

营销策划是以营销理论为依据,结合系统论、创造学以及思维理论等对企业未来营销行为进行谋划的过程,是一种运用理论的理性行为。理论贯串于营销策划全过程,始终发挥着指导作用。

(五) 营销策划的程序特征

营销策划是根据对市场变化趋势的分析判断,对企业未来的营销行为进行的超前筹划。策划的准确性是通过一定的科学程序来保证的。在古代,策划绝大多数依赖于策划者个人的能力、经验和才干等因素,这种非程序化、不规范的策划具有很大的随意性,难以保证策划的正确与执行的成功。

营销策划是一种程序,只有按照科学严格的程序进行策划,才能有效减少策划的失误,提高策划的合理性和成功率。

第三节 营销策划的内容

营销策划是以企业营销活动为对象的策划,营销策划的内容涉及企业市场营销活动的方方面面。从前面的营销策划分类可以看到,营销策划既包括宏观的营销战略策划,也包括微观的营销战术策划,还包括应急性、随机性的营销策划,这些不同类别的营销策划相互关联,构成营销策划的内容体系(参见图1-1)。

一、营销战略策划

营销战略是企业战略的重要组成部分,它依据企业战略的要求与规范制订营销的目标、途径、方法和手段,通过营销目标的实现支持和服务于企业战略。营销战略策划是营销策划中至关重要的带有方向性、全局性和综合性的谋划。营销战略策划主要包括市场定位策划、市场竞争策划、企业形象策划和品牌形象策划(参见表1-5)。

表 1-5 营销战略策划主要内容一览表

营销战略策划	主要内容
市场定位策划	企业在明确市场机会选定目标市场后，为在目标消费者心目中树立某一特定位置及形象进行的策划
市场竞争策划	企业竞争力分析、竞争对手分析和竞争战略的选择与确定
企业形象策划	企业对用于市场竞争的一切设计采用一贯和统一的视觉形象，并通过有效的营销整合传播加以推广和扩散，有意识地造成个性化的视觉效果，以唤起公众的注意，提高企业的知名度
品牌形象策划	品牌形象由品牌内在形象（产品形象及文化形象）和品牌外在形象（品牌标识系统与品牌信誉）组成。品牌形象策划就是对品牌内在形象和外在形象进行策划，以建立良好的品牌形象

二、营销战术策划

营销战术策划又称为营销策略策划，主要研究市场营销 4Ps 策略中常用策略及其组合的策划，主要包括企业产品策划、价格策划、渠道策划和促销策划。

表 1-6 营销战术策划主要内容一览表

营销战术策划	主要内容
产品策划	企业对产品开发、上市、销售等全过程进行谋划，形成行动方案。包括产品创新策划、产品品牌策划、产品包装策划、产品服务策划等内容
价格策划	企业新产品上市时如何利用价格因素进入、渗透和占领目标市场，企业如何应对竞争对手价格变动以达成营销目标而制订与价格相关的谋划和行动方案
渠道策划	是关于产品从生产者到消费者传递所经过的路线、采用的方法和手段的谋划
促销策划	促销策划就是将促进产品销售的各种手段、方式和方法进行有效的整合，最终形成系统的行动方案的谋划

三、广告策划

随着科技的发展，特别是信息业的惊人进展，传播媒介和消费者需求都发生了巨大的变化，广告的作用日趋显著。广告在市场营销组合的整合营销传播中所处地位日趋显著，广告在企业市场营销中的作用越来越重要。因此，本书特别将广告策划单独列为一章（见第九章），以突出其重要性。

四、营销创意策划

营销策划的灵魂和核心在于创意，营销创意策划是指用新观念、新技术、新方法对企业营销策略进行重新设计、选择、规划和评价，以提高企业的竞争能力，实现企业目标。营销创意策划主要介绍整合营销策划、关系营销策划、知识营销策划和网络营销策划等内容。

（一）整合营销策划

整合营销策划的中心思想是通过与消费者沟通，以满足消费者需求为价值取向，确定企业统一的营销策略，充分发挥整合营销的作用，实现营销目标。

（二）关系营销策划

关系营销策划的主要思想是正确处理、促进和发展企业与消费者、社会公众、政府、内部员工之间的相互关系，对如何建立和发展关系进行谋划，制订方案。

（三）知识营销策划

知识营销策划是贯串在高科技和企业技术创新活动之中的超前决策。它是以创新产品为对象，以知识、技术为媒体的营销理念和方式，以产品的科技创新和创新产品的知识促销、知识服务为突破口，培养和创造一个崭新的生活体系的全部过程及其活动。

（四）网络营销策划

网络营销策划是借助计算机和互联网、电脑通信和数字交互式多媒体来实现营销目标，是对"以计算机互联网技术为基础，通过与客户在网上接触的方式进行营销活动"进行的策划。

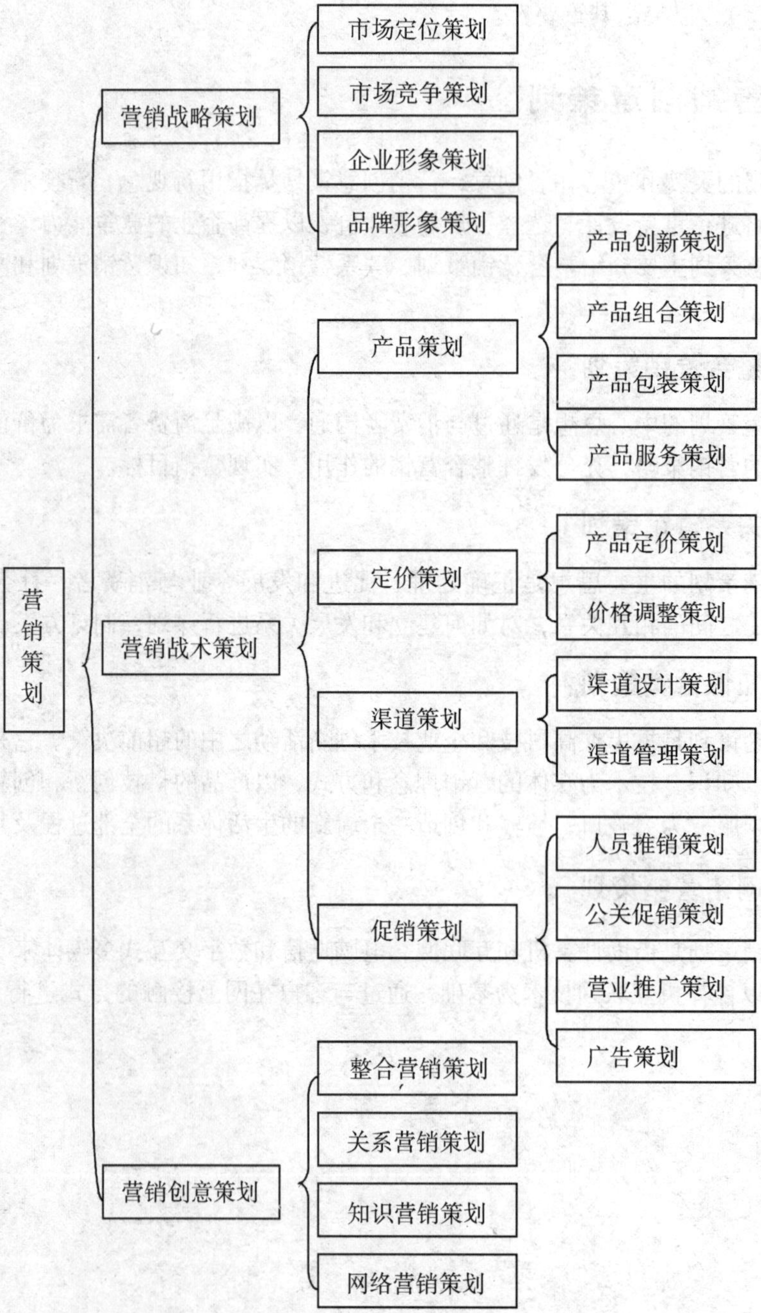

```
                        ┌ 市场定位策划
            ┌ 营销战略策划 ┤ 市场竞争策划
            │            │ 企业形象策划
            │            └ 品牌形象策划
            │
            │            ┌ 产品策划 ┌ 产品创新策划
            │            │         │ 产品组合策划
            │            │         │ 产品包装策划
            │            │         └ 产品服务策划
            │            │
营销策划 ────┤ 营销战术策划 ┤ 定价策划 ┌ 产品定价策划
            │            │         └ 价格调整策划
            │            │
            │            │ 渠道策划 ┌ 渠道设计策划
            │            │         └ 渠道管理策划
            │            │
            │            │         ┌ 人员推销策划
            │            │ 促销策划 │ 公关促销策划
            │            │         │ 营业推广策划
            │            │         └ 广告策划
            │
            │            ┌ 整合营销策划
            └ 营销创意策划 ┤ 关系营销策划
                         │ 知识营销策划
                         └ 网络营销策划
```

图 1-1　营销策划的内容

第四节　营销策划的发展

策划的历史和人类社会实践活动的历史一样悠久，但是，作为一门体系完整理论系统的独立学科，至今仍处在探索发展之中。关于策划的许多思想、内容和方法都包含在管理科学和决策理论之中。纵观我国历史，成功的策划经典案例比比皆是，这些案例涉及军事、政治、经济和文化的各个领域，被人们反复传诵不断借鉴。在我国，自改革开放以来，由于市场经济体制的建立和发展，政府、区域和企业均面临转变，这种转变为营销策划的发展提供了广阔的空间，营销策划活动受到了前所未有的重视。

一、营销策划的发展沿革

现代意义上的营销策划在我国的发展里程始于20世纪80年代末期，与我国经济体制改革的过程同步。从1979年3月上海电视台播出中国第一例广告、启动中国媒体广告市场开始，我国的营销策划经历了近30年的发展，这一发展历程通常可划分为以下几个阶段。

（一）"点子热销"阶段

这一阶段，以何阳为代表，出现了一批为自己的点子标出价格并成功实现销售的人员，他们的成功极大地鼓舞和促使更多的知识分子从事策划事业。这一时期并没有产生真正意义上的策划，所谓的"点子"，仅是一些"头痛医头、脚痛医脚"的分散的、不成体系的甚至是临时性的解决现实问题的办法和主意。

策划是科学不是魔术，策划人是专家而不是神仙，策划是系统科学而不仅仅是"点子"。"点子"的热销，一方面反映市场竞争的激烈，企业家对"点子"的狂热和迷恋；另一方面则反映出"策划"在我国的不规范、不全面和不科学。

（二）"新闻炒作"阶段

"新闻炒作"主要是指通过精心策划的事件或话题，引发一系列的新闻报道或软文推广，从而提高企业的知名度，进而增加企业产品销售量的策划行为。当时的"郑州亚细亚"、"广州碧桂园"等都是"新闻炒作"的成功案例。

"新闻炒作"超越了"点子"所能达到的高度，这种策划活动具有了现代策划的雏形,具有明确的目的性、一定的程序性和系统性,尽管其组合并不复杂,但已不仅仅停留在"点子"的一招一式上。

"新闻炒作"的成功,一方面反映出企业家和策划人讲求短平快、出狠招、下猛药的急功近利的思想,另一方面也反映出营销策划在我国出现快速发展的良好势头。

这一阶段的代表人物有王力——"郑州亚细亚"的策划者、王志纲——"广州碧桂园"的策划者等,他们有一个共同的特点:长期浸淫于新闻界,了解新闻炒作的轰动效应对消费者的巨大影响。

(三)整合营销策划阶段

这一阶段,企业和策划人开始从整体和系统的角度来理解和对待企业的发展,企业的营销策划逐渐改变过去"头痛医头、脚痛医脚"的方式。这一阶段成功的策划案例包含了更为广泛的内容。企业和策划人都已认识到营销策划不是神话,策划人不是巫婆神汉,也不是风水先生;策划不能包治百病,只能在客观和主观条件所允许的范围内大显神通;营销策划的成功靠的不是运气,而是现代营销科学和思维科学;策划只有建立在有效整合多种学科,如经济学、商业经济学、市场营销学、管理学、广告学等的基础上,才有生命力;策划不是简单地制订一个方案,而是要对整个项目运作过程加以动态的把握,才能对出现的各种问题作出准确快速的反应,捕捉稍纵即失的机会。

这一阶段的代表人物有叶茂中、屈云波、娄向鹏等,他们都以其成功的整合营销策划案例蜚声我国的营销策划界。

二、我国营销策划的现状

经过近30年的发展,企业、策划人和消费者对营销策划的认识,已逐步由"狂热化"向"理性化"转化。在营销策划行业中,靠"一招鲜、吃遍天"的时代已经过去。中国的市场格局已发生了重大改变,过去的"地不分南北、人不分东西",全国市场趋同的情况已经发展到南北收入差距不断拉大,"高、中、低"不同收入和需求层次的阶梯式消费群体已经形成,市场对营销策划工作的要求越来越全面、越来越规范。我国营销策划的现状总体特点如下。

(一)营销策划人素质有待提高

随着营销策划业的发展,市场、职场对营销策划人素质的要求不断提高,迫使营销策划从业人员不断学习,掌握系统的策划知识、理论、技术和方法,以迎接新的挑战。

（二）行业竞争加剧

国外许多优秀的管理咨询公司正在对中国市场进行全面的渗透，其中世界著名的麦肯锡、盛世长城、李奥贝纳、达美高等广告类公司；博雅、伟达、爱德曼等公关公司；普华永道、安达信、毕马威等财务公司；兰德、盖洛普等信息类公司，都已在中国境内为企业提供服务，这些公司的专业化服务，让中国的企业和专业的营销策划公司理解和认识了专业和职业化的策划与咨询的真正含义以及由此带来的巨大竞争压力。

（三）策划业发展仍相对滞后

我国策划业良莠不齐，多数策划机构还处于个体性操作和松散的团队组合阶段，规模小，专业化程度低，专业策划教育滞后，这一切都严重制约着我国营销策划业的健康发展。我国的营销策划业需要进行战略转型和实现产业升级，从单项的、局部的策划向综合的全面全过程策划转化，从定性策划向定量以及定性与定量相结合的策划转化，从个体的单打独斗的策划向团队合作的方向转化，以保证策划业转型和升级的顺利实现。

 思考与实习

一、思考题

1. 什么是策划？它与创意"点子"有何区别？
2. 什么是市场营销策划？你是如何理解的？
3. 营销策划有哪些特点？
4. 营销策划的内容有哪些？
5. 营销策划在我国的发展状况如何？

二、实习项目

1. 选取一个较为熟悉的著名企业，广泛收集该企业所进行过的营销策划活动，研究以下几个问题：

（1）该企业品牌和产品的情况如何？
（2）该企业的营销战略是什么？它的4Ps营销策略是怎样的？
（3）该企业的营销战略策划与营销战术策划之间关系如何？

实习要求如下：

（1）每3~5人为一组，以小组为单位，分工合作，开展调研工作。
（2）以小组为单位提交调研报告。

【精彩个案】

功能食品——果维康
——把药当做食品卖

在传统的水果糖领域,雅克V9借助杂交的力量,把糖果与维生素杂交,将糖果功能化,在维生素与糖果之间创造了另一个市场空间,并由此创造了一种全新的维生素糖果品类。

维生素C按传统分类方法理所应当划归为药品,21世纪福来传播机构(福来)协助石药集团有限公司(以下称石药集团)进行营销策划,将维生素C杂交小食品营销方法,创造性地把维生素C(果维康VC含片)作为功能化食品来营销,走商超,时尚化,取得了巨大的成功。

功能食品化,食品功能化,互相交融已经成为趋势。相信果维康营销案例能够给食品企业以诸多启示。

雅克V9糖果 & 果维康VC含片

食品功能化 & 功能食品化

果维康:困局中的战略突围

石药集团不仅是抗生素生产基地,而且是全球最大的维生素C供应商,是可口可乐、百事可乐等国际巨头的战略合作商。然而,在耀眼的光环之下,石药集团也面临着困局:国际原料药品出口受限、利润不断降低、处方药广告宣传严格受限、抗生素制剂竞争恶化、缺乏OTC品种、企业品牌知名度和影响力在大众消费领域下滑等。

在这种市场背景下,石药集团看准了维生素C这一未来的黄金领域。石药集团整合行业资源,集中维生素C领域最精锐的力量,推出了OTC领域全新产品——果维康VC含片,一种可以含着吃的维C保健食品。

果维康不仅肩负着开辟企业新的利润增长点的任务,更为重要的是肩负着巩固石药集团企业品牌、优化经营模式的历史使命。果维康将以怎样的策略来征服市场?福来为石药、为果维康突围找到了道路。

跳出重围,寻找绿色通道

我国虽然已经成为全球维生素C出口大国,但全国每年VC用量仅为600吨左右,人均年用量不足5克,远远低于欧美发达国家60~90克的人均年用量。一方面,中国维生素C市场潜力巨大,保守估计有70亿元之多!另一方面,中国人对维生素C认识普及率尚不高,虽然在"非典"期间,维生素C曾经创造过辉煌的成绩,但毕竟只具有一定偶然性。

同时,中国维生素C市场正面临内外交困的局面。东北制药、江苏江山制药、华北制药、石药集团构成的国内维生素四大家族和瑞士罗氏、德国巴斯夫形成了三足鼎立之势。而作为维生素C原料生产之首的石药集团一直扮演着VC原料供应商和出口商的角色,在大众消费市场,没有任何举措和声音。而在维生素C传统市场,罗氏力度伸、利君维口佳、江山艾兰德、纽崔莱、善存、金施尔康、21金维他、双鹤VEC等已展开激烈角逐。

老牌维生素C类产品在传统市场的竞争异常强烈,而中国维生素C市场和消费者教育却尚不成熟,此时,石药集团欲在维生素C医药保健品市场争夺一分天下,无异于在一个不成熟的市场进行细分,市场成功几率微乎其微。

开辟第二通道:从食品功能化到功能食品化

综观近年来市场上成功的产品,功能性糖果雅克V9、他她、脉动、激活、尖叫等功能饮料,乐天、好丽友等木糖醇无糖防龋齿的功能口香糖,功能产品近年来在中国市场迅速走红,并呈几何式快速增长。这些产品的共同特点是在食品里增加了功能成分,普遍以维生素C为主要添加成分,而果维康却本身就是维生素C,且具有多样化保健的先天优势!既然雅克V9、他她、乐天可以走食品功能化道路,为什么果维康不能走功能食品化道路?

21世纪福来传播机构为果维康找到了一条全新的绿色通道——跳出医药行业的营销怪圈,抛开与维生素C医药终端产品直面竞争,快速打开产品和企业在消费者中的市场,提高知名度。

跳出行业,走功能食品化道路

特点	果维康	功能食品
口感	口感好,经过10万次消费者口感试验	口味易于消费者接受
价值	价值高、提高免疫力、预防感冒、美白皮肤、促进生长、抵抗吸烟危害	与普通产品相比,有一定的营养价值和功效
原料	原料好,以右旋维生素C为主要原料,营养高、活性强,更易于人体吸收	对人体无副作用,各类人群均可食用且应用广泛;易于人体吸收
方便	含片剂型,随时随地可以服用	便于携带和食用

从上表不难看出,果维康虽然是保健食品,但从消费者市场来看,它完全具备快速消费品的特性。如果发挥石药集团在医药保健品行业的优势,将果维康单纯置入医药保健品市场,果维康不仅面临产品宣传瓶颈,同时还面临与诸多国内外竞争对手的直面冲突,市场开拓将极其艰难。而进军功能食品市场,果维康的产品具有先天优势,其专业优势更是一般快速消费品企业遥不可及的;功能食品化市场优势更是其他现有产品所无法比拟的。

功能食品化营销路线的确定,不仅为果维康和石药集团敲开公众性价值的大门,也为产品市场营销战略的规划奠定了基础。

围绕功能食品化战略,重新整合营销要素

果维康功能食品化路线的确定,打开了石药集团果维康市场化的第一个通道,此后的工作需要沿着功能食品化这条主线,将果维康的市场工程具体化、立体化和形象化。

在产品策略上,结合消费者对产品的市场感知,石药集团将原有的圆形、菱形等药形态的含片,改为"C型"、"V型"、"O型"三种形态,既将产品的特点和功能紧密结合,又充分调动消费者在接触产品时的购买神经,变日常消费行为为一种乐趣;从产品外包装形态上,结合快速消费品行业特点,推出瓶装和桶装形式,使产品更加人性化、生活

化和娱乐化。以果维康最为突出的优势——口味作为市场竞争的切入点，准确提出"好吃的VC"这一产品定位，同时，着力表现提高免疫力、预防感冒等一系列关乎消费者切身利益的功效，充分诠释产品。

在分销渠道上，采用药店和商超两线并行的渠道策略。针对石药集团在快速消费品行业渠道资源薄弱的现实，从全国招募国内外快速消费品行业营销精英，组成了一支200人的营销团队，以丰满果维康的市场营销羽翼。

在促销组合上，维生素类产品在商超终端的缺位，凸显了果维康作为功能性食品在超市终端的优势。将终端作为竞争中心，开展主题促销活动，在宣传产品特点的同时，重点突出产品与消费者的生活关联性，通过与消费者的互动，快速启动产品销售。在媒体传播上，主抓两条线，一方面通过车体、候车厅等户外广告树立形象；另一方面在主流平面媒体开辟品牌功效化、功效品牌化专栏，理性和感性并举影响消费认知。

果维康VC含片的功能食品化路线，为石药集团开辟了一条全新的突围之路。

亮相糖酒会，揭开全国市场序幕

2005年成都春季糖酒会，石药集团携果维康首次亮相，立刻受到了医药保健品行业、快速消费品行业、媒体和经销商的广泛关注。其卡通形象代言人——右旋小子独特水果形象，功能食品定位的首次推出，斥资1亿元全力的启动力度，得到千余名经销商的青睐。糖酒会尚未开幕，仅一天时间，登记在册对果维康感兴趣的经销商就高达700多人，石药集团派出30余名市场人员，连夜接待排队洽谈的经销商。果维康在成都糖酒会上着实掀起了一股"果维康右旋健康风尚"。果维康VC含片已覆盖全国市场，一个全新的功能食品品类已经诞生，石药集团一个新的利润增长点也初现端倪。

果维康家族又添新丁，新成员"果维康壮（VC＋VD＋Ca）——专业儿童补钙产品"于2008年1月隆重上市。果维康壮能够更有效地促进骨骼成长，口味好、不含糖、卡通片形，孩子更喜欢。

资料来源：娄向鹏：《把药当做食品卖》，中国营销传播网2006年11月2日，有删改。

第二章 营销策划方法和理论

重要提点
- 营销策划应遵循的创新性原则
- 营销策划应遵循的操作性原则
- 营销策划主题的基本要求
- 营销策划常用的方法
- 在营销策划中经常运用的几种理论

【导读】营销策划是在对企业内外部环境予以准确分析,并在有效运用经营资源的基础上,对一定时间内的企业营销活动的行为方针、目标、战略以及实施方案与具体措施进行全面系统的构思和谋划,制订和选择切实可行的行动方案的一种富有创意的规划活动。要使营销策划卓有成效,策划活动就必须遵循一定的原则和规律,依据科学的方法和流程开展工作。作为营销策划人员,有必要了解、掌握、选择和确定营销策划主题的方法,开展营销策划应遵循的原则以及营销策划工作的程序、方法和常用的理论。

第一节 营销策划的原则

企业在开展营销策划活动的过程中会遇到各种各样的问题和矛盾,为解决好这些问题,处理好各种矛盾,提高营销策划的科学性和准确性,在进行营销策划时需要遵循一些基本的原则。

一、客观性原则

任何策划都应以企业的客观事实为依据,切实尊重和考虑企业的现有资源背景,不能够脱离企业的实际情况;否则,再好的策划都只是水中月、镜中花,无法得以实现。

遵循客观性原则,也就是遵循背景第一的原则,即在开展营销策划之前首先要考虑以下三个问题:

1. 企业从哪里来——企业的历史背景;企业今天处于什么状态——企业的现状;企业准备往哪里去——企业的未来发展方向。

2. 企业拥有哪些资源——除了企业拥有的有形资产,更为重要的是企业拥有的无形资产,如企业拥有的公共关系、优惠政策、上级扶持和各种保障等。

3. 企业的老板是怎样的——企业家是企业的人格化,企业是企业家的物化,任何一个好的创意、好的思路、好的政策和好的运作方式的实现都离不开企业老板的理解和支持。

这一原则还体现在营销策划活动不仅要尊重客观事实,营销策划的方案要以企业的实际情况为依据,营销策划方案还必须是可以实施,并能取得良好效果和可持续的。

遵循客观性原则的前提是建立广泛的信息网络,开展市场调查研究,掌握全面有效、符合客观事实的营销信息;分析研究营销信息,充分了解企业的现状、准确预测企业未来的发展方向。如此,才能制订出切实可行的营销策划方案。

> **✱ 小资料**
>
> **湖南红豆食品公司的"劲王野战饮料"**
>
> 　　湖南红豆食品公司位于湖南怀化，是一家专门从事杂交枸杞系列产品开发生产的企业，从事杂交枸杞种植、深加工、综合利用等业务。其拥有的杂交枸杞种植规模达666.7公顷（1万亩），与之配套建有三条生产线。1998年4月，该公司的枸杞鲜汁生产线一期已经建成投产。当地政府将此项目作为重点招商引资项目进行推广。
>
> 　　1998年5月，红豆食品公司请叶茂中为其产品"劲王枸杞汁"进行营销策划，叶茂中机构进行了市场调研之后，得出的结论是，这种产品完全没有市场。叶茂中为红豆公司提供了产品的新创意，共有三个品种：野战苹果、野战红星、野战冰茶，并且将之命名为"野战"饮料。
>
> 　　在叶茂中的建议下，红豆公司将精力、财力与物力重点投向了野战饮料。劲王野战饮料刚刚推出之时，在红豆公司所有产品里是卖得最好的。但是，一段时间之后，市场的销量就开始下降了，到最后，企业完全停产。
>
> 　　为红豆这样一个中小企业进行营销策划，应该考虑充分利用已有的枸杞种植基地与生产线，如果市场不行需要转向，也不应让其轻易放弃自己的资源优势。在本身的资源能力十分有限的情况下，将重点投向野战饮料，其优势自然无法表现出来，这是方向性的错误。红豆公司转向野战饮料的生产，对于项目的招商引资、政府与银行的扶持等方面的一体化资源都造成了损害。

二、创新性原则

　　营销策划创新是指营销策划必须运用创新思维，提出解决营销问题、实现营销目标的新创意、新思路和新方法，乃至创造新的生活方式和新的消费观念，引导和唤醒新的消费愿望，把潜在的消费者转化成为现实的消费者。

　　营销策划的对象是企业未来的某项营销工作，因此，营销策划必须具有前瞻性和超前性。策划人必须与时俱进，不断推陈出新，通过新颖的创意、别致的手法、周密的计划和精心的安排，达到出其不意的效果。

　　营销策划不能步人后尘，拾人牙慧，尤其在知识经济和经济全球化浪潮已经渗透中国经济的形势下，企业要想在激烈的市场竞争中生存和发展，对新时代生产力构成的基本要素——知识的依赖将越来越大，对营销策划的创造性要求也将越来越高。

　　营销策划创新就是要解放思想，放开思路，大胆设想，小心求证。求证是对客观规律的深刻把握和认识，使主观和客观有机地结合。策划要变传统的量入为出观念为量出为人，变封闭性思维为开放性思维，凡是可以为我所用的资源都可以大胆发掘、尽量为我所用，将单线思维变为复合性的思维。

> ✱ **小资料**
>
> **茶爽无胶基口香糖问世**
>
> 休闲食品行业内杀出一匹黑马——"茶爽无胶基口香糖"，被业内资深人士评为最具商机的环保新产品，各大网站纷纷展开追踪报道，称之缔造了2006年"最清新"的财富神话！
>
> 2006年，茶爽口香糖高频率投放的央视、卫视广告，为中国口气清新市场，打响了新春的第一炮。紧接着，大量的报纸广告、网络广告轮番上阵，其势锐不可挡。
>
> 茶爽无胶基口香糖，采用纯天然的"绿茶精华提取物——茶多酚、绿豆精华及100%木糖醇"三元合一，精制而成。不含胶基，可含化。可直接清除口气产生的根源——胃气，由内而外，彻底清新口气。属革命性、换代型口香糖，势必取代传统口香糖。
>
> 资料来源：中国食品产业网。

三、系统性原则

营销策划是一项系统工程，这一系统工程包括调查研究、目标定位、理念设计、资源整合、运作切入、形象塑造、文化底蕴、政治糅合，以及实战操作、过程监理、微调修整、总结提高等环节，这些环节环环相扣，构成营销策划全过程。

营销策划的系统性表现在，营销策划工作是企业整体经营活动的一部分，营销策划工作的开展和营销策划方案的实施均有赖于企业各部门的密切合作，如新产品的开发、产品的生产、产品的销售、货款的收回等就分别需要研究开发部门、产品生产部门、产品销售部门和企业财务部门的相互配合与协同作战。

营销策划的系统性表现在，进行营销策划时要系统地分析和考虑诸多因素的影响，如宏观环境因素、微观环境因素、市场竞争状况、产品需求情况等，将这些影响因素综合加以分析，充分利用因素中的各种优势，避开可能的威胁，为企业营销策划服务。

营销策划的系统性还表现在，在进行营销策划时，要将项目当做一个网络、一个整体来考虑，从哲学的高度把握问题。例如，用办学的方式拯救房地产、用文化运作的方式复兴旅游业等。

四、战略性原则

营销策划一般要从战略的高度对企业的营销目标、营销手段进行事先的规划和设计,营销策划方案一旦形成,将成为企业在较长一段时期内的行动指南。因此,在进行营销策划时,应站在企业营销战略的高度力求高瞻远瞩、细致周到。

在战略方向没有确定之前,任何战术都无所谓好坏。众所周知,广告这一营销传播手段在提高企业知名度、创造名牌效应等方面的作用十分明显,但是,目前的广告大多是主攻战术运作的,充其量只是施工队。如果能将战略和战术完美结合,其效果将是无往不利的。

营销策划中方法手段的使用都应当服从企业营销战略的需要并服务于营销战略,否则,即使这些方法和手段取得了短期的胜利,其效果也将难以为继,最终无法实现企业的战略目标。

五、时机性原则

时机性原则即适度超前原则。营销策划要讲究时机和审时度势,策划中的创意太超前不会被市场接受,太滞后没有效益,与市场同步又没有新意,不能很快引爆市场。把握时机适度超前是营销策划的精妙之处。遵循这一原则,就是在进行营销策划时既要防止"左"倾冒险主义,又要防止右倾机会主义。

时机性原则还讲究因地制宜和因人制宜。所谓因地制宜,是指营销策划讲究在一个地区范围内,如何独占鳌头,引起当地社会的广泛关注,从而聚人气、地气和财气。因人制宜则是指营销策划方案的制订和实施在很大程度上取决于企业决策者的个人素质,如个人的追求、素养、个性、心态以及实际操作能力等。营销策划人在承担策划项目的过程中必须把握好人的因素,以保证营销策划工作富有成效。

时机性原则还表现在制订营销策划方案时,要充分考虑策划方案在实施过程中可能遇到的各种突发事件和风险,尽可能对各种可能的意外情况和风险因素进行预测分析,制订相应的对策,增强营销策划的灵活性和应变性。

六、效益性原则

营销策划的目的就是要帮助企业实现其目标,最直接的目的就是以最小的投入使企业获得最大的收益。营销策划不同于其他类型的策划,营销策划方案实施后必须能够产生直接的经济效益和营销传播效果,无论是提高企业的市场占有率、增强核心竞争力,还是以无形的品牌形象为企业赢得效益,营销策划的最终目的都是要增加企业的效益。衡量和选择营销策划方案最主要的标准应当是使企业营销目标实现的速度最快,社会效益最好,经济效益最高。

营销策划的效益性原则还体现在:营销策划方案制订过程的费用应最节省,成本最低;策划方案实施过程的成本和费用最经济;策划方案实施以后的效益最好,投入和产出的比例最理想;营销策划方案实施的效益不仅仅只是考虑经济效益,还应充分考虑和衡量其政治效益和社会效益。营销策划从某种角度上看是一门"政治经济学",这就是在计算经济成本和经济收益的同时,也一定要间接性地考虑政治和社会成本与效益。政治、经济和社会的成本与效益之间可以有不同的转换,转换得好,各得其所;转换得不好,互相抵消。

七、可操作性原则

营销策划的可操作性是指营销策划方案要切实可行。营销策划方案尤其是营销战略策划方案的实施往往会涉及企业营销活动中的各个部门、各个环节直至每一位员工,因此,营销策划方案能否实施、是否易于实施显得十分重要,不能够操作的策划方案,无论其创意多么新奇独特、艺术和形式多么完美,都没有价值;不易操作的策划方案,必然会耗费大量的人力、财力和物力,且管理复杂,难度大,无法达到预期的效果。

第二节 营销策划的主题

"主题"一词源于德国,最初是一个音乐术语,指乐曲中最具特征并处于优越地位的那一段旋律——主旋律。它表现一个完整的音乐思想,是乐曲的核心。后来,这个术语被广泛用于一切文学艺术的创作之中。日本将这个概念译为"主题",我国从日本翻译它时就借用了过来。而我国古代对主题的称呼是"意"、"主意"、"旨"、"主旨"等。

主题是作者对现实的观察、体验、分析、研究以及对材料的处理、提炼而得出的思想结晶,它渗透、贯串于文章的全部内容,体现着作者写作的主要意图。它既包含所反映的现实生活本身蕴涵的客观意义,又集中体现作者对客观事物的主观认识、理解和评价。

主题是成功策划的灵魂，它统率着整个策划的创意、构想、方案、形象等各要素，像一根红线贯串于整个策划之中，使策划的各个要素有机地组合成一个完整的策划作品。营销策划如果没有主题，或有多个零散主题，或主题激发不了顾客的购买意愿，那么，营销策划项目必然逃脱不了失败的命运。

一、营销策划主题及其类型

（一）营销策划主题

营销策划主题是营销策划活动的中心思想，是营销策划方案的中心内容和营销策划的起点。营销策划活动从明确营销策划主题开始，在明确策划主题的基础上，有步骤地开展营销策划工作。营销策划主题是营销策划集中表达的特殊优势和独特思想。特殊优势是客观具备的有利条件，其中有些是一目了然的，无需过分强调，本身就有吸引力，如产品的功能、价格等；有些则是潜在的，要通过反复调研、考察、分析，才逐步明了，而发展、昭示并且淋漓尽致地渲染和表达这些潜在优势，会使项目独具特色。独特思想是主观创造的特殊概念个性，通过主动营造某种主题氛围，激发人们对品牌和产品特定功能及作用的联想，激发其尝试和购买的愿望。

（二）营销策划主题的类型

1. 涉及企业发展战略的主题。如市场开发主题、市场拓展主题、产品开发主题、企业入市主题、企业拓展主题、企业形象主题、跨国营销主题等。

2. 涉及营销策略的主题。如营销广告主题、产品延伸主题、多品牌主题、包装改进主题、商标设计主题、商标注册主题、产品认证主题、渠道选择主题、营销方式选择主题、产品价格调整主题等。

营销策划的主题是多层次的，既可以是涉及企业发展战略的大主题，也可以是涉及企业某一方面活动、某种营销策略、某个具体举措的小主题；营销策划主题是多方面的，可以以提高经济效益为主题、以扩大市场份额为主题和以提高企业形象为主题等。通常，一个策划方案只有一个主题，策划的主题一旦确定，策划工作的一切活动都要围绕这一主题开展。

（三）营销策划的主题系统

1. 营销策划的主题系统分为两大类：宏观主题和微观主题。宏观主题是贯串于整个项目的中心思想，它是营销策划项目开发思路、市场定位、规划设计、营销推广和服务等各方面的综合体现；微观主题是在宏观主题统率下，在项目策划中各个环节表现出来的次中心思想。微观主题因为深度不同，在微观主题下还会有更小的主题构成。

2. 宏观主题和微观主题的关系。宏观主题和微观主题的关系是从属、依赖和支撑的关系。宏观主题统率和串联着微观主题，使微观主题在项目的各个环节中不走样；微观主题围绕着宏观主题来进行分解、阐述，从各种不同角度的主题概念来支撑宏观主题。宏观主题和微观主题的相互统一和相互依赖，使营销策划主题更丰满，更有说服力。

营销策划主题系统的形式包括：单主题与多主题。在具体策划实践中，一般用单主题就可以取得很好的效果。但是，策划人为了使项目主题更加丰富和饱满，运用两个或两个以上的主题来策划项目，同样可以取得项目的成功。多主题的策划一般有以下两种形式：

（1）一个主题为主，几个次副主题烘托。项目中为主的中心主题占据主导的地位，而若干个副主题主要起到烘托的作用，这样策划的宏观主题不单调。如在"体育运动"的中心主题下，又用"生态"副主题来强调、烘托，达到的效果就比单主题要好，而且它们联系紧密，中心主题、副主题都与人的"健康"有关，很吻合购买者的心理需求。

（2）多个主题齐头并进，互相补充，互相映衬。有的项目宏观主题不是以一个为主，而是若干个主题交汇在一起，共同从不同的角度和方面来互相补充、互相映衬，达到"双赢"或"多赢"的目的。

> ❋ 小资料
>
> **顺德碧桂园的策划主题**
>
> 顺德"碧桂园"就是一个多主题的策划项目，物业服务主题（星级管理）、教育主题（国际学校）、配套主题（豪华会所）三个主题糅合在一起，与项目目标客户的需求相当吻合。这些先富起来的乡镇老板们考虑最多的就是这三个方面：经常在外不在家需要完善的物业服务；小孩要继承父辈的产业需要高水平的教育；钱多了要有像样体面的地方来消费。这三个需求刚好与三大主题相一致，顺德"碧桂园"的"起死回生"就不言而喻了。

二、营销策划主题的作用

营销策划主题是营销策划理念的抽象概括，是营销策划项目主导思想、市场定位、规划设计、营销推广和服务等各方面的综合体现。一个成功的策划主题对整个营销策划

项目有以下几点作用:

1. 统率、贯串策划项目的各个环节,使项目的各个要素围绕着中心思想展开。

2. 能体现策划项目的综合设计创意,使策划项目在文化内涵上满足人们的精神需求,在品质功能上满足人们的物质需求。

3. 策划主题能使项目具有区别于其他项目而展现出来的特有个性。这种项目特有个性,无论在内容、气质上还是在形式、手段上,均独具一格,别人难以模仿。

4. 策划主题能使策划项目在推广时易于体现项目优势,赢得买家的广泛认同。

5. 策划主题能提升企业及其品牌和产品的价值。策划主题作为概念资源,如果没有具体的内容来支撑,是无价值可言的。如果它有具体的内容支撑着,就有一定的价值。新颖、独创的主题概念,能使项目的价值大大高出同类项目的价值,即使价格较高,仍然能很快被消费者接受和购买。

❋ 小资料

北京地产热卖水主题

近期,北京各大房地产媒体上出现了"第三代亲水住宅"的广告宣传,这个概念的始作俑者是位于东直门的项目"当代万国城",由于该项目连跨护城河与亮马河,项目完工后,住户可以在自家的阳台上将两河一览无余,而且小区将引水入区,住户可以在小区中与水亲近,这无疑使"有水则灵"的信笃者趋之若鹜。据了解,该项目尚在期房阶段,便已有200多位买房人与之签订了意向买房合同。

无独有偶,毗邻龙潭湖公园的濠景阁公寓与毗邻紫竹院公园的美林花园等项目也因临水因素而销售看涨,而且销售价格因水而涨,如果项目没有水景存在,销售单价起码要比现在少近1000元,由此可见,仅凭水资源,就可为地产项目带来丰厚的利润。

第一代水景住宅出现在20世纪80年代末90年代初。当时,住房还未商品化,但在注重产品质量的前提下,水概念占了不小的比重,当时主要是造水、借水。比如,在社区内开挖人工河、造水景喷泉。

第二代水景住宅出现在近几年,主要表现在一些房地产开发商在取得土地的时候间接取得了水景的"观赏权"。其主要代表就是在许多公园周边开发的项目或者是临河的项目,借水造势,都取得了不错的效果。

所谓第三代亲水型住宅,主要体现在住户与水的亲近。以万国城为例,除了毗邻两河之外,又在小区里开辟了近4万平方米的水面,引两河水入小区,使区内完全是活水,住户可以在小区里享受与水的亲近。河水从小区横穿而过,项目特别把跨小区的地下水挑开成为明河,更加完善了水景概念。

资料来源:张剑:《北京地产热卖水主题》,载《北京青年报》,有删改。

三、营销策划主题的基本要求

（一）能运用创新或独到的思想理念

营销策划要取得较好的效果，营销策划主题必须深刻领会新理念、新思想精髓，把握其实质，能够反映新的策划思想和理念。

（二）要领先引导消费者的需求

营销策划主题不但要满足消费者的需求，而且还要引领消费者的需求。这是因为主题总是走在营销策划的最前列，发现市场的潜在需求，为策划成功做好思想准备。当前，在竞争激烈的市场环境下，生产商已不再被动地迎合消费者的口味，而是努力引导市场，创造超越现有生活的需求，将自身对品牌和产品的理解、将自身独特的审美品位融入营销策划项目中，形成风格独特与个性鲜明的品牌、产品和服务。在引领消费者需求的同时，还要注重体现项目独特的功能需求，增加度身定做的空间，在开发理念和设计细节等各方面更深层次地体现"以人为本"的思想。

（三）要善于挖掘项目的文化科技内涵

在营销策划中，要注意运用各种文化概念，把营销策划项目提升为一个系统的文化工程。随着科技的发展，营销策划主题还应注重对各种科技概念的运用，使项目呈现更具个性化的特色。如智能化、新科技和新材料的使用等。策划人要善于挖掘项目主题的文化科技内涵，使主题将民族文化精髓和科学技术理念融为一体。

（四）要注重产品设计的理念创新

设计理念的创新，是塑造产品个性特征、营造独特生活氛围的有力手段，设计是产品定型的主要阶段，这个阶段的产品造型和风格等，在很大程度上将影响产品的个性化和差异化。

（五）要把握好主题概念的整合和推广

有了独特、富于个性的策划主题，整合推广好主题也是一个不可忽视的问题。主题概念就像一条主线，把项目分区分期推出的产品"珍珠"串成一条"项链"；主题概念就是一个中心，项目开发的各个环节均围绕这一中心完成；主题概念还是一种说法，整个项目的构成、功能、风格、形象等均通过它得到合理的深入人心的阐述。因此，整合和推广好策划主题就显得格外重要。

四、营销策划主题的具体运作

（一）营销策划主题的来源与获取

营销策划主题概念的源头，即主题概念的创意过程。策划主题可从以下几个方面来获取：①从营销策划项目的区域文化内涵中抽象出来；②从与竞争性项目对比中挖掘出来；③从营销策划项目自身内在素质中分析出来；④从顾客需求中选择出来；⑤从社会经济发展趋势中演绎出来；⑥从产品发展的最新理念中提取出来。

> **✽ 小资料**
>
> **广州光大花园策划主题的获取**
>
> 广州"光大花园"在楼盘策划之初，从两方面进行分析：一是问卷调查，市民在目前生活环境下最重视的是什么？反馈回来的是"身体健康"。二是找出项目现状最有价值的方面。经过深入的了解和分析，项目地块最有价值、可以大做文章的是几十棵50多年树龄的大榕树。策划人通过思想碰撞，认为"身体健康"与"生态环境"有关。于是，广州"光大花园"的项目主题——"大榕树下，健康人家"就应运而生。榕树风景成为"光大花园"发挥的绝佳题材。

（二）营销策划主题的提炼与确定

有了主题概念的素材后，要进行策划主题的提炼与确定，即主题概念创意的论证。提炼与确定主题概念时，应着重考虑以下几个问题：

1. 主题概念是否富于个性，与众不同。这是主题概念取舍的主要标准，达不到要求的，宁可舍弃，也不能勉强使用。

2. 主题概念是否内涵丰富、易于展开，充分展现项目的优势和卖点。有些主题概念内涵狭小，展开时支持点不够，不利于主题概念的体现与贯彻。

3. 主题概念是否符合自身情况，是否与项目的要求相吻合。那些脱离项目实际情况的主题概念是不可取的。

4. 主题概念是否迎合目标顾客的需求。这是判断主题概念取舍的关键所在，那些不能激起买家购买欲的主题概念，最终会断送项目的前途。

(三) 营销策划主题的支撑与体现

主题概念经提炼与确定后，要靠营销策划项目的具体要素来支撑与体现，营销策划要营造一个实现这一主题概念的支持体系，使主题能站稳脚跟。支持体系包括项目规划设计、营销推广和服务等部分。其中规划设计部分是重点，是支撑与体现主题概念的中心。规划设计如果能够体现主题概念的内涵，其他问题就迎刃而解了。

(四) 营销策划主题的检验与反馈

当营销策划项目开始实施时，营销策划主题是否能达到预期效果，要靠市场的检验与反馈。检验与反馈的结果，可为策划方案的调整提供依据，为新的营销策划活动提供有益的借鉴和参考。

第三节　营销策划的方法

营销策划和其他类型的策划一样，其核心和灵魂在于创新，创新在策划方案中表现为创意，因此，寻求创意就成为营销策划的核心内容，是营销策划的灵魂。寻求创意的方法是营销策划最重要的方法。在长期的实践过程中，人们摸索和总结出许多行之有效的寻求创意的方法，下面介绍其中的几种。

一、列举法

所谓列举法，就是通过将事物或产品的属性、优缺点以及人们对该事物或产品的各种期望一一列举出来，按照一定的方法，将其制成表格，再针对每一项指标提出改良或改变的构想，从这些构想当中选有创新、可操作的构想，从而形成创意。

(一) 属性列举法

属性列举法也称为分布改变法，是美国尼布拉斯加大学的克劳福德（Robert. Crawford）教授于1954年提倡的一种著名的创意思维策略。此法强调使用者在创造的过程中观察和分析事物或问题的特性或属性，然后针对每项特性提出改良或改变的构想。

1. 属性列举法的特点。通过将决策系统划分为若干个子系统（即把决策问题分解为局部小问题),并把它们的特性一一列举出来制成表格,将这些特性加以区分,划分为概念性约束、变化规律等,并研究这些特性是否可以改变,以及改变后对决策产生的影响,研究决策问题的解决方法。此法的优点是能保证对问题的所有方面进行全面的研究。

2. 属性列举法的实施步骤:
(1)将物品或事物分为下列三种属性:①名词属性:全体、部分、材料、制法;②形容词属性:性质、状态;③动词属性:功能。
(2)进行特征变换。
(3)提出新产品构想。依变换后的新特征与其他特征组合可得到新产品。

3. 属性列举法的具体做法。把事物的特性分为名词特性、动词特性和形容词特性三大类,并把各种特性列举出来,从这三个角度进行详细的分析,然后通过联想,看看各个特性能否加以改善,以便寻找新的解决问题的方案。该法简单,既适用于个人,也适用于群体。

> ❋ 小资料
>
> **属性列举法——水壶的属性**
>
> 用属性列举法列出水壶的特性有:
> 名词特性:
> 　全体:水壶
> 　部分:壶柄、壶盖、蒸气孔、壶身、壶口、壶底
> 　材料:铝、铜等
> 形容词特性:轻、重、大、小、灰色、银白色等
> 动词特性:烧水、装水、倒水

(二)缺点列举法

缺点列举法是通过会议的形式收集新观点、新方案和新成果的方法。这种方法的特点是从列举事物的缺点入手,找出现有事物的缺点和不足,再探讨解决问题的方法和措施。

1. 缺点列举法的两个阶段。
(1)列举缺点阶段。召开专家会议,启发大家找出分析对象的缺点。寻找事物的缺点是很重要的一步,缺点找到了,就等于在解决该问题的道路上走了一半。
(2)探讨改进方案阶段。这一阶段,会议主持者应启发大家思考分析对象存在缺

点的原因，然后根据原因找到解决的办法。会议结束后，应按照"缺点"、"原因"、"解决办法"和"新方案"等项目列成简明的表格，以供下次会议或撰写分析报告时使用，亦可从中选择最佳方案。

2. 缺点列举法的具体做法。召开一次缺点列举会，会议由5~10人参加，会前先由主管部门针对某项事务，选出一个需要改革的主题，在会上发动与会者围绕这一主题尽量列举各种缺点，愈多愈好，另请人将提出的缺点逐一编号，记在一张张小卡片上，然后从中挑选出主要的缺点，并围绕这些缺点制订出切实可行的改革方案。一次会议的时间大约在1~2小时之内，会议讨论的主题宜小不宜大，即使是大的主题，也要分成若干小题，分次解决，这样，原有的缺点就不会被遗漏。

缺点列举法的应用非常广泛，它不仅有助于革新某些具体产品，解决属于"物"一类的硬技术问题，而且还可以应用于企业管理中，解决属于"事"一类的软技术问题。

（三）希望点列举法

希望点列举法是一种不断地提出"希望"、"怎么样才会更好"等理想和愿望，进而探求解决问题和改善对策的技法。此法是通过提出对该问题或事物的希望和理想，使问题和事物的本来目的聚合成焦点来加以考虑的方法。

1. 希望点列举法实施的三个主要步骤。

（1）激发和收集人们的希望。

（2）仔细研究人们的希望，以形成"希望点"。

（3）以"希望点"为依据，创造新产品以满足人们的希望。

2. 希望点列举法的具体做法。召开希望点列举会议，每次可有5~10人参加。会前由会议主持人选择一件需要革新的事情或者事物作为主题，随后发动与会者围绕这一主题列举出各种改革的希望；为了激发与会者产生更多的改革希望，可将各人提出的希望用小纸片写出，公布在小黑板上，并在与会者之间传阅，这样可以在与会者中产生连锁反应。会议一般举行1~2小时，产生50~100个希望，即可结束。

会后将提出的各种希望进行整理，从中选出目前可能实现的若干项进行研究，制订出具体的革新方案。

例如，一家制笔公司用希望点列举法产生出了一批改革钢笔的希望，希望钢笔出水顺利；希望绝对不漏水；希望一支笔可以写出两种以上的颜色；希望不玷污纸面；希望书写流利；希望能粗能细；希望小型化；希望笔尖不开裂；希望不用打墨水；希望省去笔套；希望落地时不损坏笔尖；等等。这家制笔公司从中选出"希望省去笔套"这一条，研制出一种像圆珠笔一样可以伸缩的钢笔，从而省去了笔套。

3. 希望点列举法的注意事项。

(1) 由列举希望点获得的发明目标应与人们的需要相符,更能适应市场。

(2) 希望是由想象而产生的,思维的主动性强,自由度大,所以,列举希望点所得到的发明目标含有较多的创造成分。

(3) 列举希望时一定要注意打破定势。

(4) 对于用希望点列举法得到的一些"荒唐"意见,应用创造学的观点进行评价,不要轻易放弃。

二、头脑风暴法

头脑风暴法又称智力激励法或自由思考法(畅谈法、集思法)。所谓头脑风暴,最早是精神病理学用语,指精神病患者的精神错乱状态,现在则成为无限制的自由联想和讨论的代名词,其目的在于产生新观念或激发创新设想。

头脑风暴法是由美国创造学家 A. F. 奥斯本于 1939 年首次提出、1953 年正式发表的一种激发思维的方法。此法经各国创造学研究者的实践和发展,至今已经形成了一个发明技法群,如奥斯本智力激励法、默写式智力激励法、卡片式智力激励法等等。

头脑风暴法可分为直接头脑风暴法(通常简称为头脑风暴法)和质疑头脑风暴法(也称反头脑风暴法)。前者是在专家群体决策时尽可能激发创造性、产生尽可能多的设想和方法,后者则是对前者提出的设想和方案逐一质疑,分析其现实可行性的方法。

(一) 头脑风暴法的激发机理

1. 联想反应。联想是产生新观念的基本过程。在集体讨论问题的过程中,每提出一个新的观念,都能引发他人的联想,相继产生一连串的新观念,形成新观念群,为创造性地解决问题提供更多的可能性。

2. 热情感染。在不受任何限制的情况下,集体讨论问题能激发人的热情。人人自由发言、相互影响、相互感染,形成热烈的气氛,突破固有观念的束缚,最大限度地发挥创造性的思维能力。

3. 竞争意识。在有竞争意识的情况下,人人争先恐后,竞相发言,不断地开动思维机器,力求有独到见解和新奇观念。心理学的原理告诉我们,人类有争强好胜心理,在有竞争意识的情况下,人的心理活动效率可增加 50% 或更多。

4. 个人欲望。在集体讨论解决问题的过程中,个人的欲望自由,不受任何干扰和控制,是非常重要的。头脑风暴法有一条原则,即不得仓促地批评或评论他人的发言,甚至不许有任何怀疑的表情、动作和神色。这就能使每个人畅所欲言,提出大量的新观念。

（二）头脑风暴法的要求

1. 组织形式。参加人数一般为 10～15 人（课堂教学也可以班为单位），最好由不同专业或不同岗位者组成；会议时间控制在 1 小时左右；设主持人 1 名，主持人只主持会议，对设想不作评论。设记录员 1～2 人，要求认真将与会者的每一设想不论好坏都完整地记录下来。

2. 会议类型。

（1）设想开发型。这是为获取大量的设想、为课题寻找多种解题思路而召开的会议，因此，要求参与者要善于想象，语言表达能力要强。

（2）设想论证型。这是为将众多的设想归纳转换成实用型方案召开的会议，要求与会者善于归纳、善于分析判断。

3. 会前准备工作。

（1）会议要明确主题。会议主题提前通报给与会者，让与会者有一定准备。

（2）选好主持人。主持人要熟悉并掌握该技法的要点和操作要素，摸清主题现状和发展趋势。

（3）参与者要有一定的训练基础，懂得该会议提倡的原则和方法。

（4）会前可进行柔化训练，即对缺乏创新锻炼者进行打破常规思考、转变思维角度的训练活动，以减少思维惯性，从单调的紧张工作环境中解放出来，以饱满的创造热情投入激励设想活动。

4. 会议实施步骤。

（1）会前准备。参与人、主持人和课题任务三落实，必要时可进行柔性训练。

（2）设想开发。由主持人公布会议主题并介绍与主题相关的参考情况；突破思维惯性，大胆进行联想。主持人控制好时间，力争在有限的时间内获得尽可能多的创意性设想。

（3）设想的分类与整理。一般分为实用型和幻想型两类。前者是指目前技术工艺可以实现的设想，后者指目前的技术工艺还不能完成的设想。

（4）完善实用型设想。对实用型设想，再用脑力激荡法去进行论证、进行二次开发，进一步扩大设想的实现范围。

（5）幻想型设想再开发。对幻想型设想，再用头脑风暴法进行开发，通过进一步开发，就有可能将创意的萌芽转化为成熟的实用型设想。这是头脑风暴法的一个关键步骤，也是该方法质量高低的明显标志。

5. 主持人及其技巧。

（1）头脑风暴法的主持人，最好由了解决策问题背景、熟悉头脑风暴法的处理程序和处理方法的人担任。主持人的发言应能激起参加者的思维"灵感"，促使与会者感到急需回答会议提出的问题。主持人的主动活动也只局限于会议开始之时，一旦与会者的思维被激发以后，新的设想就会源源不断地涌现出来。这时，主持人只需根据"头脑风暴"的原则进行适当引导即可。

（2）主持人应懂得各种创造思维和技法，会前要向与会者重申会议应严守的原则和纪律，善于激发与会者思考，使场面轻松活跃而又不失脑力激荡的规则。

（3）主持人可采取轮流发言形式，使每轮每人简明扼要地说清楚创意设想一个，避免形成辩论会和发言不均；要以赏识激励的词句语气和微笑点头的行为语言，鼓励与会者多出设想；经常强调设想的数量，比如平均3分钟内要发表10个设想；根据课题和实际情况需要，引导大家掀起一次又一次脑力激荡的"激波"。

（4）要掌握好时间，会议持续1小时左右，形成的设想应不少于100个。但最好的设想往往是会议要结束时提出的，因此，预定结束的时间到了，可以根据情况再延长5分钟，这是人们容易提出好设想的时候。

（三）头脑风暴法的原则

1. 庭外判决原则。对各种意见、方案的评判必须放到最后阶段，此前不能对别人的意见提出批评和评价。认真对待任何一种设想，而不管其是否适当或可行。

2. 欢迎各抒己见，自由鸣放。创造一种自由的气氛，激发与会者提出各种荒诞的想法。

3. 追求数量。意见越多，产生好意见的可能性越大。

4. 探索取长补短和改进办法。除提出自己的意见外，鼓励与会者对他人已经提出的设想进行补充、改进和综合。

（四）头脑风暴法中的专家小组

经验证明，专家小组规模以10~15人为宜，会议时间一般以20~60分钟效果最佳。专家人选应严格限制，便于参加者把注意力集中于所涉及的问题。

头脑风暴法专家小组应由下列人员组成：方法论学者——专家会议的主持者；设想产生者——专业领域的专家；分析者——专业领域的高级专家；演绎者——具有较高逻辑思维能力的专家。

（五）头脑风暴法中的记录工作

会议提出的设想应由专人简要记载下来或录在磁带上，以便由分析组对会议产生的设想进行系统化处理，供下一阶段（质疑阶段）使用。

（六）头脑风暴法的流程

系统化处理程序如下：①对所有提出的设想编制名称一览表；②用通用术语说明每一设想的要点；③找出重复的和互为补充的设想，并在此基础上形成综合设想；④提出对设想进行评价的准则；⑤分组编制设想一览表。

三、综摄法

综摄法又称类比思考法、类比创新法、提喻法、比拟法、分合法、举隅法、集思法、群辨法、强行结合法、科学创造法等。

综摄法由美国麻省理工大学教授威廉·戈登（W. J. Gordon）于1944年提出，是指以通过已知的东西做媒介，将毫无关联的、不相同的知识要素结合起来，来打开"未知世界的门扉"，勾起人们的创造欲望，使潜在的创造力发挥出来，产生众多的创造性设想。

（一）综摄法的两项基本原则

1. 异质同化。新的发明大都是现在没有的东西，人们对它是不熟悉的。然而，人们非常熟悉现有的东西，在创造发明不熟悉的新东西的时候，可以借用现有的知识来进行分析研究，启发出新的设想，这就叫做异质同化。例如，在脱粒机发明以前，谁也没有见过这种机械，要发明这样一种机械，就要通过当时已有的知识或熟悉的事物来进行创造。脱粒机实际上是一种使物体分离（将稻谷和稻草分开）的机械，可以使稻谷分离的方法很多，根据用雨伞尖顶冲撞稻穗、把稻谷从稻草上脱落下来的创造性设想，终于发明出一种带尖刺的滚筒状的脱粒机。

2. 同质异化。对现有的各种发明，运用新的知识或从新的角度来加以观察、分析和处理，启迪出新的创造性设想，这就叫做同质异化。例如，热水瓶大家都很熟悉，将它改小成茶杯大小，就成了保暖杯；将电子表装在笔中，就发明出一种电子计时笔。

（二）综摄法的四种类比方法

1. 拟人类比。进行创造活动时，人们常常将创造的对象加以"拟人化"。挖土机可以模拟人体手臂的动作来进行设计，它的主臂如同人的上下臂，可以左右上下弯曲，挖土斗似人的手掌，可以插入土中，将土挖起。在机械设计中，采用这种"拟人化"的设计，可以从人体某一部分的动作中得到启发，常常会收到意想不到的效果。现在，这种拟人类比方法还被大量应用在科学管理中。

2. 直接类比。从自然界或者已有的成果中找寻与创造对象相类似的东西。例如，设计一种水上汽艇的控制系统，人们可以将它同汽车相类比。汽车上的操纵机构和车灯、喇叭、制动机构等都可经过适当改革，运用到汽艇上去，这样比凭空想象设计一种东西更容易获得成功。再如运用仿生学设计飞机、潜艇等，也都是一种直接类比的方法。

3. 象征类比。所谓象征，是一种用具体事物来表示某种抽象概念或思想感情的表现手法。在创造性活动中，人们有时也可以赋予创造对象一定的象征性，使其具有独特的风格，这叫象征类比。象征类比应用较多的是在建筑设计中。例如，设计纪念碑、纪念馆，需要赋予它们宏伟、庄严、典雅的象征格调。相反，设计咖啡馆、茶楼、音乐厅就需要赋予它们艺术、优雅的象征格调。历史上许多名垂千秋的建筑，就在于它们格调迥异，具有各自的象征。

4. 想象类比。它是指充分利用人类的想象能力，通过童话、小说、幻想、谚语等来寻找灵感，以获取解决问题的方案。

（三）综摄法的操作步骤

1. 准备阶段。
（1）确定会议室和会议时间。
（2）确定参加人员约 10 名，参加者可以是不同专业的研究人员，但须是内行。
（3）主持人应具备使用本方法的一切常识，如两大基本原则、四种类比技巧、实施要点等。

2. 实施阶段。
（1）主持人向参加者介绍本方法的大意、实施概要以及四种类比技巧、两大基本原则等。
（2）主持人先不公开议题，而介绍与研究课题有关的更广泛的资料，以引导参加者进行讨论，启发他们的灵感。
（3）当讨论涉及要解决的问题时，主持人再明确提出来，并要求参加者按照两大基本原则和四种类比技巧积极构思解决问题的方案。
（4）整理综合各种方案，找出最佳方案。

（四）综摄法的实施要点

1. 讨论时最好开始先不公布议题，到有人涉及时再提出来，以有利于参加者灵感的相互激发。
2. 这种方法不追求设想的数量，而在于设想的质量和可行性。

3. 人格性的模拟一般不易做到，因此必须集中精力。

4. 注意运用想象性和象征性的模拟方式。这两种模拟的思考方针要从"问题在童话、科幻小说中会变成什么样呢"的疑问开始寻求答案，这样才能符合两项基本原则。

（五）综摄法的适用范围

综摄法的宗旨是以已有的事物为媒介，将它们分成若干元素，并将某些元素构成一个新的设想来解决问题。因此它的最大用处在于利用其他产品取长补短，设计新产品，以及制订营销策略。

（六）综摄法的特别提醒

1. 模拟时要集中注意力。

2. 综摄法的精髓是通过识别事物之间的异同，从而捕捉富有启发性的新思路，产生有用可行的创造性设想，并得出解决问题的方案。

3. 要贯彻综摄法的两项基本原则。

第四节 营销策划常用的理论

营销策划是以营销理论为依据，结合系统论、创造学以及思维理论等对企业未来营销行为进行谋划的过程，是一种运用理论的理性行为。理论贯串于营销策划全过程，始终发挥着指导作用。本节介绍在营销策划中经常运用的几种理论。

一、市场营销理论

（一）4Ps 营销理论

4Ps 理论产生于 20 世纪 60 年代的美国，随着营销组合理论的提出而出现。

杰罗姆·麦卡锡（McCarthy）于 1960 年在其《基础营销》（*Basic Marketing*）一书中将这些要素概括为四类：产品（Product）、价格（Price）、渠道（Place）、促销（Promotion），即著名的4Ps（详见表 2-1 所示）。1967 年，菲利普·科特勒（Philip Kotler）在其畅销书《营销管理：分析、规划与控制》中进一步确认了以 4Ps 为核心的营销组合方法。

表 2-1 4Ps 内容一览表

4Ps	内容
产品（Product）	要求产品有独特的卖点，把产品的功能诉求放在第一位
价格（Price）	根据不同的市场定位，制订不同的价格策略，产品的定价依据是企业的品牌战略，注重品牌的含金量
渠道（Place）	企业并不直接面对消费者，企业与消费者的联系是通过分销商来进行的，因而要注重经销商的培育和销售网络的建立
促销（Promotion）	企业注重改变销售行为来刺激消费者，以短期的行为（如让利、买一送一、营销现场气氛等）促成消费的增长，吸引其他品牌的消费者或导致提前消费来促进销售的增长

4Ps 营销理论的意义在于，4Ps 的提出奠定了营销管理的基础理论框架。该理论以单个企业作为分析单位，认为影响企业营销活动效果的因素有以下两种。

一种是企业不能够控制的，如政治、法律、经济、人文、地理等环境因素，称之为不可控因素，这就是企业所面临的外部环境；一种是企业可以控制的，如生产、定价、渠道、促销等营销因素，称之为企业可控因素。

企业营销活动的实质是一个利用内部可控因素适应外部环境的过程，即通过对产品、价格、渠道、促销的计划和实施，对外部不可控因素做出积极动态的反应，从而促成交易的实现和满足个人与组织的目标，用科特勒的话说就是"如果公司生产出适当的产品，定出适当的价格，利用适当的分销渠道，并辅之以适当的促销活动，那么该公司就会获得成功"（科特勒，2001）。所以市场营销活动的核心就在于制订并实施有效的市场营销组合。

（二）4Cs 营销理论

随着市场竞争日趋激烈，媒介传播速度越来越快，4Ps 理论越来越受到挑战。1990年，美国学者罗伯特·劳特朋（Robert Lauterborn）教授提出了与传统营销的 4Ps 相对应的 4Cs 营销理论。

4Cs 营销理论的内容：4C 分别指代 Customer（顾客）、Cost（成本）、Convenience（便利）和 Communication（沟通）。

Customer（顾客），主要指顾客的需求。企业必须首先了解和研究顾客，根据顾客的需求来提供产品。同时，企业提供的不仅仅是产品和服务，更重要的是由此产生的客户价值（Customer Value）。

Cost（成本），不单是企业的生产成本，或者说 4Ps 中的 Price（价格），它还包括顾客的购买成本。同时也意味着产品定价的理想情况，应该是既低于顾客的心理价格，亦能够让企业有所赢利。此外，这中间的顾客购买成本不仅包括其货币支出，还包括其为此耗费的时间、体力和精力消耗以及购买风险。

Convenience（便利），即所谓为顾客提供最大的购物和使用便利。4Cs 营销理论强调企业在制订分销策略时，要更多地考虑顾客的方便，而不是企业自己的方便。要通过好的售前、售中和售后服务来让顾客在购物的同时，也享受到便利。便利是客户价值不可或缺的一部分。

Communication（沟通），则被用以取代 4Ps 中对应的 Promotion（促销）。4Cs 营销理论认为，企业应通过同顾客进行积极有效的双向沟通，建立基于共同利益的新型企业/顾客关系。这不再是企业单向的促销和劝导顾客，而是在双方的沟通中找到能同时实现各自目标的通途。

（三）4Rs 营销理论

4Rs 营销理论是由美国整合营销传播理论的鼻祖唐·舒尔茨（Don E. Schuhz）在 4Cs 营销理论的基础上提出的新营销理论。4Rs 分别指代 Relevance（关联）、Reaction（反应）、Relationship（关系）和 Reward（回报）。该营销理论认为，随着市场的发展，企业需要从更高层次上以更有效的方式在企业与顾客之间建立起有别于传统的新型的主动性关系。

4Rs 营销的操作要点：

1. 紧密联系顾客。企业必须通过某些有效的方式在业务、需求等方面与顾客建立关联，形成一种互助、互求、互需的关系，把顾客与企业联系在一起，减少顾客的流失，以此来提高顾客的忠诚度，赢得长期而稳定的市场。

2. 提高对市场的反应速度。多数公司倾向于说给顾客听，却往往忽略了倾听的重要性。在相互渗透、相互影响的市场中，对企业来说最现实的问题不在于如何制订、实施计划和控制，而在于如何及时地倾听顾客的希望、渴望和需求，并及时做出反应来满足顾客的需求，这样才有利于市场的发展。

3. 重视与顾客的互动关系。4Rs 营销理论认为，如今抢占市场的关键已转变为与顾客建立长期而稳固的关系，把交易转变成一种责任，建立起和顾客的互动关系；而沟通是建立这种互动关系的重要手段。

4. 回报是营销的源泉。由于营销目标必须注重产出，注重企业在营销活动中的回报，所以企业要满足客户需求，为客户提供价值，不能做无用的事情。一方面，回报是维持市场关系的必要条件；另一方面，追求回报是营销发展的动力，营销的最终价值在于其是否具有给企业带来短期或长期收入的能力。

(四) 定位理论

定位（Positioning），是由著名的美国营销专家艾尔·列斯（Al Ries）与杰克·特罗（Jack Trout）于20世纪70年代早期提出的。1996年，杰克·特罗整理了25年来的工作经验，写出了《新定位》一书。按照艾尔·列斯与杰克·特罗的观点，定位是对产品在未来的潜在顾客的脑海里确定一个合理的位置，也就是把产品定位在未来潜在顾客的心目中。定位可以看成是对现有产品的一种创造性试验。"改变的是名称、价格及包装，实际上对产品则完全没有改变，所有的改变，基本上是在作着修饰而已，其目的是在潜在顾客心中得到有利的地位。"

现有产品在顾客心目中都有一定的位置，例如，人们认为可口可乐是世界上最大的饮料生产商，格兰仕是中国最大的微波炉生产商，北京同仁医院是中国最著名的眼科医院等，这些产品和服务的提供者在与消费者长期的交易中所拥有的地位，是其他人很难取代的，也就是说，消费者对品牌的印象不会轻易改变。定位的基本原则不是去创造某种新奇的或与众不同的东西，而是去操纵人们心中原本的想法，去打开联想之结，在顾客心目中占据有利的地位。唯其如此，方能在市场上赢得有利的竞争地位。

定位的真谛就是"攻心为上"，消费者的心灵才是营销的终级战场。从广告传播的角度来看定位，它不是要琢磨产品，因为产品已是生出来的孩子，已经定型，不大容易改变，而容易改变的是消费者的"心"。定位的方法有多种，如强化自己已有的定位、比附定位、单一位置策略、寻找空隙策略、类别品牌定位、再定位等。

二、CIS 理论

企业识别系统，其英文全称是 Corporation Identity System（简称 CIS）。CIS 理论主张将企业理念、企业文化、企业行为及企业视觉标志通过统一设计加以整合，强化其传播效果，从而迅速提升企业的知名度、美誉度和公众的认可度。

CIS 由三部分构成：①企业的理念识别（Mind Identity，简称 MI）；②企业视觉识别（Visual Identity，简称 VI）；③企业行为识别（Behavior Identity，简称 BI）。

MI（Mind Identity）理念识别（企业思想系统），是指企业思想的整合化。通过企业的经营想法及做法，进行标语的整合、宣传画的美化、思想观念的教育，向公众及员工传递独特的企业思想特点。它包括经营理念、经营宗旨、事业目标、企业定位、企业精神、企业格言、管理观念、人才观念、创新观念、工作观念、客户观念、人生观念、价值观念、品牌定位、品牌标准广告语等。

VI（Visual Identity）视觉识别（品牌视觉系统），是指企业识别（或品牌识别）的视觉化。通过企业或品牌的统一化、标准化、美观化的对内对外展示，传递企业或品牌个性（或独特的品牌文化）。它包括基础要素和应用要素两大部分。基础要素是指企业名称、品牌名称、标志、标准字、标准色、辅助色、辅助图形、辅助色带、装饰图案、标志组合、标语组合等；应用要素是指办公用品、公关用品、环境展示、专卖展示、路牌招牌、制服饰物、交通工具、广告展示等。

BI（Behavior Identity）行为识别（行为规范系统），是企业思想的行为化。通过企业思想指导下的员工对内对外的各种行为，以及企业的各种生产经营活动，传达企业的管理特色。它包括干部教育、员工培训、规章制度、质量管理、行为规范、文娱活动、公关活动、公益活动、品牌推广等。

形象一点说，CIS 就是一支军队，MI 是军心，是军队投入战争的指导思想；VI 是军旗，是军队所到之处的形象标志；BI 则是军纪，它是军队取得战争胜利的重要保证。

三、USP 理论

20 世纪 40 年代，罗瑟·瑞夫斯在继承霍普金斯科学的广告理论的基础上，根据达彼思公司的广告实践，对广告运作规律进行了科学的总结，首次提出 USP（Unique Selling Proposition）理论：独特的销售主张，并在 1961 年出版的《广告的现实》（*Reality in Advertising*）一书中进行了系统的阐述。

USP 理论的基本要点是：强调产品具体的特殊功效和利益——这种特殊性是竞争对手无法提供的、独特的，强调人无我有的唯一性；强调的主张必须是强有力的，必须集中在某一个点上，以达到打动和吸引消费者购买产品的目的。

20 世纪 90 年代，达彼思公司将 USP 定义为：USP 的创造力在于揭示一个品牌的精髓，并通过强有力的、有说服力的证明，证实它的独特性，使之所向披靡，势不可挡。为此重申 USP 的三个要点：

1. USP 是一种独特性——它是内含在一个品牌自身深处，或者尚未被提出的独特的承诺。它必须是其他品牌未能提供给消费者的最终利益，它必须能够建立一个品牌在消费者头脑中的位置，从而使消费者坚信该品牌所提供的最终利益是该品牌独有的、独特的和最佳的。

2. USP 必须有销售力。它必须是对消费者的需求有实际和重要意义，它必须能够与消费者的需求直接相连，导致消费者采取行动。

3. USP 必须有说服力和感染力，能为该品牌引入新的消费群或从竞争品牌中把消费者赢过来。

每个 USP 必须对目标消费者做出一个主张——一个清楚的、令人信服的品牌利益承诺，而且这个品牌承诺是独特的。

> ✲ 小资料
>
> 世界一流的营销商独特的销售主张
>
> ● "给你的宝宝一个你孩提时代不曾拥有的东西。一个清爽的屁股。"（帮宝适纸尿裤）
> ● "只溶在口，不溶在手。"（M&M 巧克力）
> ● "在 1 小时 60 码的劳斯莱斯车中，最大的噪声来自于电子钟。"（劳斯莱斯车）

四、竞争理论

（一）麦克尔·波特的竞争理论

哈佛商学院的教授——麦克尔·波特提出的竞争理论的主要内容有：五力模型和三大竞争战略。

1. 五力模型。决定企业获利能力的首要因素是"产业吸引力"。企业在拟定竞争战略时，必须深入了解决定产业吸引力的竞争法则。竞争法则可以用五种竞争力来具体分析，这五种竞争力包括：新加入者的威胁、客户的议价能力、替代品或服务的威胁、供货商的议价能力及既有竞争者。这五种竞争力能够决定产业的获利能力，它们会影响产品的价格、成本与必要的投资，也决定了产业结构。企业如果要想拥有长期的获利能力，就必须先了解所处的产业结构，并塑造对企业有利的产业结构。

2. 三大竞争战略。竞争战略的第二个中心问题是企业在产业中的相对位置。竞争位置会决定企业的获利能力是高出还是低于产业的平均水平。即使在产业结构不佳、平均获利水平差的产业中，竞争位置较好的企业，仍能获得较高的投资回报。每个企业都会有许多优点或缺点，任何的优点或缺点都会对相对成本优势和相对差异化产生作用。成本优势和差异化都是企业比竞争对手更擅长应用五种竞争力的结果。将这两种基本的竞争优势与企业相应的活动相结合，可导出让企业获得较好竞争位置的三种竞争战略：总成本领先战略、差异化战略和专一化战略。

（1）总成本领先战略。要求企业必须建立起高效、规模化的生产设施，全力以赴地降低成本，严格控制成本、管理费用及研发、服务、推销、广告等方面的成本费用。为了达到这些目标，企业需要在管理方面对成本给予高度的重视，确实使得总成本低于竞争对手。

(2) 差异化战略。差异化战略是将公司提供的产品或服务差异化，树立起一些在全产业范围中具有独特性的东西。实现差异化战略可以有许多方式，如设计名牌形象，保持技术和性能特点，顾客服务、商业网络及其他方面的独特性，等等。最理想的状况是公司在几个方面都具有差异化的特点。但这一战略与提高市场份额的目标不可兼顾，在建立公司的差异化战略的活动中总是伴随着很高的成本代价，有时即便全产业范围的顾客都了解公司的独特优点，也并不是所有顾客都将愿意或有能力支付公司要求的高价格。

(3) 专一化战略。专一化战略是指主攻某个特殊的顾客群、某产品线的一个细分区段或某一地区市场。低成本与差异化战略都是要在全产业范围内实现其目标，专一化战略的前提思想是：公司业务的专一化能够以较高的效率、更好的效果为某一狭窄的战略对象服务，从而超过在较广阔范围内竞争的对手。公司或者通过满足特殊对象的需要而实现了差异化，或者在为这一对象服务时实现了低成本，或者二者兼得。这样的公司可以使其赢利的潜力超过产业的平均水平。

竞争优势是所有战略的核心，企业要获得竞争优势就必须做出选择，必须决定希望在哪个范畴取得优势。全面出击的想法既无战略特色，又会导致低于水准的表现，它意味着企业毫无竞争优势可言。

(二) 蓝海战略

蓝海战略 (Blue Ocean Strategy) 是由 W. 钱·金 (W. Chan Kim) 和莫博涅 (Mauborgne) 提出的。蓝海战略认为，聚焦于红海等于接受了商战的限制性因素，即在有限的土地上求胜，却否认了在商业世界开创新市场的可能。运用蓝海战略，视线将超越竞争对手移向买方需求，跨越现有竞争边界，将不同市场的买方价值元素筛选并重新排序，从给定结构下的定位选择向改变市场结构本身转变。

蓝海以战略行动 (Strategic Move) 作为分析单位，战略行动包含开辟市场的主要业务项目所涉及的一整套管理动作和决定，在研究 1880—2000 年 30 多个产业 150 次战略行动的基础上，指出价值创新 (Value Innovation) 是蓝海战略的基石。价值创新挑战了基于竞争的传统教条即价值和成本的权衡取舍关系，让企业将创新与效用、价格与成本整合一体，不是比照现有产业最佳实践去赶超对手，而是改变产业景框重新设定游戏规则；不是瞄准现有市场"高端"或"低端"顾客，而是面向潜在需求的买方大众；不是一味细分市场满足顾客偏好，而是合并细分市场。

表 2-2　一个成功的蓝海战略必须具备的三种特点

特　点	解　释	实例（美国西南航空公司）
重点突出	伟大的战略都有其重点	友好的服务、速度/频繁的点对点直航
另辟蹊径	为追赶对手而制订战略将失去独特性	将按照枢纽辐射航线的传统结构改变为中型城市之间的直飞
主题令人信服	清晰传达战略信息	飞机的速度，驾车旅行的价格

蓝海战略其实就是企业超越传统产业竞争、开创全新市场的企业战略。如今这个新的经营理念正得到全球工商企业界的关注。"红海"是竞争极端激烈的市场，但"蓝海"也不是一个没有竞争的领域，而是一个通过差异化手段得到的崭新的市场领域，在这里，企业凭借其创新能力获得更快的增长和更高的利润。

蓝海战略共提出六项原则和四项战略制订原则：重建市场边界、注重全局而非数字、超越现有需求、遵循合理的战略顺序，两项战略执行原则：克服关键组织障碍、将战略执行建成战略的一部分。

（三）魏斯曼营销战略学说及竞争四种手段

德国的阿诺尔德·魏斯曼博士，是公认的市场营销和企业经营战略专家。他的学说之一，是重新认识现代竞争实质，确立基于整体竞争的营销战略理念，其中包括通往成功的四种手段。

1. 领导者战略。公司的相关产品在市场中占有最大的市场份额，它通常在价格变化、新产品引进创新、分销覆盖和促销强度上，对其他公司起着领导作用。

2. 挑战者战略。在行业中占有第二、第三和以后的位置，它可以攻击市场领先者和其他竞争者，以夺取更多的市场份额，提升自己，有可能取代领导者的地位。

3. 市场追随者战略。它们在市场上采取跟随领导者的策略，从产品、命名、宣传等都和领导者极为相似，利用领导者的资源分割市场。

4. 利基者战略。它们只注重小块市场，并把它做深做透，从中投入较少的资源，获取较大的利润，成为小块市场的领先者，它们经常避免与大公司竞争。

五、二八法则和长尾理论

（一）二八法则

意大利经济学家帕累托提出，80%的收入来源于20%的客户，公司里20%的员工完成80%的业绩，20%的强势品牌占据着80%的市场。"二八法则"要求管理者在工作中不能"胡子眉毛一把抓"，而是要抓关键人员、关键环节、关键用户、关键项目和关键岗位。二八法则之所以得到业界的推崇，就在于其提倡的"有所为，有所不为"的经营方略。

（二）长尾理论

与二八法则相对，21世纪出现的长尾理论，其基本原理是：只要存储和流通的渠道足够大，需求不旺或销量不佳的产品所共同占据的市场份额可以和那些少数热销产品所占据的市场份额相匹敌甚至更大，即众多小市场汇聚成可与主流大市场相匹敌的市场能量。在长尾理论中，实际上"长尾"是二八法则中原先不怎么被重视的那20%非关键的市场和低收益客户。

长尾理论要想发挥效果，必须具备以下条件：足够的存储和流通的渠道，并且市场维护成本要尽可能小；计算机和网络技术高度发展使之得以实现。因此我们看到大批长尾理论的获利者都是互联网企业，传统市场中二八法则依旧大行其道，这一点毋庸置疑。

 思考与实习

一、思考题

1. 简述营销策划的基本原则。
2. 寻求创意的主要方法有哪些？
3. 简述2~3种营销策划常用理论。

二、实习项目

1. 每6人为一小组，15分钟内尽可能多地列举出圆珠笔（或某一其他产品）的属性。每小组指定1人记录列举出的各项属性，规定时间结束后，分类汇总加以整理，各小组指定专人在班级研讨会上发言，提出本小组关于新产品改良或开发的创意。

实习要求：

（1）各小组尽可能多地针对属性提出改进的创意。
（2）不许有任何批评意见，只考虑想法，不考虑可行性。可以寻求各种想法的组合和改进。

2. 以小组为单位，查找有关企业运用"蓝海战略"的资料，并撰写分析报告。

实习要求：分析报告的内容应包括：
（1）简述"蓝海战略"的基本内容。
（2）分析企业是如何应用"蓝海战略"理论的。
（3）分析企业运用"蓝海战略"取得的成效。

【精彩个案】

"保热"概念，成就太阳雨的蓝海市场

国内太阳能企业按照品牌知名程度划分为三类，即知名品牌、品牌和无品牌，知名品牌在业界只有皇明、太阳雨等七家，其他二三百家是弱势品牌，剩下的几千家为杂牌小厂（不知名品牌或无品牌）。正是这不到5%的品牌左右着其他95%的品牌命运，引领着整个行业发展的趋势。

这七大品牌的共同特征是能够创造较高含金量的销售。即价格相同的情况下，销量比不知名品牌卖得多；销量相同的情况下，价格比不知名品牌卖得贵；相同销售周期内，出货速度比不知名品牌快，持续旺销期比不知名品牌长。

经研究发现，知名品牌的创建都经历了概念差异化——品类差异化——品牌差异化三个阶段。

1. 概念差异化：全力打造一个拳头产品，提炼差异化核心概念，集中精力引爆市场，迅速提高知名度，攫取第一桶金。

2. 品类差异化：将该拳头产品做成单项冠军，迅速跟进和卡位，拓展成一个细分品类，找到属于自己的蓝海市场，独享品类收益，从而左右行业发展。

3. 品牌差异化：立足于自己的蓝海市场，战略聚焦——产业做减法，不求全但求专；营销聚焦——产品做减法，不求多但求精；广告聚焦——声音做减法，不求杂但求响；最终是品牌价值做加法。

概念差异化——太阳雨"保热"VS行业"集热"

太阳雨就是在差异化的策略指导下不断迈向全国知名品牌行列的。2004年前，太阳雨是一个年销售额仅为3000万元的区域性品牌，品牌知名度不足20%，市场排名靠后，消费者不关注它。到了2005年底，太阳雨太阳能热水器的销售额一下子达到8000万元，销售增幅超过160%，其国内市场销售额行业排名飙升至前五名。在2005年下半年更是连续荣获中国名牌、国家免检产品称号，品牌知名度提升到60%，跻身市场前三甲。

太阳雨在短短一年多的时间里取得如此大的发展速度，除了行业整体增长的原因外，最大原因来自其一贯坚持的差异化行销策略。

太阳雨作为后来者及落后者，欲打破市场格局，成为市场领先品牌，必须选择王者品牌作为竞争标杆。太阳雨以多年的操作经验，选择了皇明。此后，太阳雨着重研究皇明成功的经验。从1995年创业至今，皇明持续在太阳能热水器关键部件"集热管"的技术研发上下工夫，皇明具有强大竞争力的核心技术——"三高管"带来的"集热"概念，在市场确立了牢固的认知，并传递给消费者非常实用的消费利益——"冬天好用"。行业中的其他品牌如清华阳光推广"真芯英雄"管，也强调集热概念，"集热"这个概念非常单纯非常尖锐，已深深影响了消费者的思维，成为行业默认的通用利益点。

实际情况是超过60%的消费者反映，目前使用的太阳能热水器保温效果差，晴天、白天时水是热的，但到晚间使用时，水温却降低了，热量白白流失掉了。由此可见，"集热"是基础，"保热"才是关键；保住热量才是最有效的。契合市场需求，太阳雨手中握有一项国家专利"R&A保温技术"，能有效降低热量流失，保温效果比一般热水器高出近40%，晴天的热水阴天也能用。当大家都在集热领域里厮杀时，太阳雨以"保热"概念另辟蹊径，在广告传播上集中诉求"集热是基础，保热是关键"，全力强占这个空白点——"保热"。

从2005年春季开始，太阳雨将"R&A保温技术"全线覆盖到所有系列产品上，"保热"概念赋予产品极大的市场杀伤力。半年之后，太阳能热水器市场划分成了两个阵营，太阳雨在"保热"这个创新品类阵营里成为一枝独秀的领先品牌，产品销量节节攀升，产品利润不断增长。

为了牢牢占据"保热"概念并将其迅速转化为企业的产品力，2006年初，太阳雨又进一步聚焦传播策略，将"保热"概念深化升级，演绎出一个新概念——保热墙，将消费者接受的概念视觉化，形成一个直观符号，广泛应用到目标消费者的每一个生活接触点上，取得了极好的传播效果，"保热墙"已成为与"三高管"并驾齐驱的概念。

资料来源：张宝骏、张庆虎：《"保热"概念，成就太阳雨的蓝海市场》，有效营销网2007年5月19日，有删改。

第三章　营销策划创意与程序

重要提点
- 营销策划创意产生的基本过程
- 营销策划创意的几种技法
- 营销策划的基本程序
- 撰写营销策划书的原则

【导读】创意是策划的灵魂，好的创意是营销策划成功的条件和保证，营销策划作为对企业未来的营销事项进行的富有创意的规划和设计，其最终结果是形成可以操作的行动方案，因此，营销策划活动必须依照一定的工作程序和工作步骤有条不紊来开展。营销策划的程序有两个方面的含义：一是营销策划活动的开展应遵循一定的步骤；二是营销策划活动形成的策划方案的执行须按照一定的步骤进行。两者均体现在营销策划工作的最终成果——营销策划书之中。

通过学习，要求掌握营销策划创意的作用和创意产生的环境，了解产生创意的技法；掌握营销策划活动的基本程序，各阶段、各步骤的工作内容，了解营销策划书的基本格式和掌握营销策划书的撰写方法。

第一节 营销策划创意

创意即意念、想法,俗称"点子"。创意作为策划的专业性词汇,可以理解为企业形象设计、广告、艺术创作、市场营销技巧以及现代文化娱乐活动等创作中的构思。策划创意即是通过非凡的"构思"来体现策划的战略目标。

一、营销策划创意的作用

营销策划及其实施的过程是企业与公众相互沟通的过程。公众印象、公众态度、公众舆论对企业形象起着重要的作用,创意则是左右公众印象、公众态度、公众舆论的源泉。

1. 创意直接影响公众对企业的印象。印象是客观事物在人们头脑中的折射。印象的好坏取决于企业形象的好坏,企业形象的好坏最初是由创意塑造的,只有好的创意塑造出良好的企业形象,才能在公众头脑中形成良好的印象。印象是公众对企业的初步认识,印象与形象可能一致,也可能不一致。创意就是要通过视觉识别系统、理念识别系统和行为识别系统的统一化,使企业的实态形象得到准确的传达,并使之与公众的印象叠合。

2. 创意可以影响公众的态度。态度是人们主观的内在意向,其主观性远胜于客观性。态度的倾向性较强,比起模糊的印象,显得更具稳定性。态度由认知因素、情感因素和行为因素构成,其中情感因素起主导作用。创意影响公众态度的关键就是掌握公众的情感因素,托物寄情、借物传情、以情感人、以情动人,从而影响公众对企业态度的倾向性,使公众对企业形成良好的支持态度。

3. 创意可以引导公众舆论。舆论是社会大多数公众的看法和意见,是公开在社会上发表的议论。如果说印象只是嵌于人脑的初步认知,态度只是公众个人的情感表露,那么,舆论则是社会公众彼此之间的交流和传递,因而更具有影响力和煽动性。创意更应面对社会公众舆论,并引导公众舆论。

营销策划中好的创意必然会起到以下作用:顺应社会时尚,顺应民意动向,把公众舆论当做塑造良好企业形象的契机;防微杜渐,防患于未然,设计创意能预先避免不利的公众舆论,一介入社会即以令人信赖、令人钦佩的形象出现;准确的切入点和超前的先导效应,能以石破天惊之举制造新闻,能以先人一步的远见卓识引导公众舆论,并能在企业成长过程中化危机为提升企业形象的契机。

> ✱ **小资料**
>
> **耐克的创意法则之一：篮球不是球**
>
> 　　世界上恐怕没有第二种产品可以像耐克一样，将篮球运动和自己的产品形象紧紧地结合在一起，成为一对天然的关系。优秀的品牌都会找到一种自然的象征，让品牌生长在另外一个物体上来演绎产品自身所无法表现的个性。
>
> 　　借助篮球运动建立品牌形象，是耐克长期以来不变的法则，以乔丹为代表的美国黑人运动员将耐克内涵推向了一个极致：卓越、力量和不可战胜的顶峰，篮球已经成为耐克品牌的象征，并失去原本"球"的意义。随着美国NBA在全球的风行，耐克已经被注释为美国文化的象征，它被社会转化为一个国家的文化符号。这证明一个品牌一旦和国家与文化的因素融合为一体，它就具有了神一般的力量，人们很难抵御其品牌所产生的魅力。
>
> 　　用黑人运动员一双有力的手拿着篮球的创意，简洁明了地表现了品牌人性化特征，赋予耐克独一无二的胜者形象。

二、营销策划创意产生的基本过程

　　创意既是思维创新，也是行为创新。尽管创意本质上应该丰富多彩、灵活多变、不受拘束，不应该墨守成规，但创意仍然是有规律可循的。通常，创意的过程可归纳为以下步骤。

（一）明确营销策划目标

　　策划人首先要清楚策划委托者的本意和要求，从中提炼出营销策划主题，避免产生歧义。

（二）分析企业营销环境

　　企业的营销环境可分为外部环境和内部环境。外部环境包括政治环境、社会环境、经济环境、文化环境等；内部环境包括生产状况、经营状况、管理状况等。企业的内外部环境状况是进行创意的依据，只有对企业的内外部环境进行透彻分析，才能引发出合乎环境的正确创意。

（三）分析整理信息资料

　　策划人应认真分析企业提供的二手资料和亲自深入企业调研所取得的一手资料，借

助电脑对信息的量化分析和人脑对企业实态的感性分析，对资料和信息进行整理加工。在反复调研、探究、切磋的过程中，清楚把握各种情况，并产生强烈的创意冲动。

（四）产生创意

创意既是创意者灵感闪现的过程，也是一种可以组织和需要组织的系统工作引发创意应具备的条件。

发现创意的条件，有以下几点：①即刻反应的灵敏反应能力；②卓越的图形感觉；③丰富的情报信息量；④清晰的系统概念和思路；⑤娴熟的战略构思和控制能力；⑥高度的抽象化提炼能力；⑦敏锐的关联性反应能力；⑧丰富的想象力；⑨广博的阅历与深入的感性体验；⑩多角度思考问题的灵活性；⑪同时进行多种工作的能力，等等。

（五）制作创意文案

创意文案又可称为创意报告，通常由以下几个部分组成：

1. 文案名称。名称要简洁明了、立意新颖、蕴涵深远、画龙点睛。如"虎跃计划"、"蒲剑计划"等。

2. 创意者。说明创意人的单位及主创人简况。注意适度地体现创意者的名气与信誉，使人产生信赖感。

3. 创意的目标。突出创意的创新性、适用性，目标概述的用语力求准确、肯定、明朗，避免概念不清和表达模糊。

4. 创意的内容。说明创意者的创意依据、对创意内容的表述，创意者赋予的内涵及创意的表现特色。

5. 费用匡算。列出说明创意计划实施所需的各项费用及可能收到的效益，以及围绕效益进行的可行性分析。

6. 参考资料。列出完成创意的主要参考资料。

7. 备注。说明创意实施要注意的事项。

（六）总结

创意文案付诸实施后半年或一年要进行总结，对执行文案前后资料进行对比分析，以总结经验、吸取教训。

三、营销策划创意效果测定

创意效果是指创意文案实施以后对生产、销售、管理等各方面产生的影响与发挥的作用，是通过劳动消耗和劳动占用而获得的成果和效用。

创意效果按其内容划分，可分为经济效果、心理效果和社会效果；按活动周期的长短划分，可分为短期效果、中期效果和长期效果。

（一）创意效果测定应遵循的原则

1. 目标性原则。进行创意效果评价，必须以创意目标为准则。事前评价，主要考虑目标的可行性与可用性，如果创意目标根本不可能实现，或即使能实现也对企业毫无用处，这种创意应予以否定；事中评价，即看创意是否朝着既定目标前进，如果出现偏差，应及时纠正；事后评价，看创意的效果是否达到既定目标，达到了就是成功的，否则就是失败的。

2. 可靠性原则。即保证评价方法、手段以及资料的可靠性。因此，创意效果测定和评价应由有关专家进行，以避免非专家的误导和瞎指挥。

3. 综合性原则。创意效果测定应综合考虑创意的经济效果、社会效果和心理效果，以及影响这些效果的各种相关因素——企业可控因素和不可控因素，以便准确评价创意效果。

4. 经济性原则。企业是以赢利为目的的组织，企业行为都应考虑经济性原则，进行创意效果评价也不例外。

（二）创意效果测定的方法

1. 经济效果测定方法。创意的经济效果测定有事前、事中和事后测定。事前预测主要是研究创意的可行性，以企业目标为准则，以实现经济效益最大化为标准，运用各种手段进行综合分析；事中测定是为了检验创意是否按计划实施，并取得预期进展，以定性分析为主。其中，创意的经济效果事后测定可采用以下指标进行测定：

（1）经济收益额，即创意实施后的经济收益较之创意实施前的收益的差额。

$$经济收益额 = 创意实施后的经济收益 - 创意实施前的经济收益$$

（2）成本利润率，即企业利润额与所支出的创意成本之比。

$$成本利润率 = 利润额 \div 创意成本 \times 100\%$$

（3）经济收益率，即企业经营收入总额与创意支出成本之比。

$$经济收益率 = 经营收入总额 \div 创意支出成本 \times 100\%$$

2. 社会效果测定方法。创意的社会效果是指创意实施后对社会环境包括法律规范、伦理道德、文化艺术、自然环境的影响。一般采取定性分析的方法。创意的社会效果如能运用某种实物佐证、图表说明、相关群体评价等方法则更有意义。

第二节 营销策划创意技法

创意的关键是创始、创新,即所谓"创意造言,皆不相师"(唐代李朝《答朱载言书》)。策划唯有"创前人之所未创"才有吸引力,才能以鲜活的创意说服受众。

产生策划创意的技巧方法多种多样,现将主要的几种介绍如下。

一、对立统一法

对立统一法是辩证唯物观在策划创作中的具体运用。在创作中,把相互对立的事物合乎逻辑地联系在一起,突出矛盾双方最本质的特征,以形成鲜明的对照,显示其更强的说服力。

二、比拟联想法

通过夸张的比拟,让受众通过形象思维进行联想创意。此类创作常常采用引人入胜的比拟给受众以美好的联想,其文案内容轻松活泼,情趣横生,在人们愉悦的审美体验中达到传播效果,与"王婆卖瓜"的推销方式形成了明显的对照。

三、紧扣悬念法

悬念,最容易引起人们强烈的注意力。用紧扣的悬念为创作在心理上造成一种渴望、疑虑、期待,然后使人们在浓厚的兴趣和心理期待的高潮中获得答案,此时的意外收获给人的印象最清晰、最深刻。

四、诙谐幽默法

幽默是人们面对生活中的窘境创造出来的一种文明,它以轻松的方式给人以真诚、友善和宽容。可以说,幽默是一种力量,是一种单靠严肃方式不能化解问题的特殊力量。幽默的文案,能使人在轻松自然的心态中获取诉求信息。幽默不等于滑稽,前者能体现一个人的文采与品位,而后者则津津乐道于噱头,有"油滑"、"耍嘴皮子"之嫌。

幽默文案的创意一定要别具风味，要打破常规性的思维定势。

五、暗示寓意法

这是一种"声东击西"的创意方法，使矛盾着的事物不正面冲突，创作者采取暗示的手法让受众领略深远的内涵，从而自我化解冲突焦点，避免僵硬的直面推销的尴尬。

六、权威证言法

借助名人、学者、专家的权威性的证言作为创意策划中的印证依据，使营销传播内容让受众深信不疑。在运用"权威证言"创作时，证言必须是真实的，绝对不能有虚假成分，否则将弄巧成拙。

七、逆向变异法

逆向变异法是刻意脱离常规的思维轨迹，向相反的思维方向作变异性的思考。利用人们普遍存在的逆反心理达到树立企业形象和扩大产品品牌声誉的目的。

八、以情攻心法

以真挚的情感打动公众，是创意一贯坚持的方法。以激发消费大众情感为出发点，常常能使企业形象与品牌信誉卓有成效地唤起人们的仰慕心理，缩短企业、产品品牌与公众的距离。俗话说："用兵之道，攻心为上。"在创作过程中，不失时宜地把握住情感的投入，有意识、有目的地将这种"情"的因素融会到营销诉求之中，是此类创作"永葆青春"的关键。

九、摹仿创造法

摹仿创造法是指通过摹拟仿制已知事物来构造未知事物的方法。摹仿创造法又分为仿生法和仿形法。仿生法是指摹仿我们熟知的某种生物而进行创意的方法；仿形法是指摹仿已知事物的形状而进行创意的方法。

十、移植参合法

移植参合法是指将某一领域的原理、方法、技术或构思移植到另一领域而形成新事物的方法,它是思维领域的一种嫁接现象。生物领域的嫁接或杂交可以产生新的物种,科技领域的移植、嫁接可以产生新的科技成果,同样,营销策划可通过对不同领域、不同行业的企业的某些方面进行移植、嫁接,从而形成新的企业营销策划创意。

十一、组合创造法

组合创造法是指将多种因素通过建立某种关系组合在一起从而形成组合优势的方法。组合创造法是现代生产经营活动中常用的方法。如计算机辅助设计系统是把工程绘图技术、几何造型技术及仿真技术组合在一起的结果;市场营销学是经营哲学、数学、经济学、行为学、社会学等众多学科元素组合而形成的新型学科;市场营销行为的实施则是产品、定价、分销渠道、促销等可控因素的组合;营销意识下的产品是核心产品、形式产品和延伸产品的组合。

第三节　营销策划的程序

营销策划的程序是指营销策划工作运作过程经过的步骤,是营销策划工作必须经过的基本步骤。营销策划是科学的、规范和系统化的,因此,其工作过程也应该是完整和有序的。营销策划活动的全过程通常可以划分为四个阶段(参见图3-1)、十个步骤(参见表3-1),即营销策划的四阶段十步骤工作法。

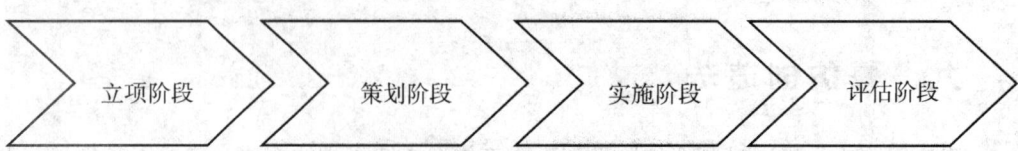

图3-1　营销策划的四个阶段

一、立项阶段

营销策划，就是策划人员围绕企业目标，针对具体的策划对象，根据企业现有的资源状况，在充分调查、分析市场营销环境的基础上，激发创意，制订企业具体市场营销目标和确定可能实现的解决问题的一套行动方案的过程。

任何营销策划都要有具体的策划对象和明确的策划主题，立项阶段的主要工作内容有：分析企业的营销现状；确定营销策划的对象和策划的主题；制订出开展营销策划的工作计划；将策划项目报送相关决策人员进行审批，经审核批准，正式立项。

本阶段的工作可按四个步骤进行（参见表3-1）。

二、策划阶段

营销项目经审批立项后，企业根据策划主题的要求，可从内部自行策划、委托外部策划和内外协作策划三种方式中选择最合适的方式开展工作。

策划阶段的主要工作任务是形成营销策划方案，形成营销策划方案是整个营销策划最核心的工作。本阶段的主要工作步骤和各步骤的工作内容参见表3-1。

营销策划书递交后，其结果会有以下三种可能性：一是被采纳；二是被否定；三是需进一步完善。如果是第一种"被采纳"，则营销策划就进入"实施阶段"。

三、实施阶段

营销策划完成后，营销策划书被企业采纳，策划方案要通过企业的营销管理部门组织实施。营销策划方案的实施，是指通过组织、指挥、协调和控制等管理活动，把营销策划方案转化成为具体行动的过程。要保证营销策划方案的实施能够达到预期效果，防止方案在执行过程中"走样"，还要考虑方案实施时营销环境可能发生的变化，以及执行过程中可能会出现的突发事件等因素，策划人员在方案执行过程中，要进行监控和指导，必要时要进行全过程跟进。

四、评估阶段

营销策划方案实施完成后，有必要对策划全过程进行评估，分析和总结经验教训，为今后的营销策划工作提供指导。

表3-1 营销策划的程序：四阶段十步骤法的基本内容

阶 段	步 骤	主要工作内容
立项阶段	第一步：分析营销现状	初步分析企业营销现状，确定问题和主要矛盾
	第二步：确定策划主题	针对关键问题和矛盾，确定营销策划主题
	第三步：制订策划计划	撰写营销策划计划书
	第四步：审批策划项目	将营销策划计划书递交企业决策者审批立项
策划阶段	第五步：调研营销信息	进行市场调研，收集策划所需的资料和信息
	第六步：形成营销创意	形成和甄别创意
	第七步：制订营销策划方案	将选定的创意具体化成为可操作的策划方案
	第八步：撰写营销策划书	撰写规范的营销策划书
实施阶段	第九步：实施方案	指导和监控营销策划方案的实施
评估阶段	第十步：评估总结方案	评估总结

第四节 营销策划书

营销策划书是营销策划方案的书面表达形式，通常也称为营销策划方案或营销企划方案，是营销策划活动成果的具体表现形式。营销策划书撰写的规范和严谨将有助于营销决策人和策划方案的实施人员最大限度地了解和认识策划人的意图和策划思想，从而保证营销策划方案的审批和执行，以达到营销策划预期的效果。因此，营销策划书的撰写具有十分重要的意义。

一、营销策划书的作用

（一）营销策划的活动的成果

营销策划人针对客户（企业）的营销问题进行策划，通过调查研究，确定关键问题所在，形成解决问题的创意，将创意形成一整套具有可操作性的解决问题的行动方案，这种方案要通过营销策划书的形式反映出来。营销策划书的内容能否准确表达策划人的真实意图十分重要，从营销策划方案实施的全过程看，营销策划书是达到营销策划预期目的的第一步，是营销策划能否成功的关键。

（二）有效说服决策者的工具

营销策划书必须通过文字表达，使企业决策者信服并认同营销策划的内容和观点，选择和采纳营销策划人的意见和建议，并按照策划方案的步骤要求去组织实施。因此，一份合格的营销策划书应当通过文字表达魅力和图文视觉效果使阅读者信服、认同并最终批准实施。

（三）组织实施和进行控制的依据

营销策划方案经审核批准后，进入实施阶段，营销策划书作为企业执行和实施营销策划方案的行动指南和操作规程，同时，营销策划书也是对策划方案在执行过程中的准确性和效率进行检查和控制的依据。

二、撰写营销策划书的原则

一流的策划，要形成一流的策划书，否则，优秀的策划就会因得不到完整有效的反映，或反映的内容和形式不被理解和接受而无法被认同，或得不到准确的执行而无法达到预期的效果和目标。为避免产生上述后果，在撰写营销策划书时应该遵循以下几个主要原则。

（一）逻辑性思维原则

营销策划要充分发挥策划人的创造性思维能力，但营销策划书的撰写却要求遵循逻辑性思维原则，即营销策划书的撰写要按照策划过程的逻辑思维进行。首先设定情况，交代策划背景，分析市场状况，明确策划主题，描述解决问题的创意和一整套完整的行动方案，目的是让策划书的阅读人——企业的决策者（委托人）能够领会策划人的意图，认同和批准营销策划书表述的策划方案。

（二）简洁表达原则

策划书的撰写要突出重点，简明扼要，抓住企业营销中所要解决的核心问题深入分析，有针对性地提出解决问题的对策和方法。策划的主要目的就是解决问题，因而，策划书切忌搞得篇幅宏大，用词生僻独创，让人费解。

(三) 便于操作原则

营销策划书的作用之一是用于指导企业的营销活动,是一份具体的行动方案,涉及营销活动中的每一个人,因此,策划书的可操作性非常重要,不能操作的策划,创意再好也没有意义。

(四) 创意新颖原则

策划书中的创意内容新,表达也要新,要能给人全新而震撼的感受。因此,要求策划书中关于创意的表达手法要新颖,语言要生动,图表要简单明了。

三、营销策划书的结构

尽管营销策划书没有一成不变的格式,它依据营销策划项目的不同要求,在策划的内容和编制的格式上也有所不同,但一般来说,编写一份形式规范和内容完整的营销策划书还是有一定规律可循的。企业营销策划书的主要内容和基本结构见表3-2。

表3-2 营销策划书的主要内容和基本结构

结构		内容
	封面	策划案名称、客户名称、提案日期、策划人名称、保密级别和编号
	前言	接受策划工作任务或接受委托的情况、进行策划的原因、策划过程、策划方法、策划人及策划方案实施后的预期效果
	目录	策划内容标题及页码
	摘要	策划内容要点
正文	确定主题	策划主题及目标
	环境分析	宏微观环境分析、行业分析
	SWOT分析	分析外部环境的机会和威胁、内部优势及劣势
	营销目标	财务目标、销售目标等
	营销战略	目标市场战略、市场竞争战略等
	营销组合策略	产品策略、价格策略、分销策略、促销策略及其组合
	行动方案	组织机构、人员安排、道具设计、时间安排等
	财务分析	费用预算、效益分析等
	控制方案	风险预测、应急方案和控制方法等
	结束语	总结、突出策划要点
	附录	数据资料、问卷样本、访谈记录等

四、营销策划书的内容

（一）封面

封面是策划书的脸面，能够引起强烈的视觉效果，给人留下深刻的印象。封面设计力求醒目、简洁，切忌花哨，字体、字号和颜色的选择应根据视觉效果具体考虑。规范的封面应提供以下信息：

1. 策划案的名称。即策划方案的标题。标题的写法有两种：单标题和双标题。单标题就是把策划的主题直接简明地表示出来。如《××产品广告策划案》、《××产品上市推广案》等。双标题就是同时采用正副标题的形式，正标题概括表达策划主题，副标题具体表达或补充说明策划主题的内容。如《"力波"啤酒——喜欢上海的理由营销策划案》、《新一代口香糖——尼可安新品上市策略》等。

2. 客户名称。如果是受托策划项目，一般要在封面上注明委托方名称。如××公司××策划案。

3. 提案日期。指策划案完成的日期。一般以正式提交日为准。日期要用完整的年月日标注。如2008年5月1日或2008—05—01等。

4. 策划人名称。如策划人是机构，要标出全称，有时根据需要，标出策划组成员和分工情况。

5. 策划书的保密级别和编号。策划公司承接的策划项目较多时，策划书要根据管理的需要，按照一定的规则进行编号。策划内容通常属于商业秘密，根据需要保密的程度，标明保密的级别，以引起重视和方便管理。

（二）前言

前言有两方面的作用：一是介绍策划项目的背景性资料；二是引起读者的注意和兴趣。前言的篇幅不宜太长，一般控制在1000字以内。前言的主要内容有：

1. 简单介绍接受策划工作任务或接受委托的情况。

2. 简述进行策划的原因。即简述营销策划的重要性和必要性等，以强化企业决策人对开展此策划项目的信心。

3. 简述策划过程、策划方法、策划人及策划方案实施后的预期效果。

（三）目录

目录是策划书各部分题目的清单，其目的是使读者对策划方案的全貌、策划方案的思路和结构有一个总体的了解和把握，并为查找相关内容提供方便。

（四）摘要

摘要是对策划书的主要内容的概括性表述。主要内容包括：该策划的性质、策划要解决的问题、策划的主要方法和结论等，力求用最简短的文字反映策划方案的主要内容，使阅读者通过摘要就能对策划方案有一个比较准确的了解。通常在摘要之后还要添加若干关键词，以方便电子文档的管理与查询。

（五）正文部分

1. 确定主题。任何策划工作的目的都是为了解决企业的某一营销问题，策划的过程就是寻求问题解决方案的过程。因此，正文的第一部分就应该对策划所要解决的问题进行界定，即明确策划的主题，这个主题就是企业的营销现状与战略目标之间的差距，策划的目的就是缩小或消除这一差距。

2. 环境分析。信息是营销策划的基础，环境分析则是信息的来源。环境分析主要有三个方面的内容：一是外部环境分析；二是内部环境分析；三是行业情况分析。三方面的分析涉及众多因素，并非每一个因素都要进行分析，而应根据策划项目的不同，有针对性地选择重点因素进行分析，通常市场因素、竞争因素、产品因素和宏观环境因素是大多数营销策划项目要进行分析的因素。

> ❈ 小资料
>
> ### 市场调研及分析的基本内容
>
> 一、行业动态调研及分析
> 1. 行业饱和程度。
> 2. 行业发展前景。
> 3. 国家政策影响。
> 4. 行业技术及相关技术发展。
> 5. 社会环境。
> 6. 其他因素。
> 二、企业内部调研及分析
> 1. 财务状况，财务支出结构。

2. 企业生产能力、产品质量、生产水平。
3. 员工能力、待遇，公司对员工的激励、考核、培训（员工调查）。
4. 企业策划、销售、执行能力的调研（员工意见）。
5. 产品品项研究：定位、包装、价格、市场目标受众、竞争优势（员工意见）。

三、潜在进入者调研及分析
1. 行业进入成本/壁垒。
2. 行业退出成本。
3. 进入后对本企业的威胁。
4. 对竞争者的威胁。

四、现有竞争者调研及分析
1. 财务状况、财务支出结构。
2. 企业生产能力、产品质量、生产水平。
3. 员工能力、待遇，公司对员工的激励、考核、培训（员工调查）。
4. 企业策划、销售、执行能力的调研（员工意见）。
5. 产品品项研究：定位、包装、价格、市场目标受众、竞争优势（员工&顾客意见）。

五、替代品调研及分析
1. 替代品工艺。
2. 消费者认可程度。
3. 发展态势。

六、互补品调研及分析
1. 是否存在互补品。
2. 互补品价格。
3. 互补品对产品的要求。
4. 互补品发展趋势及其未来新要求。

七、原料供应商调研及分析
1. 可供选择的供应者。
2. 原材料是否有替代品。
3. 供应商的讨价还价能力。
4. 企业对其依赖程度。
5. 供应商的供应能力。

八、中间商调研及分析
1. 中间商的性质：配送商、经销商、代理商（独家、总代理……）。
2. 中间商对本企业产品的依赖（关注）程度（相对数值）。本企业产品占用其资金的比例、给予其利润比例等。
3. 中间商给予本企业产品的支持（绝对数值）：配送能力、资金实力、人力等。

> 九、消费者调研及分析
> 1. 消费者背景研究：收入、教育、年龄、性别、家庭组成、种族、工作等。
> 2. 消费者对产品和竞品的认知及态度：质量、价值、包装、型号、品牌声誉、品牌形象等及其认知差别。
> 3. 消费者的使用情况：购买动机、购买量、何时使用、如何使用等。
> 4. 购买角色。
> 5. 消费者对现有营销活动的评价。对广告的接受程度、对营业推广的理解等。

3. SWOT 分析。SWOT 分析是通过对企业的优势和劣势、机会和威胁进行分析，发现企业存在的营销问题和市场机会。营销策划是对机会的把握和优势的运用，因此，分析市场机会是营销策划的关键。

> ❋ 小资料
>
> ## SWOT 分析
>
> 所谓 SWOT 分析就是将与研究对象密切相关的各种主要内部优势和劣势、外部机会和威胁等，通过调查列举出来，并依照矩阵形式排列，然后用系统分析的思想，把各种因素相互匹配起来加以分析，从中得出一系列相应的结论。
> SWOT 分析主要有以下几个方面的内容。
> 一、分析环境因素
> 运用各种调查研究方法，分析公司的各种环境因素，即外部环境因素和内部能力因素。外部环境因素包括机会因素和威胁因素，它们是外部环境对公司的发展直接有影响的有利和不利因素，属于客观因素，一般归属为经济的、政治的、社会的、人口的、产品和服务的、技术的、市场的、竞争的等不同范畴；内部环境因素包括优势因素和弱点因素，它们是公司在其发展中自身存在的积极和消极因素，属主观因素，一般归类为管理的、组织的、经营的、财务的、销售的、人力资源的等不同范畴。
> 二、构造 SWOT 矩阵
> 将调查得出的各种因素构造 SWOT 矩阵。将那些对公司发展有直接的、重要的、大量的、迫切的、久远的影响因素优先排列出来，而将那些间接的、次要的、少许的、不急的、短暂的影响因素排列在后面。
> 三、制订行动计划
> 在完成环境因素分析和 SWOT 矩阵的构造后，便可以制定出相应的行动计划。制订计划的基本思路是：发挥优势因素，克服弱点因素，利用机会因素，化解威胁因素；考虑过去，立足当前，着眼未来。运用系统分析、综合分析的方法，将各种环境因素加以组合，得出一系列公司未来发展的可选择对策。

4. 营销目标。无论何种营销策划项目,都应当明确企业要达到的具体的营销目标。营销目标主要有市场营销目标和企业财务目标两类。其中市场营销目标包括市场占有率、销售增长率、销售额、市场覆盖率等;财务目标包括成本利润率、资金利润率和货款回收率等。

确定目标时应注意以下几个问题:①目标能够层层分解;②目标要尽可能量化;③目标必须切实可行;④目标之间要协调一致。

5. 营销战略。营销策划书中关于战略的部分应当清楚表明企业(客户)所要实行的具体战略。这些战略包括:

(1) 目标市场营销战略。确定细分市场的层次、模式和程序;细分市场的基础;有效细分的要求等;评估细分市场,选择目标市场;进行市场定位。

(2) 市场竞争战略。市场领先者的防御战略、市场挑战者的进攻战略、市场追随者的跟随战略和市场补缺者的补缺战略等。

(3) 市场开发战略。包括营销差异化战略、新产品开发战略、管理生命周期战略和全球营销战略等。

6. 营销组合策略(4Ps 组合)。营销战略的实施是实现营销目标的保障,营销战略的实施要以营销策略的实施为支撑,因此,在进行营销策划时,营销战略确定后,要有针对性地为目标市场制订相关的营销组合策略即 4Ps 组合策略。

营销战略和营销组合策略是整个营销策划方案最核心的内容,是营销策划人创意的集中体现。

7. 行动方案。要将营销战略和营销策略方案付诸实施,必须将战略和策略制订成为具体周密的行动方案——各时段的具体工作任务。行动方案的制订通常运用 6W2H 分析法进行安排。对每一项活动编制出详细的程序和效果评价指标,以便执行和控制。

> ✳ **小资料**
>
> ### 6W2H 法
>
> 我国著名教育家陶行知先生提出 6W2H 法,他把这种提问模式叫做教人聪明的"八大贤人"。为此他写了一首小诗:
>
> 我有几位好朋友,曾把万事指导我,
> 你若想问真姓名,名字不同都姓何:何事(What),何故(Why),何人(Who),何如(How),何时(When),何地(Where),何去(How Much),还有一个西洋名,姓名颠倒叫几何(Which)。
> 若向八贤常请教,虽是笨人不会错。

8. 财务分析。财务分析是对策划方案实施过程中各项费用的预算,包括营销过程的总费用、阶段费用、项目费用等,费用预算的原则是以较少的费用获得最优的效果。因此,预算要尽可能详尽周密,各项费用要尽可能细化,努力节省开支减少投入。

9. 控制方案。控制方案是策划方案的补充,主要是明确对策划方案实施过程的管理和控制。控制方案的设计应当有利于决策的组织与实施。

控制方案的主要内容有:

(1) 动员和准备工作方案。营销策划方案的实施需要将工作任务分解到企业各个相关部门去执行,因此实施前要做好动员工作,做到全员认识一致,思想高度统一,同时,做好各项准备工作,如人员的配备、设施道具的添置、资金调度以及对参与人员的培训等。

(2) 选择实施时机的方案。方案的实施要精心选择时机,时机选择得好,往往会取得事半功倍的效果。除一些必选的时机如节庆日、社会重大活动日、新规则新标准出台日等之外,策划方案中应设计专门的机构或安排专人负责观测和选择策划方案实施的最佳时机,以达到方案预期的效果。

(3) 实施过程调控方案。实施过程的调控包括任务分解落实到人,明确责任,熟悉业务操作规程和操作要求;加强协调、检查和评估,发现方案存在问题要及时修正和调整。

(六) 结束语

结束语一般是对整个策划的要点进行归纳和总结,一方面突出策划的要点,另一方面与前言相呼应。

(七) 附录

附录是策划方案的附件,附录的作用有两点:一是对策划中所采用的调查与分析技术做一些必要的说明;二是为策划提供客观性的证明。因此,凡是技术性较强、影响人们阅读策划书兴趣的内容,以及有助于阅读者理解和信任策划方案的资料都应列入附录,如问卷、分析模型、较为复杂的分析过程、座谈会原始照片、图像资料等。为方便查找,附录要表明序号。

 思考与实习

一、思考题

1. 简述创意产生的程序和技法。

2. 简述营销策划的基本程序。
3. 什么是营销策划书？
4. 营销策划书有什么作用？
5. 试述营销策划书的基本结构及各部分的主要工作。

二、实习项目

1. 选择一个企业作为系统策划的对象，进行初步调查。

实习要求：

（1）了解企业的基本概况。

（2）了解企业产品的特点。

（3）了解企业市场的特点。

每3～5人为一小组，以小组为单位撰写一份规范的调查报告。

2. 在完成前一题目的基础上，从以下两个题目中选择一项进行营销策划，并撰写简要的营销策划书。

（1）该企业的品牌推广。

（2）该企业的新产品开发与推广。

实习要求：

（1）每3～5人为一组，以小组为单位，分工合作。

（2）以小组为单位提交营销策划书。

【精彩个案】

中石油车用乙醇汽油事业北京地区推广策划

一、城市背景

1. 北京机动车保有量、增长速度、10年内预计达到的数量。

北京市交管局统计，截至2005年6月底，北京市机动车保有量超过241万辆。其中，新增车辆中私人机动车占到75%。目前，北京市私人机动车总数近165万辆。

专家预计，到2008年，全市机动车保有量将达到380万辆，到2015年将达到500万辆的惊人规模。

2. 北京汽、柴油消费量。按照241万辆车的消费量预估，北京目前的汽、柴油消费量约为440万吨左右。

3. 北京空气污染情况。来自国家环保总局污控司的消息称，机动车保有量的高速增长是导致城市机动车污染加重的直接原因。2003年城市环境空气质量监测结果显示，北京、上海、广州等大城市大气污染物中机动车排放的一氧化碳、碳氢化合物、氮氧化物、细颗粒物所占平均比例为80%、75%、68%和50%，已成为这些城市空气污染的第一大污染源。

在7月5日的北京市环境保护委员会会议上,北京市环保局局长史捍民称,按照目前的污染控制措施和城市规模,市区蓝天每年只能维持在60%左右。"北京2008年的目标是全年80%的蓝天",目前的空气质量距离国家规定的标准和绿色奥运的要求还有很大差距。

中国著名环保专家、清华大学教授郝吉明曾撰文提出,机动车污染是造成北京严重环保问题的重要原因。防治的对策主要须从城市和交通规划、在用车和新车排放控制、油品质量改善、清洁燃料车技术和经济措施等方面进行考虑。

4. 中国已进入高价油时代。从2005年7月23日零时起,北京汽、柴油零售价格全面上调,蹿至历史最高位。而最近一次调价是从2006年5月24日零时起,全国汽、柴油(标准品,下同)零售基准价格每吨提高500元。

国内油价虽然一路上涨,但仍然低于国际水平40%~50%。中央政府即将把国内油价与国际并轨,但一旦真正并轨到国际水平,油价将高企到老百姓无法接受的水平,可能影响国内稳定局面。但是,人为压低成品油价格表面上抑制了通货膨胀,实际上比通货膨胀对经济的危害更大,它导致不合理的资源分配和经济过热,纵容能源浪费、通货膨胀假象,还容易误导货币政策,增加金融风险。

在此尴尬的局面下,汽油的替代品——乙醇汽油事业发展迅速,在中国黑龙江、吉林、湖北、安徽、河南等十几个省份开始了全封闭销售(即只准销售增加10%乙醇的汽油,而禁止销售纯汽油)或者部分地区封闭销售。

二、推广必要性、推广的有利及阻力因素简析

1. 乙醇汽油能给北京带来的城市环境效益。据国家环境监测部门数据,北京、上海、广州等大城市大气污染物中机动车排放的一氧化碳、碳氢化合物、氮氧化物、细颗粒物所占平均比例为80%、75%、68%和50%,已成为这些城市空气污染的第一大污染源。

而相对于普通汽油,使用乙醇汽油可以让汽车尾气中一氧化碳含量下降到30%,碳氢化合物下降到10%。并且掺入高比例的乙醇,将大幅降低柴油车尾气中的碳烟颗粒、氮氧化物,对大气净化的作用非常明显,真正帮助北京市环保局实现既定的目标——"北京2008年的目标是全年80%的蓝天"。

2. 中国成为世界能源消费大国,同时也成就一个能源浪费严重的国家。中国使用了世界31%的煤炭、29%的钢材、8%的石油、45%的水泥,却仅创造了世界4%的GDP,能源浪费、利用率极低等已经成为中国目前需要彻底改善的问题。乙醇汽油的出现可以降低对石油的浪费。

3. 经济效益将在本文第三部分说明。

4. 提升中石油在特大型中心城市的品牌竞争力。

(1) 大城市特性造就封闭型试点,使得中石油很可能争取到国家先同意其在特大型中心城市试行经营乙醇汽油,即中石化仅销售普通汽油,中石油同时销售普通汽油和乙醇汽油。

(2) 有利于在特大型中心城市与中石化展开竞争,中石化原本在此类地区占有较大的竞争优势。

(3) 特大型中心城市巨大的乙醇汽油消费量将带动规模化生产，从而降低中石油的乙醇生产成本。

(4) 北京市目前共有1100座加油站，其中中石油直属或控股的加油站不超过1/3。中石油可利用乙醇汽油需新建或改造加油站的技术要求，争取国家和北京地方政府的政策，能够新建或控股更多的加油站，以加强对中石化的竞争力，以及入世后外资进入油品终端市场的竞争防御力。

(5) 按照《国家经济贸易委员会、建设部关于完善加油站行业发展规划的意见》，城区加油站服务半径应不低于0.9公里。北京市城区建成面积已达到490.1平方公里，可容纳192座加油站，但是调查统计显示，到2005年，北京市城区加油站仅有70座，且大部分是中石化的，由此可见，中石油通过新建加油站，增强品牌竞争力，推动车用乙醇汽油事业发展，空间广大。

三、市场前景预期

1. 经济效益预期。北京市总体机动车保有量为241万辆，其中政府公务车辆保有量为66万辆，出租车为10万辆，私家车保有量为165万辆。

(1) 北京市首批可能使用乙醇汽油的车辆为政府公务车辆和出租车。

政府公务车辆预计每年消费汽、柴油：66万辆×9升油/每辆每天×365天≈217万吨

出租车预计每年消费汽、柴油：10万辆×30升油/每辆每天×365天≈110万吨

两者相加要消耗汽、柴油300万吨以上，若强制使用E10，仅此一项每年将消费33万吨燃料乙醇。

(2) 通过宣传推广，北京私家车（165万辆）中20%使用车用乙醇汽油。

165万辆×9升油/每辆每天×365天×20%（使用的私家车比例）×10%（E10）≈11万吨；因此，燃料乙醇在北京市预计销售额为44万吨×4000元/吨=17.6亿元。

2. 社会效益预期。特大型中心城市市场的成功开发，将使吉林燃料乙醇公司的生产实现真正的规模化，更多地解决当地农民就业、农业增产增收，更多陈化粮的消化将大大减轻国家的粮食仓储保管费用。

3. 环境效益预期。每年少用42万吨汽油，将给北京的大气环境带来本质的改善和提高。

四、市场推广实施措施

前期

1. 展开全面民意调研——交管部门和加油站员工配合。

（走访车辆管理部门＋电话调研＋派遣形象小姐在加油站发放有奖问卷三种形式进行综合调查）调研内容为：

(1) 汽车使用年限——清洗油箱的成本统计。

(2) 汽油消费量调查——估算更精确的E10潜在市场。

(3) 加油场所选择意向的调查——合理分布加油站。

(4) 对品牌印象调查——为中石油品牌建设提供参考依据。

(5) 对车用乙醇汽油的了解程度——普及车用乙醇汽油知识。
(6) 对乙醇汽油的价格、性能等接受程度以及期望值——为推广宣传提供指导思想。
(7) 环保意识的强弱。

2. 勘测各加油站（中石油直属、控股、参股、联营等多种形式的加油站点），为改造工程提供参考依据。

3. 征询发改委、工商、公安、宣传部、质监、消防、财政、交通、环保、粮食、新闻媒体等各部门的综合意见，制订出一系列推广计划。

4. 向国家发改委等八大部委，以及北京市政府提交整体车用乙醇汽油推广方案。

5. 充分考虑北京市对于油品质量、环保系数等制定的地方标准要高于国家标准的特殊情况，将车用乙醇汽油的配方调制到最合理、最环保的水平。

中期

1. 改造加油站（储罐、加油器具、运输车辆等），全面建设新站。
2. 指定清洗油箱的维修服务站。
3. 推广宣传，拉动促销。
(1) 大量新闻报道、科普类文章。
(2) 市委主要分管领导发表讲话。
(3) 主流报纸设置专栏、电视科普类栏目设置。
(4) 商业区、闹市区、主要环路设置户外公关、液晶电视宣传。
(5) 车载广播电台的宣传普及。
(6) 大型社区宣传（电梯媒体）。
(7) 在中石油所有加油站设置醒目标语横幅，派出形象推广小姐。
(8) 设置消费者意见处理服务中心、热线电话。
(9) 对最先使用乙醇汽油的前1000名司机进行嘉奖。
(10) 对累计消费乙醇汽油达到一定数量的司机进行嘉奖，颁发环保爱心好市民奖项。
(11) 邀请巴西圣保罗市市长、美国加利福尼亚州州长考察北京，对发展乙醇汽油事业提供宝贵经验和意见。

远景

1. 以北京为样板市场，陆续开发上海、广州等机动车保有量前10位的中心城市，将车用乙醇汽油事业推广到全国。

2. 燃料乙醇达到年产500万吨的规模，销往周边国家，协助当地生产燃料乙醇，控股或参股各国的燃料乙醇生产企业，以技术、生产和市场推广经验，协助其开展乙醇汽油的事业。

3. 从我国能源替代战略看，10%乙醇汽油不足以解决我国能源问题，而20%甚至更高的乙醇汽油，则不可避免地要更大规模地使用粮食。我国是人口大国，大规模用粮食生产乙醇汽油不可能不影响到粮食安全。为了不出现车与人争粮食的局面，中石油的乙醇汽油工作还宜另辟蹊径，不宜继续扩大用粮食制乙醇汽油的规模。

木薯的淀粉含量高达35%以上，是制造燃料乙醇的理想原料。广西是我国木薯的主产区，种植面积已达数百万亩，生产的木薯除了部分作为饲料外，大部分作为生产淀粉和乙醇的原料。

广西正计划在南宁和贵港兴建两个总投资预计超过10亿元的燃料乙醇生产基地，建成后的年生产能力将分别达到50万吨和20万吨，除满足本地区使用外，还能够大量供给其他省区。

生产木薯基本上不与粮食争地，我国南方的广东、广西、福建、云南甚至湖南、四川等地都可以广泛种植。据初步估算，仅种植木薯一项，就可以满足全国推广10%乙醇汽油的需要。国家发改委正在部署在南方地区扩大木薯生产和扩大对以木薯为原料的燃料乙醇企业的投资。因此估计在未来不长时间内，我国燃料乙醇生产将从目前使用乙醇汽油的北方九省，向南方大转移。中石油可以继续加大在这些地区的投资控股。

从长远来看，木薯只是我国乙醇汽油生产的过渡原料，真正能够承担改变我国能源结构重任的，是在全国比比皆是的以秸秆为代表的植物纤维。"无论粮食，还是木薯，在制造燃料乙醇过程中，使用的都是淀粉和蛋白质。而淀粉和蛋白质的生产最终还是要靠种植面积来实现，因此始终会有车与人争地问题的担忧。利用植物纤维生产燃料乙醇，则可以从根本上解决这个问题。我国面积广大，如果把秸秆、下脚饲料等原料都利用起来，大概就相当于我国一年的燃料乙醇用量，前景十分喜人。

资料来源：方启沣：《中石油车用乙醇汽油事业北京地区推广策划》，全球品牌网，有删改。

第二编　营销策划人

策划人

策划人的素质和能力

策划人思维

第四章 策 划 人

重要提点
- 策划人时代来临的必然性
- 我国策划人群体构成的特点
- 我国现代策划人呈现的发展趋势
- 策划工作的作业特点

【导读】在中国营销策划业发展历程中出现了一大批策划人,他们都有着不凡的经历,有的至今还在营销策划舞台上散发光彩,有的却已锒铛入狱,他们的故事构成了精彩的中国营销策划发展历程。我们可以从中受到启迪与感悟,他们的成功无疑是中国营销策划业的宝贵经验,他们的失败也折射出中国营销策划业前进的足迹。我们不单要学习成功者的经典案例与经验,还要认识到那些昙花一现的策划人的局限性,以便于对中国策划人的未来形成更清晰的理解和判断。

第一节 我国策划人时代的来临

策划是由策划人、策划目标、策划资源和策划方案四大要素组成的,而一切策划活动都是由人进行的,策划人是策划活动的主体,是策划活动成败的关键因素。策划人的水平决定着策划的水平,策划人素质的高低、知识的丰富、经验的多少,都直接影响着策划成效的优劣。策划人可以是某位个体的人,也可以是某个群体或组织。综观当前世界,策划业正以前所未有的速度在世界范围内迅速崛起,在这一过程中,策划业的发展吸引了众多从业者,他们正在通过各自的努力为策划业的发展作出贡献。

一、我国策划人的出现

(一) 我国古代策划人的出现

策划人,并非现代才出现的新概念,中国古代早已有之。我国最早的优秀策划人首推被民间称为姜太公的吕尚,他被周文王起用,并委以重任,创造了"天下三分,其二归周者,太公之谋计居多"的佳绩。稍后的一个杰出大师是春秋后期越国大夫范蠡,范蠡精心策划,辅佐越王勾践卧薪尝胆,终成霸业。战国时期是策划人的时代,当时,各诸侯国你争我夺,互相征伐,后来又出现了战国七雄,各个国家在军事、政治、外交等方面斗争激烈。基于形势需要,读书人中出现了一个专门做说客和为人出谋划策的所谓"策士"、"谋士"阶层,策划之学发展到奇妙精微的程度。其中苏秦、张仪,作为"合纵"、"连横"的总策划师,是当时策划人的代表,他们往来于七国之间,影响各个国家的方方面面,于是"天下之大,百民之众,王侯之威,谋臣之权,皆欲决于苏秦之策",当时总策划人的重要作用略见一斑。战国时代对策划的崇尚和策划人尊贵的社会地位,是中国历史上的一个奇观。

(二) 我国现代营销策划人

我国现代意义上的营销策划人始于20世纪80年代末。现代意义上的策划人神话发轫于何阳的点子,何阳的点子热销之时正是中国市场开始从卖方市场向买方市场过渡之时。何阳是第一位为自己的点子标出天价并成功实现销售的人。何阳榜样的作用促使更多的知识分子从事策划业。之后中国策划业出现了王力、牟其中、余明阳、王志纲、屈云波、叶茂中、沈南鹏等典型代表。此外，活跃在我国营销界的职业策划人还有孔繁任、陈放、朱玉童、李颖生等人，不断出现的营销策划人使营销策划界始终保持着勃勃生机。

> **❋ 小资料**
>
> 房地产策划人——王志纲
>
> 　　王志纲是房地产行业的代表人物。王志纲曾在社会科学院从事经济理论研究工作，也做过新华社记者。1994年下半年成为独立策划人，创办了王志纲工作室。王志纲主持了诸多成功的项目，其中包括广州碧桂园、99昆明世博会、山东双月园、重庆龙湖花园、广东企业集团、杭州宋城集团等策划项目。2001年主持的广州星河湾、南国奥林匹克花园的"华南板块"之战，在房地产界也引起轰动。
>
> 　　1993年，王志纲对碧桂园进行差异化定位和策划。碧桂园在当时市场低迷的情况下，巧妙地从教育办学切入，通过兴建贵族国际学校，吸引富裕人士子女就读，并以此带动学生家长到附近买楼定居，实现捆绑销售，达到以人气带旺财气的效果。碧桂园的营销并未单纯地采用广告轰炸方式，而是制造新闻事件，引爆传播热点，制造出轰动效应，使碧桂园成为当时社会关注的对象。他通过将文化意蕴注入房地产，借助文化的冲击力和渗透力制造新的理念，实现从"卖房子"到"卖生活方式"的概念输出，也提出了"像卖白菜一样卖房子"、"给你一个五星级的家"等新的销售主张。
>
> 　　王志纲的书也对策划界产生了一定的影响。1996年，王志纲推出了介绍其策划经历的《谋事在人——王志纲策划实录》一书，随后又推出了《成事在天》、《策划旋风》、《行成于思》以及《找魂》。
>
> 　　资料来源：孟韬、毕克贵编著：《营销策划：方法、技巧与文案》，机械工业出版社2008年版。

二、我国现代策划人时代的来临及发展现状

（一）我国营销策划人时代来临的背景

　　改革开放以来，我国经济和社会领域发生了巨大变化，从一个封闭的社会走向一个开放的社会，从计划经济走向市场经济。在这个变化的过程中发生的转换为我国策划人的发展提供了广阔的空间。

　　改革开放以后，我国企业的经营制度发生了巨大变化，国家对企业的管理从微观管理转换到宏观调控。一方面，国有企业的运作模式从按照国家计划完成任务到独立经

营,在这个过程中,国有企业需要建立机制来应对市场的机会与威胁,应对各种压力。另一方面,我国民营企业获得了长足发展。在20世纪80年代,民营企业通过获得政治机遇、依靠自身敢闯敢干的魄力,获得了很大发展。但是,随着我国市场机制的完善和市场竞争的激烈,企业家意识到依靠原有的方式很难获得发展,而且还有失败的危险,必须将发展的路径转到依靠科学、依靠有才华的人才方面。他们发现自己实力有限,必须寻找外脑,这种情况产生了对策划人的需求。

另外,改革开放以后,特别是以"十四大"、"十五大"为标志,中国的经济进入了一个新时期。各个领域都出现了龙舟竞渡、百舸争流的喜人景象,整个外部环境宽松而充满竞争,每个人必须拿出自己的真功夫。在这种情况下,任何地方和区域,首先要做的,就是对自身进行科学的策划:究竟属于哪种水平?能够用于建设的资源有哪些?如何在激烈的竞争中处于一个有利的位置?这种策划仅仅依靠自身实力是难以达到的,因而,需要借助专业策划人的力量。

对于个人来说,过去是"党的要求就是我的职业"、"一颗红心,两手准备",基本上是不提倡个人意志的。现在,我们提倡的是双向选择,在这种情况下,怎么给自己定位,就成为很多人必须关注的问题。所以,今天的策划也已介入到对人才的开发上。

这个从企业到区域、再到个人的三个根本性转变,给策划人大行其道创造了非常广阔的空间,可以让很多的知识分子和文化人在里面驰骋。

> ✹ **小资料**
>
> ### 碧桂园的营销神话
>
> 在"击鼓传花"式的"经济泡沫"纷纷瓦解之时,中国的南方却创造了一个"碧桂园神话"。碧桂园是房地产进入调整期后广东罕见的成功个案,这个神话的谜底是:依靠高明的策划大师来转动生产力的魔方,整合多种资源,从没有路的地方走出路来,从没有市场到创造出一个市场来,这是智力的价值、知识的力量。因此,以知识竞争为内涵的中国策划业,必将面临更为激烈的市场大战,从而释放出更加巨大的能量。一个策划人时代到来,为知识分子提供了一个长袖善舞、经世致用的广阔天地。"企划"、"智业"、"外脑"、"创意"、"第四产业",一个个策划人的代名词,如今正以日渐增高的频率,出现在中国的大小媒体上。

(二)我国策划人时代的发展现状

我国策划业虽起步较晚,但其发展势头十分迅猛,涌现了一大批优秀的策划人才。2000年,由《人民日报》牵头,评选出了"中国十大策划专家"及部分最佳策划人,第一次在人民大会堂举行了策划人的加冕颁奖仪式。此后又陆续于2002年、2004年、2006年评选出"中国十大策划风云人物",进一步推动了我国策划事业的发展。

策划人数量不断增加。据有关资料统计,2000年年底,从事"企业咨询"的公司机构已有1800多家,从业人员近10万人。最近几年发展特别迅速,据估计,目前我国从事各类策划的人员已达100万人以上,并且还呈增长趋势。

第二节 策划人的含义及分类

一、策划人的含义

"策划"就是利用和创造智谋,设计和指导当前及未来的行为,来达到预定目标的过程。20世纪90年代以来,随着市场经济的发展,策划在我国各行各业得到了长足的发展,策划活动已从分散的个人活动过渡到以群体活动为主,而且还出现了许多以策划为专营业务的机构。如同商人、电影人、广告人一样,广义上讲,从事策划这一行业的人即可称为策划人。但如果站在一个高的层面上讲,策划人就是著名策划人王志纲所指的"能用专家一技之长、避免局限于专家一行之短,能够整合各种专业技术力量的人"。沈骏等人则认为策划人是能动地进行策划活动的人。结合相关研究,本书认为,策划人就是采用科学与艺术相结合的办法,整合各种资源和要素,制订有关方案,以期实现既定目标的相关个人和群体。

二、策划人的分类

按照策划主体的结构类型,可以将策划人分为单个策划人和策划群体。单个策划人是指由一个人单独地与策划客体相联结,并在特定环境下进行策划活动的人。策划群体是指两个或两个以上的个人一起进行策划活动而组成的群体。

(一)单个策划人

单个策划人按照从事策划方式不同,可以分为四种类型,即一般策划人、专职策划人、兼职策划人、角色转换中的策划人(参见表4-1)。

表4-1 单个策划人的类型

策划人类型	策划人特点
一般策划人	指一个独立地为某一件事进行策划活动的人。这些人广泛存在,有的是为自己的未来人生之路进行策划,有的是为自己的事业发展进行策划。他们的策划活动虽然与整个社会密不可分,但是其策划活动的方式是以个人为单位独立进行的
专职策划人	指以策划为职业的人。例如,古代的谋士阶层、现代从事某项专业策划的人。专职策划人主要是为委托人提供某些专业领域的策划方案,围绕方案进行相关的活动,并收取相关的策划费用
兼职策划人	通常有固定的工作岗位,不是以策划为主要的谋生手段,而是利用业余时间为某些人(单位)提供策划服务。这类策划人主要是一些专家、教授、科研人员
角色转换中的策划人	指由于其所从事的工作定位,只在一定时间和场合下进行独立策划活动的人。例如,有些领导人,虽然他的角色定位是决策者,但现实中往往要用很多时间去进行策划,在未做出决策前的策划阶段,他是一名策划人;有些执行人员,其主人翁意识较强,主动对单位的事情进行策划,在这种情况下,其角色就从执行人员转换成了策划人。这种由决策者、执行者向策划人进行角色转换的情况普遍存在,他们与其他三种决策者是有区别的

(二) 策划群体

策划群体按照群体的结构形式可以分为四种类型,即领导人集合的策划群体、专业策划群体、群众性策划群体、联合型结构策划群体。

1. 领导人集合的策划群体。在这种策划群体中,领导人处于决策层,身兼策划与决策职能,在决策之前,共同研究,共同策划,拟定方案,并在此过程中形成领导人集合的策划群体。

2. 专业策划群体是以策划工作为其专门职责的群体。具体又分为两种:第一种是社会组织内部的策划部门。这种部门只为本单位服务,不对外营业,不具有独立性。第二种是社会上独立的营业性的策划机构。一般以策划公司、咨询公司等形式存在,接受社会上个人或单位的委托策划业务,提供某种策划方案并满足委托人或单位提出的相关要求,并从中收取一定报酬。

3. 群众性策划群体。这种群体性策划群体主要有两种:第一种是自上而下有领导地自觉组织起来的群众性策划群体;第二种是自发地组织起来的策划群体。

4. 联合型结构策划群体。这种类型的具体形成也是多种多样的:第一种是社会实体之间的联合;第二种是策划专业机构相互间的联合;第三种是专业策划机构与委托单位之间的联合。

三、中国策划人的构成

当前我国的策划人员，主要由以下几个方面的人群组成：一是出自媒体、记者行业的。由于长期在市场一线，拥有广泛的接触和见识，具有敏锐的洞察与思考。二是来自"海龟"，在国外接触了较新的理念和模式，认为可以指导企业实际。三是一批从国内知名企业或国外大公司出来的，认为掌握了先进的管理理念和市场运作，可以模仿创新运用。四是来自高校和研究机构的，将研究成果、理论与实际有机结合起来。

四、策划人的自身定位

策划人如同《三国演义》中诸葛亮所扮演的角色，即使像诸葛亮这样的超级智者，也不能从根本上改变蜀国灭亡的命运，这是因为他扶得起刘备，却绝对扶不起阿斗。策划人在某种意义上说很重要，但从根本上说他只是辅佐力量。因此，作为一名策划人要准确地进行定位。

（一）策划人不是万能的

社会分工是明确的，处在什么位置，就应当做好这个位置应该做的事情。一些策划人抱怨说，和企业合作真难，开始把你当"高人"，后来把你当"常人"，最后把你当"路人"。为什么会出现这种状况？一方面策划人不是万能的，他不能被企业、单位、机构奉为救世主，他只是起着参谋、提供建议的作用，不能替代决策者和执行者；另一方面，策划的效果依赖于双方的通力合作，任何单方的力量都无法达到预期的效果，所以策划决策者应正确认识策划的作用。

（二）策划人要专注于自己擅长的领域

在当前专业分工明确、行业向纵深发展的大趋势下，"不熟不做"成为很多业内人士的至理名言。但是，处在转型期的中国，缺乏优秀的策划人，加上对策划人从业资格的鉴定和等级评定都还很不完善，使得中国当前的策划人素质良莠不齐。一些人以赚钱为目的，错误的动机派生出了许多不良的行为：不管是否熟悉行业，只要给钱，什么项目都敢做。这种行为导致的结果是，策划的方案难以达到预期的效果，甚至适得其反，导致委托方产生上当受骗的感觉。顾客不满意，最终将导致策划人名声落地、无人问津，严重时可能还会锒铛入狱。

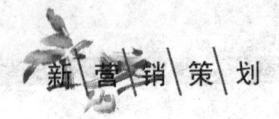

第三节 我国现代策划人的发展阶段和趋势

一、我国现代策划人的发展阶段

改革开放以后，随着我国经济的快速发展和市场竞争的加剧，企业和政府均认识到策划的重要性。我国现代策划人作为时代的弄潮儿，在各项策划中充分展现了现代商业竞争中的东方智慧。回首我国现代策划人的发展历程，大致经历了三个阶段。

（一）"点子阶段"

这一阶段主要是以何阳和牟其中为代表。这一阶段的策划人的主要特征有：依靠个人智慧，进行"点子策划"，通过点子为企业和市场创造奇迹；策划人缺乏科学意识，缺乏对市场的正确理解，策划人进行策划时，往往通过经验式的"拍脑袋方式"进行决策。这一阶段随着何阳和牟其中的入狱而终结。

（二）"个人英雄"阶段

这一阶段以王志纲、余明阳、王力为代表。这一阶段策划人的主要特征是：一是依靠个人丰富的学识和智慧进行策划，形成完整的策划书。二是策划人具有科学意识。策划人进行策划时，首先要进行实地调查，对策划对象有一定认识之后再进行策划。三是仍然倚重策划者个人，其他人均为服务人员，并不能真正影响策划。

（三）基于团队的个人英雄阶段

这一阶段以屈云波和叶茂中为代表。这一阶段的主要特征是：团队的作用凸显，但主要精英人物的影响力仍然较大；策划人进行策划时依靠科学的市场调查，科学性大大提高。

二、我国现代策划人的发展趋势

（一）策划人已由个体走向群体

历代统治者，特别是处在打天下状态中的统治者，大多注意招贤纳士，充分利用策划者为自己出谋划策，以期打败竞争对手。春秋战国时期，由于战争的需要，产生了大量以策划为职业的谋士，如号称战国四君子的齐国孟尝君、魏国信陵君、楚国春申君、赵国平原君，他们每人都豢养3000多谋士。但是，谋士虽多，组织形式却大多是松散的，他们的策划也只是以分散的献计献策为主，未能形成系统的策划。

随着时代的发展，这种以单个策划人为策划主体的策划方式逐渐发生了变化，代之以群体的策划组织进行策划。产生这种变化有其特定的社会原因。

首先，由于科学和社会的发展，很多策划都是多目标的策划，其内容涉及政治、军事、经济、文教、外交、生态与环境等各个方面，这就需要各个学科互相协作，作为个体的策划人，显然很难做到深入掌握这么多学科的知识，很难承担这种多目标的策划任务。

其次，策划人要使策划获得成功，需充分利用与策划有关的各种信息，但作为个体的策划人显然无法收集、分析、整理、归纳、集合所有社会生产和社会生活所产生的大量动态信息，从而做出正确的判断和决策。因此，现代的大部分策划要由各式各样的、密切合作的、组织有序的专业的策划人构成的策划组织来完成。

（二）策划人从依靠人脑走向人机结合

从根本上来说，策划离不开信息，信息是策划之本。一项成功的策划，离不开信息的收集、加工、整理和利用。但在现代化大生产的技术条件下，生产规模与分工日益扩大，信息数量急剧增加；与此同时，信息交换量与传播速度也十分巨大。因此，光靠人脑储藏信息和利用信息已难以胜任现代策划工作的要求。

信息技术的发展为现代策划开辟了广阔的前景，它使电子计算机等信息工具成为人脑不足的补充和人脑思维的延续。现代信息工具可以帮助人们收集、分析大量的信息，通过综合归纳并运用各种技术手段来模拟实施状况和策划结果，起到"耳目"和"参谋"的作用。总之，当人脑和电脑密切配合、优势互补之后，人类的策划水平将产生质的飞跃。

（三）策划人从依靠直接经验走向依靠科学手段

在策划开始之初，绝大多数策划属于直接经验型策划，这种策划往往是依靠策划者"灵机一动"或"眉头一皱，计上心来"，大多数是非规范的，其效果及成功率的大小，完全依靠策划者的综合判断，这种判断往往含有太多的主观成分。但现代策划，特别是一些复杂的大型策划，必须在科学理论的指导下，运用严格的逻辑推理和精确计算，因此策划人要充分依靠市场调查，采用科学的统计软件，对调查的结果进行科学的分析，以增强策划的科学性。

第四节 策划人的作业特点及方式

一、策划人的作业特点

(一) 团队性

由于出身、经历、性格等方面存在很大差异,不同的人对同一事物的看法会有很大差别。正像著名美学家朱光潜在其论著《对于一棵古松的三种态度》中讲述的那样,木匠从实用的角度出发,盘算它是宜于架屋或是制器,思量怎样去买它、砍它、运它;植物学家从科学的角度出发,考虑怎样把它归到某类某科里去,注意它和其他松树的异同点,思量它何以活得这样老;而画家却从美感的角度出发,他只在聚精会神地观赏它的苍翠颜色,它的盘曲如龙蛇的线纹以及它的昂然高举、不屈不挠的气概。通过这种不同观点之间的碰撞,策划人可以获得创意的火花。因此,策划人在进行方案策划时,每当遇到关键问题,他们就会召集在一起集思广益,从而大大提高工作的效率和效果。当前的策划业,必须依靠团队的力量,而不是仅依靠单个人的力量。

(二) 开放性

策划不是策划人闭门造车,更不是策划人的自娱自乐。策划人在进行策划时,不仅要满足委托方的要求,同时也要得到目标受众的认可,还要符合国家的法律政策。因此,策划人员每做一个项目,都应该进行市场调查,以便清楚地了解策划客体、目标受众、相关的法律政策等。策划人员要富有亲和力和责任心,能与相关人士进行交流,耐心启发谈话者,从而能够最大限度地发现问题、寻找答案。

(三) 创新性

创新是策划的灵魂。策划业是一个强调推陈出新、追求突破、标榜独特的行业,这就要求其从业人员必须要有创新能力,即要形成突破传统、探索未知、开拓创新的观察习惯、思维特点和研究方式。策划人做出的策划方案只有具有创新性,才能得到各方的认可。

二、策划人的作业方式

（一）以脑力劳动为主

策划作为一种脑力劳动，需要大量的思考与推演。策划人员在工作时，需要大脑不停地运转，劳动强度相当大。作为一名策划人员，应该注意平时多积累，不断地吸收周围环境中出现的各种有用的信息，并在有用的时候将其调出来，用在具体的策划方案之中。

（二）工作时间灵活

策划人的工作，更多的是思考，思考需要时间。这种思考不能受上班、下班时间表的约束。同时，策划方案的设计是一项需要精雕细琢的工作。策划需要创造性，而创造性是无法用时间衡量的，因此，策划人员的工作在时间上需要很强的灵活性。

（三）工作个性突出、执著

策划需要创新，这就要求策划人在工作时要有个性，不能随波逐流。作为策划人，应该执著与自我，因为执著，才能有热情持续不断地开动脑筋；因为自我，才能迸发出有创意、有特点的东西。

三、策划人与策划书

创意是策划的灵魂。但是，优秀的创意构思如果不能有效表达出来，只能是水中月、镜中花，因此，策划人必须将创意用文字表现出来，提出解决问题的方法、执行的步骤、控制的要点，最终形成一份完整的策划书。一份出色的策划方案有以下几个要点。

（一）认清策划书的作用

策划书在整个策划过程中，起着承上启下的关键作用。策划书具有两个基本作用：一是通过策划书说服委托方或决策者采用该策划方案；二是在策划被采用并执行时，策划书起着执行依据和行动纲领的作用。策划人在认清策划书的作用后，要确保在编制策划方案时做到有的放矢。

(二) 谨记策划书编写的原则

1. 符合逻辑思维。策划的目的是为了解决实际中的问题。所以，策划书的编写不能脱离"提出问题、找出解决问题的方法、解决问题"这最基本的三步。策划书最基本的逻辑性体现在以下方面：策划目的（为什么要做策划）——策划内容（做了些什么策划）——执行方法（怎么实现这些策划）。如果不符合这一逻辑，那么策划书会让人觉得莫名其妙、乱七八糟，成为无法让人理解的东西，无法达到策划书的写作目的。

2. 简洁、易懂。策划书的目的在于传递策划的信息，便于他人理解和执行。这就要求策划书的编制，除了针对局部具体操作的创意和灵感展示外，其他说明性和指导性的文字力求简洁、清晰、易懂，分析的数据及资料要有科学性和针对性。

3. 具有可操作性。策划书是指导策划活动执行的依据。所以，策划人在编写策划书时必须注意可操作性。无法操作的方案创意再好也无用，不易操作的方案必然要耗费大量资金和人力，导致管理复杂、效率低下。

4. 具有吸引力。策划书要做到内外均有吸引力。策划书的具体内容，要突出创意的独特，采用创新的表现手法，打动外部受众。而策划书的"外表"也需要给人以好感。策划书的版面设计、关键字的采用等，都要精心设计和挑选。如果能让阅读者眼前一亮，自然也就能吸引阅读者的关注，从而顺利引导阅读者理解和接受策划方案。

(三) 策划书的内容结构

一份正式的策划书，由于委托方的不同要求，在内容与编制上没有统一的格式。但从策划活动的常规来看，有些基本的要素是每份策划书所共通的（参见第三章表3-2）。

 思考与实习

一、思考题

1. 什么是策划人？谈谈你对我国现代营销策划人的印象。
2. 策划人有哪些类型？
3. 联系实际谈谈我国现代策划人发展的三个阶段。
4. 我国现代策划人有哪几个发展趋势？
5. 你认为如何才能成为一名优秀的策划人？

二、实习项目

1. 根据自己的现有状况,结合自身的理想、兴趣和爱好,进行自我职业生涯的策划。
2. 收集资料,形成一份有关某个策划人的案例。

【精彩个案】

策划人物:何阳

何阳系辽宁本溪人,毕业于北京化工学院高分子专业,担任过某厂工程师,后转向专门出谋划策,以"点子"多著称。

1988年,何阳创办"北京市和洋民用品技术研究所"并担任所长,后又成立"北京和洋咨询公司"并担任总经理,实际就是一个"点子公司"。

一家塑料厂的一次性塑料杯大量积压,何阳出点子说,把京广铁路沿线站名印在茶杯上,再印上小地图,在铁路沿线的火车上卖。塑料厂一试,果然大灵。一家灯具厂的台灯卖不出去,何阳想起海湾战争中大显神威的爱国者导弹,便建议工厂设计一种爱国者导弹形台灯,结果这种台灯大受市场的追捧。何阳周游各省,到处应邀帮企业出点子、想办法,所到之处受到热烈欢迎,厂长经理要在门口排队等候"就诊"。何阳的第一本书《何阳的点子》迅速成为畅销书。

在当时,中国的改革开放向纵深发展,企业界热切盼望发展,渴望各种新知识,消费者的心态也不成熟,何阳的"点子"的确造就了不少市场热点。

这时,中国人突然发现,点子原来那么有效,于是,何阳成为全国性的风云人物,在全国各地做报告达到400多场。接着,各地的"点子大师"风起云涌,中国的职业"点子大师"开始全面发展。那时也开始出现把"点子大师"称为"策划人",一时"点子大师"或称"策划人"成为最炙手可热的群体。

但是,2000年1月11日,何阳因涉嫌诈骗被银川市公安局刑事拘留,2000年2月15日,经银川市城区检察院批准逮捕。

当"点子大王"何阳因涉嫌诈骗百万巨款,在宁夏折戟时,中国的点子界人士纷纷与之划清界限。

从此"点子大师"开始受到社会质疑,很多"点子大师"也不愿再用这个称谓,而是用"策划人"代替了"点子大师"的称谓,"策划"便成了时髦词语。

在中国策划处于完全的混沌阶段时,在当时的环境中,何阳的点子确实称得上是一种进步,从某种意义上说,何阳的榜样作用催发了中国营销策划界的诞生和中国咨询业的萌芽。但是,点子的作用过于夸大的宣传,导致了中国的企业家们过于迷信"灵丹妙药"的点子。

这种"点子策划"主要依赖于富有创意的促销策划,没有对企业及产品做出系统、全面的调研和计划，虽然能够在短期内刺激销售额的增长，但不能从实质上提升企业的营销能力。

"点子"并不等于科学的全面策划，"点子"着眼于跨越眼前的障碍，而无法对企业长远发展战略提出系统整合的方案。

资料来源：吴灿：《策划学——原理、技巧、误区及案例》，中国人民大学出版社2005年版，第6~8页。

第五章　策划人的素质和能力

重要提点
- 策划人的核心素质
- 策划人应具备的关键能力
- 如何培养策划人的创新能力
- 如何组建营销策划团队合理的素质结构

【导读】当前中国兴起了一股策划热潮，以至于策划无处不在。影视界、企业界、政治界等各个方面都在讲策划。而策划业最重要的资源是人，是高智商的人。在这种情况下，策划人就像国宝一样，奇货可居。社会上很多人都在摩拳擦掌，准备投入策划业。但是，哪些人才适合投身策划业？策划人应该具备怎样的素质和能力？策划人应具备怎样的素质结构才能推动企业的发展？这些问题已成为大家关注的焦点问题。

第一节 策划人应具备的素质

一、策划人应具备的品德素质

策划是一个全面、系统的过程。要做好策划，策划人首先要具备一定的品德素质。

（一）良好的道德修养

任何职业都有与其相适应的道德，策划业也不例外。作为策划人，应该具备以下道德修养：

1. 以天下为己任的博大胸怀，自觉确立人本意识和立志服务社会的策划理念。
2. 在策划活动中遵守行业的道德规范。
3. 以诚信为本，注重自身信誉，绝不能为谋取一时的利益而进行欺诈。
4. 严格保守国家、客户的秘密。
5. 切实保证客户的信誉，具备良好的社会公德和职业道德，以及由此决定的价值取向。

> ❋ 小资料
>
> **王志纲——策划人成功要具备的基本素质**
>
> 策划人要成功的话，起码要具备这样几条：
> 一是要有发散性思维；
> 二是作为策划人必须有科学的思维方式，也就是辩证思维、系统思维；
> 三是作为策划人，还必须拥有相当丰富的阅历。就是我们说的"没有吃过猪肉，至少见过猪跑"，要不然就会"以其昏昏，使人昭昭"；
> 四是具有实事求是的品质。

（二）勤奋

"宝剑锋从磨砺出，梅花香自苦寒来"。从事任何一种职业，要做出一定的成绩，就必须付出努力，勤于学习、勤于理解、勤于实践和勤于总结。策划人在进行策划时，要勤于思考，发现事物之间的关联，找出创意点。策划人不仅仅是纯思考问题的人，而且是使问题发生结果的人。好的策划人常常是理解社会的人，他是一个社会资源的动员者、社会情绪的回应者和社会对话的设计者。策划人是能吃苦耐劳、具有大智慧、始终以饱满情绪迎接挑战的人。只有具备上述三个特征的人，才能在滚滚红尘之中，以自己的才华和一丝不苟的精神装点世界。

（三）实事求是

作为策划人，应当崇尚科学，实事求是。任何不符合客观实际的策划方案，注定是要失败的。这就要求策划人必须思维严密，重视论证，追求策划方法的科学性、严密性、系统性和高效性。

二、策划人应具备的知识素质

知识是人类认识的成果，是来自社会实践的经验总结。作为一个策划人、谋士，应该足智多谋，具有丰富的知识，否则就胜任不了策划工作。科学管理的创始人泰勒说："具有丰富知识和经验的人，比只有一种知识和经验的人，更容易产生新的联想和独到的见解。"

"运筹帷幄之中，决胜千里之外"，是策划人所追求的事业最高境界。策划不是一个简单出主意、做计划的过程，它需要多种学科知识做支撑。策划人员在一个具体的组织或单位中从事策划工作，不同的领域、不同的工作任务，对知识的具体要求也有所不同。因此，策划人应该是一个"博"家，同时也应该是一个"专"家。

一般说来，策划人的知识结构应该是具有综合性、层次性、系统性、开放性和实践性的动态结构。

（一）综合性

策划工作的性质，要求策划人首先是通才，策划人不仅应该具备广博的知识，而且应该将各种知识综合为一个有机整体。当代科学发展的特点之一是出现了大量综合性、边缘性和横断性学科。这种趋势要求策划人，尤其是从事战略策划的策划人的知识结构必须具有综合性和整体性，这样才能高瞻远瞩，从全局和战略上思考问题。

（二）层次性

为了适应动态的社会环境，策划人一般应形成核心知识、相关知识和外围知识三个层次的知识。既要有与工作直接相关的知识，又要有与专业策划工作有密切联系的知识,同时还要有常识性的外围知识。拥有了这样的知识结构,策划者在出谋划策时,思维就可以在较大的范围里纵横驰骋,容易收到意外的效果,否则就会使思路狭窄,良机良谋也往往由此受阻。

(三) 系统性

策划人不仅要注意知识的收集、积累,而且要注意对知识的消化、理解和贮存。只有将各种知识的内在联系弄清楚,由低到高,由近及远,由浅入深,形成体系,在运用已有知识观察、分析和解决问题时,才能思路清晰,头脑清醒。

(四) 开放性

随着经济和科学技术的发展,人类知识正以前所未有的速度进行更新。为了与时代发展保持同步,策划人应该不断地进行知识更新。在知识更新的过程中,策划人不仅要吸取新知识,还应当不断从实践中提炼和概括出新的经验,用来调整和丰富原有的知识结构,使自己的知识始终处于动态发展之中。在这种情况下,策划人必须不断解放思想,以谦虚好学的态度来对待周围所发生的新情况、新事物,永不自满,才能使自己的知识结构能够适应时代发展的要求。

(五) 实践性

策划人要向书本学习,更重要的是向企业学习、向市场学习,在策划实践中动态地学习,这样才能真正把握鲜活的、内在的、关键的和管用的东西。

三、能力素质

能力素质是指人在认识和改造世界过程中所表现出来的一种能动性。这种能动性是在已有知识的基础上,经过脑力或体力的反复实践而逐步形成和发展起来的一种技能、技巧。对于策划人而言,对其能力的要求则主要在于谋略。策划人应该具有的能力素质有以下几点。

(一) 能审时度势,提出有价值的见识

策划人一般处于辅助地位,因此,策划人面对复杂多变的客观世界,应该审时度势,善于从细微的变化中看出来未来种种可能出现的情况,提出具有远见卓识的战略和策略,供决策者参考。

(二) 善于分析综合，提出多种解决问题的方案

在进行策划时，策划人必须具有运用辩证唯物主义世界观、方法论分析综合实际问题的能力，能从错综复杂的现象中理出头绪，提出多种解决问题的计策和谋略，供决策者参考和选择。

(三) 善于捕捉、处理和利用信息

策划是对信息进行搜集、整理和重新利用的过程。正确的策划依赖于丰富的信息，离开了丰富而正确的信息，策划就成为无源之水、无本之木。得到了信息，不善于加工处理和利用，信息依然不能在策划中发挥作用，策划的正确性及其效率也就得不到保证。因此，策划人应该能够及时捕捉有效信息，能运用多种手段对信息进行归类整理，去伪存真，去粗取精，由此及彼，由表入里，加工制作，从中提炼出有价值的东西，并运用于策划。

(四) 善于创新和突破

策划是一种创造性脑力劳动，是通过对资料、信息的整理运用，谋求一种突破。策划人、谋士的成就都与其创新能力分不开。缺乏创新能力，无法提出有新意的方法、计谋和措施的人都难以胜任策划工作。因此，善于创新和突破是策划人应当具备的重要能力素质之一。

四、心理素质

策划人不仅需要有良好的品德素质和业务素质，还应当具有良好的心理素质。良好的心理素质，是检测一个人是否适合从事策划工作的重要标准。通常，一名合格的策划人应当具备以下几个方面的心理素质。

(一) 积极主动

策划人应具备积极的心态和主动的精神，只有这样，成功的信息才会传入其脑海，使之处于一种积极的心境之中。在这种情况下，策划人会对一切事情积极争取，一种强大的精神力量就会自然而生，不会懈怠，不会轻言失败，人的潜能就会得到充分发挥，此时一切克服不了的困难、摆脱不了的困境，都不再是不可逾越的障碍，甚至可以创造出奇迹。

(二) 宽容与灵活

作为一位策划人员，要善于学习和借鉴他人的长处，虚心接受别人的意见和建议，不要害怕被他人否定，应当有勇气接受他人的批评与挑战，不能固执己见，否则永远也做不出令人满意的方案。策划人还要善于根据形势的变化，不断完善策划方案，以提高策划方案的适应性。

(三) 乐观的态度

策划只是起着"谋士"和"幕僚"的作用，虽不参与一线的具体工作，但其职责却与之密切相关。离开完美执行，方案就一文不值。策划人的命运并不是掌握在自己手中，而是被配合部门所操持。在策划过程中，策划人常常要面对巨大的、常人所无法忍受的困难，因此，要有乐观的精神，从容地面对困难，在逆境中迎难而上。如果策划人员态度消极，那么策划方案就难免显现悲观，从而影响一线执行人员的情绪，造成不良的影响。

(四) 坚忍不拔的毅力

所谓毅力，是指人们坚定不移、不达目的誓不罢休的精神状态。每一个创意与策划目标的完成，都是高强度的智力与意志活动。在进行策划的过程中，策划人必然会遇到各种各样的阻力和困难，能否一如既往地坚持下去，就取决于毅力。策划人如果没有坚忍不拔的毅力，就不可能获得真正的成功。

第二节 策划人应具备的能力

策划是一种跨学科的行为，因此，作为策划人应该具有综合能力，具体包括创新能力、市场调研能力、组织能力、学习能力、整合能力和执行能力。

一、创新能力

策划与创新就像一对形影不离的孪生兄弟，任何高明的策划都离不开创新，创新能力是基于学习能力之上的创造、更新。在当今社会主义经济条件下，市场是一切财富的源泉，如不研究市场，就会在商战中败北，而要在商战中取胜，最大的法宝就是创新。

创新意味着突破。而策划就是通过对资料、信息的整理运用，谋求一种突破。创新能力在整个策划中起着重要作用，从策划主题的产生、选择到构思的精细巧妙，从方案的表现、描述到建议的实施，每一个阶段都需要创新能力。

市场变幻莫测，竞争日趋激烈，现代策划人必须善于从实际出发，敢于承担风险，不断创新。唯有及时抓住问题，解决问题，创造性地开展工作，才能使自己立于不败之地。夜郎自大、固步自封、墨守成规者不可能成为优秀的策划人，即使策划人本身非常有创见，也应善于发现和运用别人的创造力。因此，创新能力是现代策划人必须具备的能力。

二、调研能力

调研能力是指策划人对项目现状的分析并预测未来趋势的能力。策划活动不能凭空进行，它必须建立在对相关情况的充分掌握和深刻研究的基础之上。这就要求策划人必须积极主动地进行调查分析，以便正确认识和把握策划目标和策划对象。拥有良好的信息搜集能力，能够敏锐地把握点滴有用的信息，对于现代策划人来说是至关重要的。这可能决定他们的创意是新鲜、先进还是过时、落伍，是能立竿见影地解决问题还是使情况进一步恶化。为了使策划活动具有科学性并取得成效，策划人必须重视调查研究。在进行调查之前，策划人需要明确调查的目的、树立正确的调查观念和具备良好的调研能力。

三、组织能力

组织能力是指策划人能够根据策划本身的要求将策划资源进行有机结合的能力。它包括策划人员的找寻、策划资料的搜集、策划方案的制订等，也就是对人、物、事的统筹安排。组织能力除了要求策划人具有极强的组织纪律性和团队协作精神之外，还要求策划人必须具有较强的组织领导能力。在任何一个策划活动中，任何个人的能力都不能够代替所有人的能力；况且，个人能力再强，如果没有团队的合作，也难以发挥作用，有时甚至会起到相反的作用。可见，策划是一项集体活动，需要策划团队中每一个策划人的通力合作，才能形成策划效益——有效的策划结果。

四、学习能力

策划人要具备竞争力和应变力，首先要有学习力。要在未来的竞争中取胜，策划人首先应当改变心智模式，本身需要终身学习，才能够以引导者的身份进行创新。要想成

为一名优秀的策划人,文凭和专业并不重要,关键是能否掌握有效的学习方法和科学的思维方式。既要有广博的知识,又能在较短的时间内领会所涉及的新领域、新学科的要点和实质,在策划工作中才能举一反三。策划人要向书本学,但更重要的是要向企业学、向市场学、向专家学,在策划实践中动态地学,这样才能真正把握鲜活的、内在的、关键的和管用的东西。

五、整合能力

被誉为"策划之神"的美国百货业巨子约翰·华那卡在实践中总结出的成功策划方程式为:成功的策划＝他人的头脑＋他人的金钱。这个公式说明,作为策划人,应该能够把各种资源要素整合在一起,协调各方面的力量形成合力,达到策划目的。因此,策划人应该具有整合的能力。策划人的整合能力,是指策划人对信息情报资源的大量和高效的占有能力。策划人的整合能力是有前提的,只有占有足够多的信息和资源,进行理性分析之后合理取舍,才能使策划活动具有创造性。

六、执行能力

"纸上得来终觉浅,绝知此事要躬行"。策划人不仅要勤于思考,更要敏于行动。一位出色的策划人不仅善于创意,更要有将其付诸实践,并在实践后能取得良好的效益的能力。有时,实际操作能力甚至成为策划方案最后能否成功的关键之所在,何况策划不仅是做出策划方案,还必须设计出切实可行的操作流程和方式,尤其是基层的策划人员,必要时要指挥、监理甚至具体操作执行。因此,策划人应该具备较强的执行能力,善于把自己的独特创意和构思加以整理和修正,巧妙地将其融入策划当中,并让每一位具体操作者都能够准确地理解、领悟并支持策划方案的实施,这样,策划人的执行能力才能真正得以实现。

第三节 策划人能力的培养

一、调查能力的培养

调查能力是策划人必备的能力。任何一份成功的策划方案都不是天马行空的诗篇,也不是靠策划人闭门造车、奇思妙想勾画出来的乐章，而是策划人精心调查得出的结果。策划人的灵魂就在于他能够准确预测和善于把握历史发展的机遇，不失时机地成为引领市场潮流的领导者。这就要求策划人必须要有深谋远虑、未雨绸缪的战略眼光。市场调研能力，会直接影响策划的结果。策划人要很好地服务于客户，就要横下一条心，深入市场，只有调查市场、客户和消费者的工作到位了，策划才能有的放矢。策划最终的成败掌控在策划人对市场的调查深度，以及对细分市场的差异化需求的了解上。策划人要知道，在产品同质化现象日趋严重的情况下，通过品牌的差异化和营业手段的差异化同样可以争得较大的市场份额，但关键在于能否通过深入的调查发现市场中存在的差异化以及顾客的差异化要求。策划人每时每刻都要注意把一切策划构想建立在充分的调查分析的基础之上，这样才能保证策划有较高的成功率。这就要求策划人，一方面要运用各种科学的方法，做好一手资料和二手资料的收集；另一方面，要学会运用各种先进的统计软件，提高分析调查资料的速度和效率，还要掌握各种先进的统计方法，提高分析的准确性。

❋ 小资料

王志纲：策划人应该怎样迈向成功

第一，如果你是一个初出茅庐的人、年轻人，而且你自己拥有许多创意，有被市场所检验的笔底功夫，我建议你先到一家广告公司或是策划公司，从学徒开始干起。第二，如果你是一个中途改行的，如果你是记者改行的，我建议你从宣传策划入手，去介入市场；如果你是营销员出身，我建议你从营销策划介入；如果你是一个大学文学博士、硕士或老师，我建议你从文案去介入市场。第三，如果你有丰富的阅历，有很到位的思想，并且在社会上又有一定的号召力，那我就希望你自立门户，能够建立起自己的根据地，做一番大的事业。这要根据你自己的特点来界定，是读中学、大学、还是博士后。

二、分析能力的培养

分析能力是指策划人能够全面、正确和深入地分析认识客观现象的能力。"察人之所未察，见人之所未见"是对策划人分析能力要求的具体描述，策划人应该善于从过去和现在的资料文献中发掘具有创意策划的重要素材。因为策划者为策划决策者提供的是"概念"，所以这一概念必须满足策划的要求，能让决策者接受。所以，在分析信息形成概念的过程中，最重要的分析原则是"策划能否为决策者所接受"。因此，策划人应该具备统观全局、全面分析的能力,具备能够透过现象抓住本质以及着眼发展、科学预见的判断能力。为了策划的成功,策划人应逐步养成富有理性的思维习惯,能够深入冷静地思考问题,对各种解决问题的方案进行优劣分析和评价,从众多策划构想或创意方案中发现闪光点,丰富、发展和完善策划方案。

三、时空运筹能力的培养

策划人运筹时空的能力主要体现在对策划时间的运筹和对策划空间的运筹上。

(一) 对时间运筹能力的培养

时间运筹的关键在于分清轻重缓急。在实际策划过程中,有很多的问题出现,作为一名策划人,最关键的是能够分清事物的轻重缓急,统筹安排,积累或释放能量,人为地制造高潮和低潮,从而使策划产生巨大的影响力。这就要求策划人学会如何从众多的问题中,判断什么问题是最重要的问题、什么问题是最紧急处理的问题;学会如何确定需要解决问题的顺序。

(二) 对空间运筹能力的培养

策划人的空间运筹能力,是指策划人确定策划重点与最主要部分的能力。培养空间运筹能力的关键在于培养确定关键点的能力。在实践中,影响策划的各个要素所占据的位置不同,要素与要素之间的关系也不一致,所以各个要素之间有关键与非关键之分。关键点是决定策划形势发展变化的决定性因素。比如,解放战争时期,在辽沈战役中,长春、沈阳和锦州是决定形势发展变化的三个重要因素,而锦州是这三个重要因素中的关键点。攻克锦州,便取得了这次战争的决定性胜利,这也正是军事策划高手一代伟人——毛泽东用兵的绝妙之处。策划人应该深入学习他的这种空间运筹的高超艺术。策划人主要能够通过对事物的分析和对知识经验的积累,加上实践中的磨炼,逐步提高自身空间运筹能力。

四、学习能力的培养

(一) 培养学习能力是策划人工作的必需

学习型社会对于每一个社会成员而言,学习成为日常生活的重要组成部分,学习能力尤为重要。策划人要有竞争力、应变力,首先要有学习力。《第五项修炼》的作者彼得·圣吉博士认为"未来唯一持久的优势,是有能力比你的竞争对手学习得更快"。时代在不断变化,客户在不断成长,除了变化,没有什么东西是不变的——而学习则是让策划人了解外部世界、跟上客户步伐的最有效途径。李嘉诚这位商业巨子,在年逾七旬时,他依然强迫自己每周读完几本书、几本杂志,让自己时时能了解社会最新知识。所以说"学习者不一定是成功者,但成功者必然是擅长学习者"。对于身处瞬息万变的策划行业的策划者来说,学习新知识,了解社会、行业、客户最新情况是工作的必需,是自己策划工作取得长足发展的必备条件。

(二)策划人应重点学习的内容

策划人学习的内容很多,要力争使自己成为"专"和"博"的人,如此才能顺应社会和策划主客观条件的发展需要。

在市场经济时代策划人应重点学习如下的内容:

1. 学习专业知识。一个合格策划人要努力学习新闻、广告、营销、公关等方面的知识。

2. 及时了解行业信息。策划人员只有在对行业信息充分把握的基础上,才能向客户提出专业的建议,才能就某些问题与客户进行深入探讨,才能成为专家型的人才。

3. 了解社会发展趋势。随着社会与市场的发展,很多项目的发展往往需要多方面的知识相互支持与配合,所以策划人员在通晓本行业专业知识的同时,还应多了解其他方面的资讯,从而多角度、多方式地为客户提出出色的解决方案,最终赢得客户的认可。

4. 根据客户需要,快速学习相关知识。由于策划人员经常要面对不同行业的客户,而这些客户背景不同,他们的经营重点也各有不同,策划人员要赢得客户对自己的认可,必然要向客户学习,了解客户行业信息,只有这样,才能深刻地了解客户的需要,为客户量身定制出合理的策划方案。

五、创新能力的培养

根据现代策划的特点和要求,作为一个合格的策划人,要想拥有创新能力,最为主要的是要冲破旧的观念和习惯势力的影响,具体如下。

(一)破除畏惧心理,克服习惯势力

人的创新活动在本质上是突破传统和习惯,而传统和习惯的势力总是比较强大的。思维定势形成的传统和习惯,阻碍人类思维的灵活性,容易造成思路的陈旧和狭窄。为

了获得创新能力，策划人要克服畏惧心理，一往无前地去拼争，在强手如林的策划世界中争得一席之地。

（二）相信自己，打消自卑

一般情况下，人们在创新面前容易产生自卑，其主要原因就在于对创新的本质缺乏正确的认识，过高地估计了创新活动的难度。其实在真正的创新活动中，没有难以逾越的鸿沟。只要相信自己，敢于向权威和现实挑战，善于思考问题，不怕失败，就一定能收到意想不到的效果。

（三）摆脱怠情，勤奋自励

从历史上看，创新总是与勤奋者、勇敢者为伴。那些贪图安逸而不肯吃苦、缺乏不达目的誓不罢休顽强精神的人，从来就没有成功的。对策划人来说，在仰慕创新者的辉煌战果时，切莫忘记其过程的艰辛。创新者的每一个进步、每一次成功，都是血汗铸成的。策划者只有以不畏艰险的胆量和毅力，勇敢地接受人生的挑战，不怕挫折，不怕失败，尽心尽力地去参与社会竞争，才能为人类社会的进步作出自己应有的贡献。

第四节　营销策划团队的素质结构

我国改革开放以后，各类策划空前繁荣了我们的社会。人们生活的方方面面早已与策划紧密地联系在一起，营销策划人是站在时代与生活前列的人。营销策划人的劳动，不仅推动着人类社会经济的发展，而且还以其创造的成果深刻地影响着人类的政治、思想、文化的演进速度与存在形式。随着营销策划复杂性的增加，越来越多的策划是由策划团队完成的。营销策划团队的素质结构直接影响到策划的效率和效果。因此，形成合理的营销策划人员团队的素质结构，是关系企业发展的一个重大问题。

一、策划团队的年龄结构

策划团队的年龄结构主要是指策划团队成员的年龄在老、中、青三方面的比例构成，并处在老、中、青的动态平衡中。合理化的年龄结构，青年应占较大比例。青年代表一种活力，带来的是希望。策划业竞争激烈，需要持续创新，年轻人敢做敢闯，不容易受外界的羁绊，容易获得成功。年轻化是飞速发展的现代社会的要求，是组织和带领时代发展的客观需要，策划人员的年轻化是一项持久的、长远的、带有重要性的战略。

二、策划团队的专业结构

策划团队的专业结构是指策划团队内具有不同专长或技能人员数量的比例构成。从分工合作的角度看，营销策划人员所从事的工作主要包括市场调查与预测、产品策划、企业形象策划、企业品牌策划等等。当前市场竞争激烈，并且各个学科知识不断深化，专业分工越来越细，所以策划部门内部任何一个策划人不可能完全精通策划工作所涵盖的各种知识与技能。因此，企业要求策划人形成的群体，应该由具有不同专业技能或特长的人组合而成。

三、策划团队知识结构

策划团队的知识结构是指具有不同知识水准的策划人数量比例。对策划团队知识结构的要求就是要在知识水准上，使具有高级、中级等知识水平的人才互相合理衔接，形成合理的策划团队。

四、策划团队智能结构

策划团队的智能结构合理化是指策划团队成员中具有不同智能的人才比例，有一个比较合理的配置。只有不同智能类型的人才，按一定比例构成完整的智能结构，并科学合理地使用各类人才，充分发挥其长处，策划团队才能发挥出最大效能。

五、策划团队心理素质结构

策划团队的心理素质结构是指策划团队成员的气质、兴趣、性格的构成。策划者心理素质的合理化就是要使策划者的各种气质、兴趣、性格能够相互兼容、补充，减少冲突，达到和谐。心理素质结构合理可以密切领导成员之间的相互关系，大家心情舒畅，紧张之中有轻松，可以使策划人员兼有开拓而稳重、奋进而有节奏、有条理而又灵活等特点。

通过优化组合群体结构，并使群体结构在一定时期内保持稳定，策划人才能在策划中更好地发挥作用，使组合优化产生的新的合力源源不断地释放出来，从而推进组织的发展。此外，策划人员的素质结构的优化组合，要根据实际工作需求的变化，适时调整,以保证策划组织的活力,使其优化组合的结构,始终处于高效运作的状态。

 思考与实习

一、思考题

1. 策划人应具备的基本素质包括哪些?
2. 策划人应具备哪些能力?
3. 如何培养策划人的学习能力?
4. 结合实际,谈谈有效的营销策划团队需要具备什么样的素质结构。

二、实习项目

1. 测评:你是否具备从事策划工作的潜质?

测试题:

1. 电话铃响的时候,你会:
a. 马上第一个去接　b. 希望别人能去接　c. 无动于衷
2. 对你来说你更习惯于哪种情况?
a. 想入非非　b. 基本循规蹈矩　c. 完全安于现状
3. 哪种事更使你感到惬意?
a. 做出有价值的判断　b. 做出权威判断　c. 有章可循
4. 你的做事方式是:
a. 喜欢斟酌　b. 比较果断　c. 比较模糊
5. 你更倾向于:
a. 设想多于感知　b. 感知多于设想　c. 二者差不多
6. 当你突然有了一个荒唐的想法时,你通常会:
a. 想象有无可行性　b. 先记下来　c. 一笑了之
7. 你觉得工作中什么更自然?
a. 提出自己的措施　b. 指出错误　c. 取悦他人
8. 你认为常识:
a. 经常值得怀疑　b. 通常比较可靠　c. 可信可不信
9. 你更倾向于:
a. 将事情解决做出新意　b. 将事情搞定　c. 探究潜在原因
10. 你比较:
a. 按程序办事而非反复无常

b. 反复无常而非按程序办事

c. 随意性强

11. 某一同事你比较反感，但又不得不一起合作，你会：

a. 例行公事地相处　b. 尽量友善地对他　c. 难以掩饰不愉快

12. 你自认为是一个怎样的人？

a. 有些矜持　b. 比较容易接近　c. 相当平易近人

13. 你更容易受什么影响？

a. 令人感动的陈述　b. 有说服力的证据　c. 权威性的命令

14. 你更注重：

a. 表面效应　b. 基本原理　c. 深层原理

15. 工作中你倾向于：

a. 独立性强但并不排斥与同事交往

b. 热情与同事交往

c. 保留更多私人空间

16. 在办成一件事的过程中，你通常更担心于：

a. 谋划阶段　b. 实施阶段　c. 事情的结果

17. 你的设想是否通常容易付诸实施？

a. 是　b. 否　c. 不清楚

18. 你更易受什么支配？

a. 你的思想　b. 你的经验　c. 现实规律

19. 你在做出选择时：

a. 小心翼翼　b. 比较果断　c. 难以取舍

20. 当失败时，你通常会：

a. 难过但很快会恢复　b. 及时寻找原因　c. 抱怨

评分方法：

每题选 a 为 3 分，b 为 2 分，c 为 1 分。

得分在 45 分以上者，表明你想象力比较丰富，崇尚创意与创造，思维比较活跃，基本适合从事策划工作。同时也要注意培养思维的理性与逻辑性，以及与人协作的能力。

得分在 30~45 分者，表明你以理性为主，行事比较客观，但缺乏从事策划工作必要的灵活性与创造性。

资料来源：何成：《我型我塑——磨练策划》，南京大学出版社 2006 年版。

【精彩个案】

屈云波的营销教育策划

具有市场营销专业硕士身份的屈云波于1994年创办了北京派力营销咨询公司,主要从事营销管理书籍的出版。屈云波曾组织专家出版了在营销界产生了广泛影响的《派力营销思想库》丛书100多册,将许多前沿的营销理论和方法介绍给企业和学界,也在科学与专业的基础上强化实战性。这套书是中国大陆迄今为止面向市场营销人员的规模最大的、最系统的一套专业营销丛书。《派力营销思想库》被上万家公司选作企业内部的培训教材,对中国企业的营销人员的专业成长起到了很大的启蒙作用。

近年来,在多媒体培训手段广泛应用的背景下,屈云波针对国内企业对"见效快、成本低"的企业培训方式的需求,拍摄了国内第一部情景剧式的多媒体营销培训课程。屈云波分析,销售人员培训市场不仅需要高、中、低档的划分,更需要产品的细化,如服装销售培训、饮品销售培训、保险销售培训、房地产销售培训、汽车销售培训、网络销售培训等。而派力的课程正是应对这种市场细分的趋势而推出的。今后,派力还会依托自己强大的专业优势,不断推出更加细化的产品。

屈云波的营销教育行为也是一种策划,如同美国加利福尼亚淘金热衷的卖水者一样,他为奋斗在营销第一线的人员提供补给。哪里有需求,哪里就需要营销,哪里就需要策划。独辟蹊径,永远创新是营销策划的灵魂。

资料来源:孟韬、毕克贵:《营销策划:方法、技巧与文案》,机械工业出版社2008年版,第16页。

第六章 策划人思维

重要提点
- 对比策划人的七种思维方法
- 为什么策划人的思维需要具有发散性
- 策划人如何运用折射的眼光进行思维
- 创意思维的培养

【导读】 一位精通点石成金术的仙人想救济一个贫穷的孩子，就给他点出了许多金子，不料穷孩子摇头拒绝，他对仙人说："我只想您教给我点石成金的技巧。"同样道理，当我们惊叹于那些策划高手"点出"的"金子创意"时，也应当说一句："教给我策划的思维技巧吧。"因为策划的灵魂是创新，而创新不是凭空产生的，是在策划人思维的过程中产生智慧的体现。一名优秀的策划人，要使策划方案具有创新点和创意，就必须要熟悉策划人的思维方法、思维特征和思维品质。

第一节 策划人的思维方法

由于策划的灵魂是创新,而创新是在策划人的思维过程中产生的。因此,对于策划人来说,掌握合理的思维方式是非常重要的。策划人需要的思维方式主要有以下七种。

一、直觉反应法

直觉和顿悟不同,直觉是对事物有一定时间的认知、思考和经验后,形成的某种前瞻性预感;顿悟则是长期信息碰撞的瞬间灵感释放。策划人拥有这种对事物前瞻性的预感,对成功的策划非常有帮助。委托人向策划人讲了准备进行的活动后,策划人凭"直觉反应"判断此事的可行性。直觉反应法是指策划人在充分了解产品、市场、消费群体的有关信息后,进行综合分析与思考,通过高度想象力,形成策划思路的方法。这种方法一方面需要策划人有长期的前提准备工作,对相关背景资料熟悉,通过思绪的积累,自然爆发出来;另一方面要求策划人必须具备一定的策划功底和深厚的专业知识。

二、换位思考法

换位思考法就是指策划人站在他人的角度来考虑同一个问题可能产生的结果。通过这种方法,策划人可以使得策划方案容易被各个方面接受,减少阻力,并产生创意。

三、逆向思考法

逆向思考法是一种反常规的思考方法,其思维行进的方向是逆向的。常人习惯顺着事态的正面去思考问题,而策划人则要善于从事物的反面发现问题,寻找解决问题的根本。这种"思维倒转"不仅改变了人们思考问题的固定方式,而且还为人们看问题、想问题提供了一个全新的角度,从而使许多看似不可能的事情得以实现。从反对面、对立面提出问题,思考问题,形成逆流而动的思路,有利于创意的产生。要掌握好逆向思考法,策划人需要在以下两个方面多加注意。

（一）要养成逆向思考的习惯

由于思维定势的影响，人们总是习惯从固定的角度看问题。要想克服这点，我们必须通过有意识的训练。

（二）要学会从最不可能中寻找解决方案

"最危险的地方也是最安全的地方"，就是逆向思考的一种体现。从最不可能的情况中寻求可能，是逆向思考法的要旨所在。

四、头脑风暴法

头脑风暴法又称集体思考法或智力激励法。头脑风暴法一般指采用会议的形式，把策划团队的人员或是专业人员召集在一起，以公开讨论的方式征询大家意见的方法。在这个过程中，主持人将讨论者对历史资料的解释以及对未来的分析，有条理地组织起来，最终由策划者做出统一的结论。然后在这个基础上，找出各种问题的症结所在，提出针对具体项目的策划思路。这种方法由于提供信息量大，充满思想火花和智慧的光芒，在策划思路上可以突破单个策划人的局限，对形成高质量的策划方案至关重要。

五、组合信息法

组合信息法是把各种信息进行分类组合，找到相通之处，再进行总结分析。信息组合可以帮助策划人强化或者否定某些判断，也可以带来新的创意。要运用好组合信息法，策划人要注意以下几个方面的问题。

（一）考虑能否进行组合

信息的组合有多种多样，但并非所有的信息组合都是有效的组合，策划人需要充分考虑各个信息要素是否具备有效的组合条件。

（二）对组合方式与过程优化

组合的过程要依据一定的规则，如果失去了规则，那么组合的过程就会变得杂乱无章。同时，组合的方式有很多种，不同的组合方式会带来不同的组合结果，优化组织方式有利于增强信息组合的有效性。

六、潜意识思考法

潜意识是人的深层意识,从心理学角度讲,是人对未知事物的朦胧状态,是人精神和心理对生存世界和未知世界的模糊感觉,要进入潜意识状态去思考,必须首先做到身心宁静,再闭目冥想。策划人在接受委托项目之后,进入研究和冥思苦想状态,但又苦于在某些关键点上没有突破。在这种情况下,策划人要进行精神放松,让自己的潜意识来思考。

七、类比思考法

类比思考法主要是指通过对两种或两种以上的客体进行比较而获得创造性设想的一种方法。相比较的两种客体既可以是同类的,也可以是不同类的。通过比较,找出两种事物的类似之处,然后再据此推出它们在其他地方的类似之处。对于策划人来说,这是一种重要的思考方法。

类比思考法的具体方法有多种,具有代表性的有四种,即直接类比法、综合类比法、象征类比法和因果类比法。

(一) 直接类比法

直接类比法是在两事物之间直接建立联系的类比方法。

(二) 综合类比法

综合类比法是在策划客体本质属性非常复杂的情况下而使用的一种类比方法。

(三) 象征类比法

象征类比法是用一种具体事物来表示某种抽象概念或思想感情的思考方法。

(四) 因果类比法

因果类比法是从已知事物因果关系同未知事物因果关系的相似处出发,寻求未知事物的思考方法。

类比思考法的具体方法有多种,但是,无论采用哪一种具体方法,策划人一方面要确定类比点,找准和把握类比点是采用类比思考法的前提,在此前提下,策划人才能够有效运用类比思考法;另一方面要充分利用联想与想象,有了联想,才能由此事物联想到彼事物，有了想象，才能产生对比照事物的模仿。

第二节 策划人的思维特征

作为策划人必须有科学的思维方式，其特征就是系统性、发散性和动态性。

一、系统性

思维的系统性，要求策划人要有丰富的专业知识和综合知识，而且善于把各种原有的知识或事物信息进行前人不曾有过的组合。系统组合是产生策划灵感的重要因素，一旦这种组合成功，往往会产生出人意料，甚至化腐朽为神奇的效果。

> ✱ 小资料
>
> **变废为宝**
>
> 美国曾进行过一次对自由女神像的大修，修复工程完成后产生了200吨的建筑垃圾。州政府想向海洋倾倒或平地深埋，又都认为不妥，或者费用较大或者污染环境。于是州政府刊登告示，愿意出50万美金悬赏能妥善处理此垃圾者，条件是不能有任何对环境的污染或危害。告示公布后被一位总觉得"怀才不遇"的市民看到，他的潜意识告诉他机会真的来了。他揣着告示到现场转了一圈后，印证了自己原来的某种奇妙的组合、联想。于是他找到州政府，承诺按要求处理这些垃圾，并要来50万美元注册公司。之后他找到一家铸币公司，让这家公司将垃圾中的铜拉走，并铸成自由女神纪念币，拉走多少送回多少；将垃圾中的铅，找公司制成尺子并在背面刻自由女神像；将垃圾中的水泥块，找公司做成小自由女神纪念碑；木头制成自由女神雕像；最后剩下的渣土，请一家公司拉走，分装在制作精美的塑料盒内，扎上彩带，盒上印上金字"自由女神的血肉之躯"。然后，注册的公司就在自由女神像附近销售这些纪念品。不出三个月，所有纪念品销售一空。这位策划者扣除成本净赚200多万美元。正是这种独到而系统的眼光，使他终于跻身于百万富翁的行列。

二、发散性

发散性，就要求思维没有框框，呈发散状，在某一点上延伸；善于在"不经意"

的信息浏览中积累有用的策划素材。策划人应该从整体、从战略、从全局上运用发散思维。要有创意，策划人就应该跳出具体的操作性的层面，以一种发散的思路去考虑问题。策划首先介入的是大势分析，而大势分析是立足于综合分析、区域分析基础上的，综合分析不是单纯的经济、技术分析，而是糅合了区域文化板块的文化、政治、自然等诸多因素，从宏观到微观，思维很发散。

> ✱ 小资料
>
> **一次性筷子怎么变成畅销品**
>
> 由于生产一次性筷子的厂家较多，一次性筷子出现了滞销的局面。某生产一次性筷子的厂家为了摆脱困境，决定找专门的策划人士来解决问题。一家策划公司承接了该项目。其中一位策划人无意中在翻看一本杂志时，了解到日本公司的员工经常忙昏了头，甚至弄不清今天是星期几。能不能将筷子和星期日期联系起来？经过调查和论证，最终的方案是：厂家找一家有外贸出口权的企业代理其产品向日本出口，只是要在产品的套封上分别用日文印上星期一至星期五，并在外包装印有厂家的电话号码。按照星期日期，星期一发放印有星期一的筷子，星期二发放印有星期二的筷子，以此类推。有了这种筷子，员工在中午吃饭时可以澄清一下当天是星期几，员工和公司都觉得不错，结果，这种产品由滞销产品变成了畅销产品。

三、动态性

变是绝对的，不变是相对的，任何事物都是处于动态变化之中。思维的动态性就是要求策划人进行策划时要能够随机应变。《孙子兵法》中"故兵无常势，水无常形，能因敌变化而取胜者，谓之神"这段话形象地说明在战争策划中主帅思维方式不能固定，思维不能僵化，必须保持灵活、动态。策划方案在制订和执行时面临的环境是动态的，所以策划方案也不是一成不变的，策划人要根据形势的变化而不断地进行调整。

第三节　策划人应有的思维品质

一、策划人应该有的专业眼光

我们要实现的目的也就是我们创意和策划针对的靶心，它是策划人和创意人观察事物时的一个出发点和归属点。有了整个靶心，为了实现目的，接下来一般会有个"整—分—合"的方法和步骤：第一步：分解的眼光；第二步：折射的眼光；第三步：关联的眼光。

（一）分解的眼光

分解的眼光，就是在目标确定以后，要对你面对的世界用离散的方法进行认识，把整体分解为可以操作的个体。在策划的开始，你面对的是整个内在和外在的环境。分解的眼光就是把这个面临的整体环境，分割成简单的可以操作和应用的个体，从这些局部的个体事物中寻找到自己所需要的要素和资源，这是一个"整—分"的过程。在策划人的眼中，要把连续的世界离散化。要养成把你看到的连续的情景分割成要素和资源的习惯，只有这样你才可以改变、增加、减少、替代、颠倒、重组这些要素和资源。

（二）折射的眼光

在寻找到资源以后，我们首先要明白，资源是由要素构成的，我们对资源的应用其实就是对要素的应用，而我们对要素的应用实质就是对要素所具有的属性的应用。

从不同的属性出发来对同一个事物进行观察，就像棱镜把一束白光折射出赤橙黄绿青蓝紫一样能产生神奇的效果。资源在通过策划人的眼光后就应该折射出更多的属性，因为你从同一件事物上挖掘的属性越多，你对资源应用的方法就有可能越多。"钻石恒久远，一颗永流传"，这句众口称赞广为流传的广告词，就是对钻石的恒久属性的挖掘和应用。所以，怎样从面对的资源中挖掘和应用尽可能多的属性，就是策划人的一项最基本的功力。例如，"五粮春"的广告语："她系出名门，丽质天成，美韵悠远，绝无奢华，名门之秀五粮春！"这样完美的创意，也是在用折射的眼光来研究自己的产品，也是来自对产品的多个属性的充分的挖掘和艺术的表达。她系出名门——是从她的厂商实力和背景来讲的；丽质天成——是从她的内在的精选的五粮原料来讲的；美韵悠远——是从她的口感和饮用效果来讲的；绝无奢华——是从她的品质和特点来讲的。

正是创意人对"五粮春"身上折射出的多种属性的挖掘，并且把这多种属性和一位尊贵不凡、雍容高雅的名门之秀天衣无缝地结合起来，使这则广告具有了极强的感染力和说服力。

（三）关联的眼光

分割和折射是手段而不是目的，都是为我们实现目的创造条件，最终我们要把这些折射出的属性，重新关联在一起来实现我们的目的。我们常常听到的一句话，即透过现象看本质，更确切地说就是透过现象看关联。

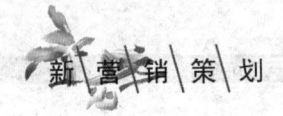

最后，对用分解的眼光、折射的眼光、关联的眼光来看待问题和解决问题的过程，我们可以总结为：首先把一个整体分割成部分，接下来研究这个部分的多种属性，最后通过属性之间的关联性，重新把要素和资源关联成一个可以实现目的的有机体。

二、策划人应有的思维工具

策划以策划人为活动中心，而策划人以自己的思维作为工具。策划人所有的创意思维都是在考虑怎样把两件事情联系在一起，所有思维工具实质也是建立事物和事物之间关联的工具。同样，这种工具应用的基础，就是事物和事物之间属性的关联性。最常用的三种关联工具就是联想、转化和推断。

（一）联想法

联想是由一事物想到另一事物的心理过程，由当前事物回忆过去事物或展望未来事物，由此一事物想到彼一事物。比如，从橘子，可以联想到橘子汁，可以联想到饮料，可以联想到蒙牛牛奶，可以联想到广告中的航天员专用牛奶，可以联想到航天人杨利伟。

（二）转化法

穷则变，变则通。在山重水复疑无路的时候我们可以通过转化来看到柳暗花明又一村。脑白金是什么？是保健品，但脑白金卖点是什么？脑白金卖点是礼品而不是保健品。

> **※ 小资料**
>
> **关于脑白金**
>
> 　　曾几何时，在保健品企业的神话一个个破灭后，人们开始了对保健品的质疑。因为消费者在付出巨大的消费代价之后，终于学得聪明和理性起来。可以说，保健品的概念已经被卖烂，而要在此路不通的时候杀出一条血路，这就要借助转化的工具来实现。睡眠问题一直是困扰中老年的难题，因失眠而睡眠不足的人比比皆是。有资料统计，国内至少有70%的妇女存在睡眠不足现象，90%的老年人经常睡不好觉，"睡眠"市场如此之大，但是脑白金单靠一个"睡眠"保健概念要撬动市场，恐怕没有那么容易。
>
> 　　所以，脑白金第一个把自己明确地定位为"礼品"——以礼品定位引领消费潮流。至于效果，大家有目共睹。转化就是这样的工具。在解决问题受阻的情况下，借助它们之间可以转化的属性，把一个解决起来比较困难的问题，转化为一个比较简单的问题，这就容易另辟蹊径地解决问题。

（三）推断法

《吕氏春秋》中说："有道之士，贵以近求远，以今知古，以所见知所不见。故审堂下之日月，而知日月之行，阴阳之变。见瓶水之冰，而知天下之寒，鱼鳖之藏也。"而有道之士凭借的也就是我们要讲的推断的工具。所以我们可以把推断的工具总结为：已知＋规则＝未知。

三、策划人应有的时空观念

对于策划者来说，时间和空间是决策时的一个重要的变量。策划在时间上的重要性常常表现在策划时机的重要性上。时间和空间是事物的一种极其重要的属性，同一样事物，在赋予不同时间和空间的属性后，就具有了不同的性质。在朝鲜战争结束后，美国参谋长联席会议主席不得不这样感叹道："那是一场在错误地点和错误的时间同错误的敌人所进行的一场错误的战争。"

当年，贵州小糊涂仙酒借助贵州茅台镇出产名酒的地域上的属性，打出"茅台镇传世佳酿"的旗号，通过这样的借势"茅台"的作用，小糊涂仙提高了身价。因此，什么时间，什么地点，这是一件事物很重要的两个属性。不同的时间和空间就好像是不同颜色的涂料，即使涂抹在相同的事物上，也可以改变原先事物的属性。因此，对于策划者来说，不要自己给自己设置禁区，要勇于破壳而出——突破这一个束缚的壳，让自己的思维和整个宇宙一样宽广。这样，策划人就可以不仅在时间维度上来扩展性地考虑问题，而且可以在空间的维度上来扩展性地考虑问题。

> ✻ 小资料
>
> ### 关于PC机
>
> 30多年前，心怀天才构想的年青人向戈登·摩尔兜售PC机理念，并邀请Intel提供8080微处理器，来合作创造这一具有历史意义的"新需求"，但遭到了这位计算机业内专家的拒绝。因为在摩尔询问PC机未来的可能用途是什么的时候，这位年轻人的回答是："也许能帮助家庭主妇记录菜谱。"但是，今天我们无法想象，没有PC机我们的生活将是什么样子。这说明：随着时间和空间的变化，事物的用途和属性也会跟着变化，这其中蕴涵着无数的商机。

第四节 策划人的创意思维

一、策划人应有的创意思维

一个好的策划离不开好的创意,甚至可以说没有好的创意就没有好的策划。创意是策划过程中策划者智慧的体现,所以它也是每一个策划人都孜孜以求的目标。

(一) 创意的来源

创意是创造性思维过程的结晶,它主要来源于以下几个方面:

1. 创意来源于生活。日常生活,是创意的最主要来源,丰富多彩的生活,为创意提供了大量的有价值的素材。同时,创意的产生也是为了满足实际的需要,只有贴近生活,人们才能更好地接受这些新奇的想法或点子。

2. 创意来源于幻想。创意的产生,很大程度上也是来源于人们的幻想。人类正是有了像鸟儿一样在天空自由飞翔的幻想,才有了飞机的发明。很多看似不可能的事情,正是由于大胆的想象,才逐步变成了现实。所以,要想获得好的创意,必须重视幻想的作用。

3. 创意来源于兴趣。兴趣对于创意的形成有着重要影响,如果我们对某个事物丝毫不感兴趣,就不会有动力认识它、研究它,创意灵感就无法出现。

4. 创意来源于积累。树上掉落的苹果砸到牛顿,这个事件启发他发现了万有引力定律。而有过类似被苹果砸到的人有成千上万,只有牛顿发现了万有引力定律,为什么?因为灵感的获得也许只是一瞬间的事情,而在灵感到来之前却需要有大量的知识经验的积累,需要有大量的思考和准备过程来铺垫。没有知识和经验的积累,创意的灵感就成了无源之水、无本之木。

(二) 创意开发的两种主要途径

1. 从产品的角度来挖掘创意的灵感。产品是策划的客体,深刻了解产品是产生创新的基础。比如,雕牌洗洁精的广告创意"让盘子唱歌的洗洁精,就是好的洗洁精",虽然看似简单的一句话,但如果没有对自己产品精确和深刻的了解,是不可能有这样具有说服力的创意的。

2. 从受众的角度来挖掘创意的灵感。创意是能够打动受众的创意。所以,要获得不凡的创意,就要深刻地了解受众的需求,然后通过资源和要素所具有的属性来满足消费者的需求。

> ❋ 小资料
>
> ### "白加黑"的创意
>
> 　　1995年,中国的感冒药市场已经呈现高度同质化的状态。当时市场上,康泰克、丽珠、三九等凭借强大的广告攻势,已经占有了自己的一席之地。而当时盖天力公司是一个实力一般的药厂。如何在竞争激烈的市场竞争中站稳脚根?该公司针对一般感冒药的缺点,提出了自己独特的功效卖点:"白天服白片,不瞌睡;晚上服黑片,睡得香。"这样就消除了一般感冒药的副作用,迎合了消费者的需求。借助这样有的放矢的创意,使该公司产品在市场中脱颖而出。"白加黑"在市场的震撼,成为中国大陆营销传播史上的奇迹。

(三)创意思维的培养

1. 善于观察、体验和深入生活。生活是创意的来源之一。通过对现实生活的仔细观察和深刻体验,策划人的观察能力和感悟能力不仅可以得到提高,而且策划人还可以学会从多角度认识问题和分析问题。因此,策划人要培养创意思维,就必须从日常生活入手,学会善于观察、体验和深入生活。

2. 培养广泛的兴趣。兴趣对于创造性思维的形成与拓展具有重要的影响。因为有了兴趣,人们才会对问题进行关注、思考、探索与发现,才会有创意的产生。因此,培养广泛的兴趣,对于策划人创意思维素质与能力的提高有很大的帮助。

3. 知识的储备与积累。离开知识的储备与积累,创意就成了无源之水、无本之木。因此,策划人要注意对知识的广泛涉猎和积累,不仅要学习与策划相关的知识,还要注意积累其他领域内的知识。只有具备丰厚的知识储备和积累,策划人员才能够更好地进行策划与创意活动。

 思考与实习

一、思考题

1. 谈谈策划人应有哪些策划方法。
2. 策划人的思维特征有哪些?
3. 策划人应该具备哪些思维品质?

4. 熟悉策划人的常用类比方法类型,并以典型策划实务个案加以详细分析说明。

5. 策划人有哪些思维的工具?

6. 策划人创意主要源于哪些方面?

二、实习项目

选择三家咨询公司,对这三家咨询公司做下列问题的资料性考察(如果有条件的话,可以深入了解、访谈),并写出报告(包括比较、综合和总结):

(1) 该咨询公司专职策划人有多少?其学历水平如何?专业分布如何?

(2) 该咨询公司成功的策划方案有哪些?这些策划方案创意的形成过程如何?

(3) 该咨询公司策划人认为策划人应具备什么样的思维品质?

(4) 了解该咨询公司各策划人各自思考问题时

——喜欢或熟悉的方式;

——通常的习惯;

——使用逆反思维多不多;

——头脑风暴法(集体思考法)的效果如何;

——当创意被否定后如何办。

【精彩个案】

叶茂中:我就是一匹狼

一、策划奇才叶茂中

一顶黑色棒球帽,在营销策划界,这是叶茂中独一无二的标志。但叶茂中真正被人们记住的,却是他那一次次引起市场轰动的绝妙策划。

1997—2000 年中国企业十大策划家,2001 年中国营销十大风云人物,2002 年中国策划十大风云人物及中国广告十大风云人物,2003 年中国十大广告公司经理人,2004 年入选影响中国营销进程的 25 位风云人物,2005 年中国十大营销专家,2006 年中国广告 25 年突出贡献大奖……这些荣誉记录着叶茂中走向辉煌的历程。

叶茂中喜欢狼,因为狼是唯一一种在高速奔跑中还在思考的动物,而叶茂中也善于在前进中思考。叶茂中的狼性,让他始终能保持敏锐的嗅觉,快速出击,而且每次进攻都同样凶狠。正因为如此,叶茂中的案例中,常常可以找到两个字"奇迹":红金龙、大红鹰、圣象地板、中华英才网、金六福酒、柒牌男装、雅客V9、361°运动鞋、真功夫快餐……

二、叶茂中做事态度——狼的凶狠

要做狼,首先就是要"狠"。"男人就应该对自己狠一点",这是叶茂中的口头禅,同时也是他的人生格言。叶茂中是一个没有周末的人,他一刻不停地工作、思考,像狼一样冲锋陷阵,富有牺牲精神,不断创造,从不让自己休息。

叶茂中策划团队是一支由150名策划创作精英组成的团队,叶茂中对自己狠,对自己的员工也狠。一个创意没有做出来,就关在屋子里几天几夜,直到做出来为止。叶茂中一直认为:"对自己残酷一点,客户就会对你好一点,对自己好一点,客户就会对你残酷一点;如果你想做好策划,日子肯定不好过,没有一个好作品是很容易就做出来的。"

叶茂中的这股凶狠体现在方方面面,对于自己曾经做过的营销策划,叶茂中选择用"凶狠"来评价,他要求公司的营销创意必须凶狠,这样才能直达人心,击垮对手。

三、叶茂中眼中的争议——狼的孤傲

狼是一种孤傲的动物,叶茂中也是,无论别人如何去评价他,叶茂中始终我行我素,对事情有自己独特的理解和做事原则。这也让他始终处在"争议"中。

四、叶茂中的理念——狼的智慧

这种与众不同、特立独行的性格,让叶茂中从不盲从任何权威,对于营销策划,他有很多独到的理论和见解。叶茂中崇尚狼出击的战术,狼擅长从人们意想不到的地方开始攻击,叶茂中也擅长从不同的视角看问题。

叶茂中提倡"横向营销思维"。他认为,由于纵向营销已经在许多行业运用到了极限,其表现就是很多行业的产品已经细分到了极限状态;同时原有的市场经不起再细分了,因此就有了横向营销思维——打破产品类别界限、打破产品功能界限、打破目标消费群界限、打破营销组合方式界限等等。在具体的打破方法上,横向营销提供了替代、反转、夸张、换序等工具。

基于这套创新的思想,叶茂中策划机构作出了多个令人印象深刻的成功案例。柒牌中华立领运用反转思维,西服原本是舶来品,叶茂中在为其做策划时反其道而行之,赋予它传统中装的特色,形成了独特的中华立领西服,结果他卖得火爆;雅客V9也是横向营销的运用结果,通过组合糖果与维生素两个概念,于是一种全新的维生素糖果品类诞生了,雅客V9超越了糖果的竞争,在维生素与糖果之间创造了另一个空间市场;莱茵阳光的策划中,叶茂中作出了运动地板的概念,将可以舒筋活血的鹅卵石和地板进行嫁接,新产品一进入市场就销售火爆,短短一年时间,莱茵阳光就在2000多个强化地板品牌中排名第四了。

五、叶茂中的思想——狼性思想

在作为营销策划人的近20年里,叶茂中一直在积极推动着中国的整合营销传播思想的发展。他用活泼诙谐的语言,把自己在市场第一线的感悟以及无数实战的经验凝聚成一笔财富,让更多的人分享。同时,他还是一名学者,是清华大学特聘教授。在讲台上,他幽默机智的语言风格、精辟实用的理论观点让每一个在场的企业家和高校学子兴奋不已。

回顾叶茂中策划的所有案例,对照中国本土营销咨询策划的发展,他是浓墨重彩的一笔,当年国内营销策划还处在"点子"的时候,他已经为中国的营销咨询和策划传播开启了一扇大门。

资料来源:《叶茂中策划》下卷,机械工业出版社2007年版,第261~271页。

第三编 营销策划实务

战略策划

战术策划

广告策划

创意策划

第七章 战略策划

重要提点
- 市场定位策划的步骤、类型、方法
- 市场竞争中的策划对手分析、识别、对策
- 企业形象策划的具体操作
- 品牌形象策划的程序、策略

【导读】市场营销战略策划,是企业最高管理层根据企业宗旨和对企业内外部环境的分析,确定企业的总任务和发展方向,组织企业的人、财、物资源,为实现企业营销的总体目标而进行设计、选择、实施等活动的谋划。战略策划具有总体性、指导性、长远性和创新性的特点,具体包括市场定位策划、市场竞争策划、企业形象策划和品牌形象策划四项内容。

第一节 市场定位策划

一、市场细分的概念和作用

(一) 市场细分的概念

营销活动的实践使人们发现了这样一个事实：无论哪一家企业都不能独自满足市场上的所有需求，而只能满足其中的一部分。成功经营不在于满足部分的大小，而取决于选择得是否准确、恰当。由于市场需求的广泛性和复杂性，就使得市场细分成了企业正确选择服务对象的前提。

所谓市场细分，就是从市场上各类需求的差异性出发，用一定的标准划分出不同的消费者群，并依此把一个整体市场分割为若干个子市场的过程。如以年龄做标准细分服装市场。

市场细分是市场营销实践的总结，这一概念最早于 20 世纪 50 年代中期由美国经济学家温德尔·斯密（Wendel Smith）提出，其形成大致经历了以下阶段：

1. 大量营销阶段。企业普遍采取的是单一产品策略，即面对所有顾客，大量生产、销售单一产品，以一种产品吸引广大消费者。如美国可口可乐公司曾长期只生产一种口味、一种容器包装的可乐，并试图使这种饮料成为男女老少人人喜爱的产品。大批量市场营销可大大降低生产成本和费用，便于产品制订较低的价格，从而创造最大的潜在市场，获得丰厚的利润。

2. 差异化市场营销阶段。企业实行产品差异市场营销，即生产经营规格型号、外观、质量、式样等不同的产品，以吸引更多的消费者。

3. 目标市场营销阶段。20 世纪 50 年代后，西方发达国家科学技术飞速发展，生产水平大幅度提高，人们的生活水平明显改善，市场的供求关系发生了质的变化：由原来传统的卖方市场变成了买方市场。面对新的形势，一些企业用"市场营销观念"取代了陈旧的"销售观念"，开始重视研究异质市场消费者的不同需求，实行目标市场营销，以增强企业的竞争能力，维持生存和发展，即在分清众多消费者需求间差别的基础上，将整体市场分割为若干个子市场，然后选择其中的一部分作为服务对象，进行市场定位，通过市场营销组合，最大限度地适应和满足目标顾客的需要。

> **✱ 小资料**
>
> **宝洁公司的产品市场细分**
>
> 宝洁公司（P&G）作为美国著名的化妆品制造企业，早在20世纪80年代就开始进入中国市场，并在护肤及卫生用品市场展开了一系列成功的市场细分和定位策略。而国内同一领域的企业往往是希望通过同样品牌的少数几个品种来满足所有的市场需求。在80年代初，宝洁公司针对当时中国消费者头皮屑患者较多的现象，敏锐地觉察到这一细分市场，因而率先推出具有去头屑功能的"海飞丝"洗发水，这一产品在市场上获得了巨大成功，并且成为当时时尚的消费品。其后，宝洁公司又针对城市女性推出了"玉兰油"系列护肤品。除以上品牌之外，宝洁公司陆续推出了针对不同细分市场的多个品牌的护肤及洗涤卫生用品，如"飘柔"洗发护发二合一，既方便又有利于头发飘逸柔顺；"潘婷"则含有维他命原B5，可以令头发健康而亮泽。这一系列产品定位鲜明、细分市场明确的战略，在宝洁公司的发展和壮大过程中起了决定性的作用。
>
> 资料来源：屈云波、高媛编著：《市场细分》，企业管理出版社1999年版。

（二）市场细分的作用

1. 有利于发现市场机会。市场机会是市场上客观存在的未被满足的消费需求。通过市场细分，企业可以了解各种不同消费者的需求情况和满足程度，发现哪些需求没有得到满足，进而结合企业资源条件，开发出相应的产品，迅速占领这一市场。例如，20世纪60年代日本钟表业通过调查发现，美国手表市场有三类不同消费者群：23%的消费者对手表的要求是一般计时，价格低廉；46%的消费者要求计时基本准确、耐用、价格适用；31%的消费者要求手表名贵，计时准确，这类消费者购买手表往往用来作为贵重礼物赠送他人。美国的钟表厂商和瑞士手表厂商一向注目于第三类消费者，着重经营名牌手表。这样，第一类和第二类近70%的消费者的需求便得不到较好的满足。发现这个市场机会后，日本钟表厂商迅速打进这两个细分市场，尤其是日本精工电子表，由于款式新颖，售价便宜，并提供方便的免费保修，很快在美国手表市场上取得了较高的占有率。

市场细分对中小企业是有特殊意义的。中小型企业资源薄弱，实力有限，在整体市场或较大的市场上往往难以与大企业竞争。但通过市场细分，可以找到大企业顾及不到或无力顾及的"空白市场"，然后"见缝插针"、"拾遗补缺"，集中力量去加以经营，就会变整体劣势为局部优势，同样可在激烈的市场竞争中占有一席之地。

2. 有利于掌握目标市场的特点。企业营销策略的选择，营销方法和手段的运用，都要依据目标市场的特点来决定。而目标市场的特殊性只有通过市场细分，才能充分暴露和揭示。

3. 有利于提高企业的竞争能力。任何企业都有自己的优势和劣势，成功经营的关键是充分发挥优势，有效避开劣势。市场细分为企业提供了这一可能。在市场细分的基础上，企业可根据自己的条件选择最合适的目标市场，就能做到扬长避短，在竞争中赢得优势。

二、市场细分原理

（一）市场细分的客观基础

1. 消费者需求的差异性。由于消费者需求千差万别和不断变化，使得消费者需要的满足呈现差异性。人们的需求偏好可分为三种模式。

（1）同质偏好型。即市场上的所有消费者有大致相同的偏好。

（2）分散偏好型。即市场上的消费者对产品的不同属性要求非常分散，差别十分显著。

（3）集群偏好型。即市场上的消费者对产品的不同属性形成群组偏好，同一群组内需求接近，不同群组间需求差异较大。

在同质偏好情况下，企业可推出一种产品去满足消费需求，而在分散偏好和集群偏好的情况下，要求提供不同的产品，才能使不同的需求得到满足。在实际生活中，同质偏好的情形很少，并且一些原来的同质偏好市场，随着时间的推移，也会逐渐向异质市场演变。因此，总的来说，只要存在两个以上的顾客，市场需求就会有所不同。

2. 企业资源的有限性。企业规模再大，也不可能拥有人力、财力、物力、信息等一切资源，不可能向市场提供所有产品，满足市场上所有的消费需求。这就要求从中选择一部分作为服务对象，以利于发挥自己的经营优势。

（二）市场细分的标准

1. 消费者市场细分标准。市场细分标准，实际上是导致消费者需求出现异质性、多样化的因素。概括起来主要有以下几个方面：

（1）地理环境因素。即按照消费者所处的地理位置、自然环境来细分市场。具体变量包括国家、地区、城市规模、不同地区的气候及人口密度等。处于不同地理位置的消费者，对同一类产品往往呈现出差别较大的需求特征，对企业营销组合的反应也存在较大的差别。例如，居住在高寒地带的人们对棉衣棉裤有强烈需求，而居住在炎热地带的人们对此则毫无需求。

(2) 人口因素。即按照人口的有关变量来细分市场。具体包括年龄、婚姻、职业、性别、收入、受教育程度、家庭生命周期、国籍、民族、宗教、社会阶层等。例如，根据年龄不同，将服装市场分为老人服装市场、中青年服装市场、儿童服装市场等。

(3) 心理因素。即按照消费者的心理特征细分市场。主要包括个性、购买动机、价值观念、生活格调、利益等变量。如国外的服装制造商根据生活格调标准将服务对象分为"简朴的妇女"、"时髦的妇女"、"有男子气的妇女"等类型，并依此设计出不同的服装。

(4) 行为因素。即按照消费者的购买行为细分市场，主要有消费者进入市场的程度、使用频率、偏好程度等变量。如按照进入市场的程度，通常可将消费者划分为常规消费者、初次消费者和潜在消费者；按照使用频率，可将消费者划分为大量用户和少量用户；按照偏好程度，可将消费者划分为绝对品牌忠诚者、多品牌忠诚者、变换型品牌忠诚者和非品牌忠诚者。

> ❋ 小资料
>
> ### "酷儿"的问世
>
> 1999年，"酷儿"在日本研制成功；2001年成为可口可乐的第三品牌，同年10月，"酷儿"在台湾上市，表现不俗。2002年元旦前后，"酷儿"在河南上市，迅速铺开。这已经不是一个胜者通吃的时代，尤其是在竞争多元化的成熟市场，不可能处处都赢得头彩，而此时制胜的最佳方式，就是对市场进行有效地细分，争做细分市场的领导品牌，成了精明商家迅速胜出的不二法门，这一点，"酷儿"做到了。统一推出"鲜橙多"引起饮料大战以后，很多先入为主的果汁饮料品牌，都没有以儿童作为品牌的切入口。鲜橙多的"多喝多漂亮"、娃哈哈的"我喝我的果汁"，都有效地针对女性市场进行了划分，而果汁龙头品牌汇源的"喝汇源果汁，走健康之路"的大网捕鱼市场运作，离儿童市场已是渐行渐远。一年多时间没有品牌杀入儿童果汁饮料市场，给"酷儿"留下了一个绝好的机会，一方面，有着国际品牌运作经验及成熟的市场操作手法；另一方面，果汁饮料市场，也恰恰给"酷儿"留下了这样一个空缺，所以，"酷儿"依其市场细分策略，有效针对儿童市场，从"真空"地带切入果汁饮料行业，迅速风行，乃是顺理成章的事。"酷儿"在中国市场，细分的目标群体是6~14岁的儿童，从当时果汁饮料的竞争态势来看，大部分品牌都把目光集中在了女性、漂亮及个性化方面。所以"酷儿"一出，其品牌形象与渠道通路等方面，一下子就跳脱于激烈的竞争，形成了鲜明的形象，尤其是"酷"形成了鲜明的对比元素，与其他品牌拉开了

> 竞争的距离，亲近了目标消费者。从营销战略上来讲，科学的市场细分再细分，是"酷儿"成功的基础；相反，如果"酷儿"上市，不是进行有效的市场细分进入儿童市场，而是杀入大家都在争的"漂亮、美丽"等偏重女性的个性市场，未必能打得过先入为主的"鲜橙多"，也就谈不上什么优势了。尽管目前的果汁饮料行业的竞争已经非常激烈，但在市场细分方面，除了"酷儿"之外，其他品牌做得并不是很多，虽然"鲜橙多"提出了"多喝多漂亮"，但具体针对哪部分消费者，还比较感性，而在与目标消费者的沟通技术上，也没有更多的精彩出现，而对细分市场最不注重的汇源一网打天下的营销策略，就更显落后了。
>
> 资料来源：肖志营：《细分，细分，再细分——"酷儿"的营销战略分析》，有增删，全球品牌网2004年11月29日。

2. 产业市场细分标准。包括最终用户标准，顾客规模标准和其他标准。

（1）最终用户标准。根据最终对产品的使用去向细分市场。如轮胎厂将整体市场划分为飞机用轮胎、汽车用轮胎、自行车用轮胎。显然，飞机轮胎安全系数远高于汽车轮胎，而汽车轮胎安全系数又大大高于自行车轮胎。

（2）顾客规模标准。根据顾客规模，将市场划分为大客户、中等客户、小客户。一般对大客户，都由企业客户经理亲自负责业务联系；而对中小客户，其业务联系则由外勤推销人员负责。

（3）其他标准。如技术要求标准、地理位置标准、产品服务标准等。

需要指出，由于市场需求的复杂性和多变性，决定了无论是消费者市场细分，还是产业市场细分，仅凭某单一标准就能达到目的的情形是很少见的，往往需要将几个因素同时考虑才能成功。

（三）市场细分的原则

并非所有的市场细分都是有效的。在实际工作中，只有符合以下原则的市场细分才是合理、有效的：

1. 可区分性。即细分后不同子市场间在需求上有显著区别，据此企业可制订不同的营销策略。

2. 可衡量性。即细分后各子市场的购买力能够被测量。如果做不到这一点，即企业无法利用这一市场，那么市场细分也就失去了意义。

3. 可进入性。企业有能力进入细分后的市场。如果细分后，哪一个子市场企业都无法进入，意味着市场细分的失败。

4. 可赢利性。细分后的子市场有足够的需求量且有一定的发展潜力，保证企业获得长期稳定的利润，否则这种细分也是没有价值的。

（四）市场细分策划的程序

对一个整体市场来说，其细分过程大致要经过以下六个步骤才能完成。

第一步：确定整体市场。即依据企业的资源、能力和优势，在综合分析的基础上，确定进入什么性质的市场，这是市场细分的前提。

第二步：列出潜在顾客的需求。在深入调查研究的基础上，把整体市场范围内消费者需求尽可能全面、详尽地列举出来。

第三步：初步细分。根据所选择的市场细分标准，运用求同存异方法，将大致相同的市场需求分别划归为同一类别，从而把整体市场分割成若干个部分——子市场。

第四步：命名。针对市场细分后不同市场需求的主要特点，用尽量形象化和简洁的文字给各子市场冠一个名称，以便于分析、考察和利用。

第五步：复查。对初步细分结果作进一步检查、分析，对不合适的归类进行调整，以优化子市场。

第六步：测量子市场。即测量每个子市场潜在顾客数量，为企业选择目标市场提供依据。

（五）市场细分策划的方法

根据细分时采用因素的多少，市场细分方法可归纳为三类：单一因素法、综合因素法和系列因素法。

1. 单一因素法。就是只用一个因素细分市场的方法。例如，按家庭人口数量，把电饭锅市场分成三个部分，见表 7-1。

表 7-1 单因素市场细分法

子市场 I	子市场 II	子市场 III
1~2 口人	3~4 口人	5 口人以上

2. 综合因素法。即运用两个或两个以上因素进行市场细分。例如，根据消费者年龄、性别和收入，将服装市场分割成 18 个子市场。

3. 系列因素法。系列因素法也是运用两个或两个以上因素细分市场。但它与综合因素法不同的是，依据一定顺序，由粗到细，逐层展开，每下一步的细分，均在上一步选定的子市场中进行，其细分过程，也就是比较、选择目标市场的过程。见图 7-1。

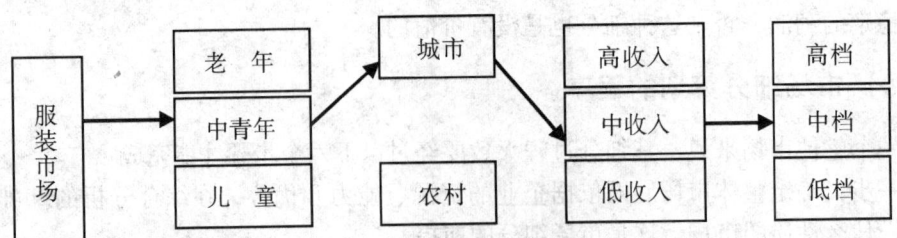

图7-1 系列因素细分市场

从理论上讲,细分市场时使用的因素越多,分得越细,越容易找到市场机会,当然,操作起来也越麻烦,成本越高。所以,在细分某一个具体市场时究竟使用几个因素为好,要通过综合权衡确定,既不是越少越好,也不是越多越好。

三、目标市场策划的涵盖类型

所谓目标市场,就是企业决定要进入的那个市场部分,也就是企业拟投其所好、为之服务的那个顾客群。市场细分的目的,就在于正确选择进入目标市场。目标市场的涵盖战略主要有以下五种类型。

(一)市场集中化

这是一种最简单的目标市场涵盖战略,即企业只选取一个子市场为目标市场,然后集中人、才、物等资源生产单一产品满足其需要。例如某服装厂只生产儿童服装,满足儿童对服装的需要。选择市场集中化战略,一般基于以下考虑:①企业具备在该细分市场从事专业化经营或取胜的优势条件;②限于资金能力,只能经营一个细分市场;③该细分市场中没有竞争对手;④企业准备以此为出发点,待取得成功后再向更多的细分市场扩展。

(二)产品专业化

企业以一种产品向若干个子市场出售。如冰箱生产厂同时向家庭、科研单位、饭店宾馆销售不同容积的冰箱。这种涵盖方式既有利于发挥企业生产、技术潜力,分散经营风险,又可以提高企业声誉。不足之处是,科学技术的发展对企业威胁较大,一旦在这一生产领域出现全新技术,市场需求就会大幅萎缩。

(三) 市场专业化

企业面向某一子市场，以多种产品满足其需要。如一些电器企业，专门生产家用电冰箱、电视机、录像机、洗衣机等，以满足家庭对各种电器的需要。这一涵盖方式可充分利用企业资源，扩大企业影响，分散经营风险。不过，一旦目标顾客购买力下降，或减少购买开支，企业收益就会明显下降。

(四) 选择专业化

即企业选择若干个子市场为目标市场，并分别以不同的产品满足其需要。这实际上是一种多角化经营模式，它可以较好地分散经营风险，有较大的回旋余地，即使某个市场失利，也不会使企业陷入绝境。但它需要具备较强的资源和营销实力。

(五) 市场全面化

企业用一种或多种产品满足市场上各种需要，以达到占领整体市场的目的。其具体方式又可分为如下两种：

1. 无差异市场营销。实行无差异市场营销，就是把整体市场看做一个大的目标市场，不进行细分，用统一的营销组合去加以占领。无差异市场营销战略有以下两种不同的情况：第一，从传统的产品观念出发，强调需求的共性，漠视需求差异，于是，企业为整体市场生产标准化产品，并实行无差异营销战略。第二，企业经过认真的市场调研，发现某一产品的市场需求大致相同，差异很小（比如食盐），在客观上可以采取大致相同的市场营销策略。从这一意义上讲，它符合现代市场营销理念。

采用无差异市场营销战略的最大优点是成本的经济性。产品的大批量经营，会显著降低生产成本，减少促销费用。此外，不进行市场细分，也相应减少了市场调研、产品研制与开发，以及制订多种市场营销战略、战术方案等带来的成本开支。

但是，无差异市场营销对市场上大多数产品是不适宜的。因为一种产品长期受到所有消费者青睐的情况，在现实生活中是不多见的；而且，一旦出现，就会引起众多企业的竞争，就某一个企业来说，要取得理想的经济效益是很难的。

2. 差异市场营销。即从细分后各子市场的需求差异性出发，推出不同的产品，通过不同的渠道，利用多种促销形式，以吸引各种不同的消费者。如日本的狮王化工公司，将产品细分为美容的狮王洁白牙膏、医疗用的狮王力大牙膏、吸烟者用的狮王洁垢牙膏等，并采用不同的营销组合方案，在牙膏市场上创造了很高的市场占用率。

这种战略的最大长处是，可以有针对性地满足具有不同特征的顾客群的需求，提高产品的竞争力。但是，由于产品品种、销售渠道、广告宣传的扩大化与多样化，营销费用会大幅增加。

> ❋ **小资料**
>
> **美国米勒公司营销案**
>
> 　　20世纪60年代末，米勒啤酒公司在美国啤酒业排名第八，市场份额仅为8%，与百威、蓝带等知名品牌相距甚远。为了改变这种现状，米勒公司决定采取积极进攻的市场战略。
>
> 　　他们通过调查发现，若按使用率对啤酒市场进行细分，啤酒饮用者可细分为轻度饮用者和重度饮用者，而前者人数虽多，但饮用量却只有后者的1/8。重度饮用者有着以下特征：多是蓝领阶层；每天看电视3个小时以上；爱好体育运动。
>
> 　　米勒公司决定把目标市场定在重度使用者身上，并果断决定对米勒的"海雷夫"牌啤酒进行重新定位。
>
> 　　重新定位从广告开始。他们首先在电视台特约了一个"米勒天地"的栏目，广告主题变成了"你有多少时间，我们就有多少啤酒"，以吸引那些"啤酒坛子"。广告画面中出现的尽是些激动人心的场面：船员们神情专注地在迷雾中驾驶轮船，年青人骑着摩托冲下陡坡，钻井工人奋力止住井喷，等等。
>
> 　　结果，"海雷夫"的重新定位战略取得了很大的成功。到了1978年，这个牌子的啤酒年销售达2000万箱，仅次AB公司的百威啤酒，在美名列第二。
>
> 　　资料来源：陈培爱：《广告策划》，中国商业出版社1996年版，有删改。

四、目标市场涵盖策划的选择

上述目标市场涵盖战略各有利弊，企业在运用时要考虑以下五个方面的因素恰当地加以选择。

（一）企业资源

如果企业资源雄厚，可以考虑实行差异市场营销；否则，应实行无差异市场营销或集中市场营销。

（二）产品同质性

产品同质性是指产品在性能、特点等方面的差异性大小。对于同质产品或需求上共性较大的产品，一般宜实行无差异市场营销；反之，对于异质产品，则应实行差异市场营销或集中市场营销。

（三）市场同质性

如果市场上所有顾客在同一时期偏好相同，购买的数量相同，并且对市场营销刺激的反应相同，则可视为同质市场，宜实行无差异市场营销；反之，如果市场需求的差异较大，则为异质市场，宜采用差异市场营销或集中市场营销。

（四）产品生命周期阶段

处在介绍期和成长期的新产品，市场营销的重点是启发和巩固消费者的偏好，最好实行无差异市场营销或针对某一特定子市场实行集中市场营销；当产品进入成熟期后，市场竞争激烈，消费者需求日益多样化，可改用差异市场营销以开拓市场，满足需求，延长产品生命周期。

（五）竞争对手战略

一般来说，一个企业的目标市场涵盖战略应与竞争者有所区别，反其道而行之。如果强大的竞争对手实行的是无差异市场营销，则企业应实行集中市场营销或更深一层的差异市场营销；如果企业面临的是较弱的竞争者，必要时可采取与之相同的战略，凭借实力击败竞争对手。

五、市场定位策划的步骤

市场定位（Marketing Positioning）也称产品定位或竞争性定位，是根据竞争者现有产品在细分市场上所处的地位和顾客对产品某些属性的重视程度，塑造出本企业产品与众不同的鲜明个性或形象并传递给目标顾客，使产品在市场上占有优势地位。市场定位一般通过以下程序进行。

（一）识别潜在竞争优势

识别潜在竞争优势是市场定位的基础。企业的竞争优势通常表现在成本优势和产品差别化优势两方面。成本优势是企业能够以比竞争者低廉的价格销售相同质量的产品，或以相同的价格水平销售更高一级质量水平的产品。产品差别化优势是指产品独具特色的功能和利益与顾客需求相适应的优势，也就是能向市场提供的在质量、功能、品种、规格、外观等方面比竞争者更好的产品。

(二) 企业核心竞争优势定位

企业核心竞争优势是与主要竞争对手相比，是指企业在产品开发、服务质量、销售渠道、品牌知名度等方面所具有的可获取明显差别利益的优势。应把企业的全部营销活动加以分类，并将主要环节与竞争者相应环节进行比较分析，以识别核心竞争优势。

(三) 制定发挥核心竞争优势的战略

企业在市场营销方面的核心能力与优势，不会自动地在市场上得到充分表现，必须制定出明确的市场战略来加以体现。

六、市场定位策划的方法

市场定位的常用方法有：

(一) 对峙定位

对峙定位是指企业选择靠近于现有竞争者或与现有竞争者重合的市场位置，争夺同样的顾客，彼此在产品、价格、分销及促销等各方面差别不大。现在市场上出售的冰箱、彩电等产品，采用的基本上是这一定位。

(二) 回避定位

回避定位是指企业回避与目标市场上的竞争者直接对抗，将其位置确定在市场"空白点"上，开发并销售目前市场上还没有的某种特色产品，开拓新的市场领域。

(三) 重新定位

重新定位是指企业通过变动产品特色等手法，改变目标顾客对产品的认识，塑造新的形象。

即使企业产品原有定位很恰当，但当出现下列情况时，也需要考虑重新定位：一是竞争者推出的市场定位侵占了本企业品牌的部分市场，使本企业产品市场占有率下降；二是消费者偏好发生了变化，从喜爱本企业品牌转移到喜爱竞争对手的品牌。

重新定位前，要考虑两个主要因素：一是重新定位的费用支出；二是重新定位后增加的收入，只有收入大于支出才是可行的。

七、市场定位策划的途径

市场定位的途径主要有：

（一）产品差别化

即从产品质量、款式等方面创造与众不同的差别，进而实现定位。实践证明，某些产品特别是高新技术产品，哪一家企业掌握了最尖端的技术，率先推出具有较高价值的产品创新特征，哪一家企业就能获得明显的竞争优势。

（二）服务差别化

即通过向目标市场提供比竞争者更好的服务，实现市场定位目标。服务差别化定位在各种市场情况下都有运用的空间，尤其是在竞争激烈、相对饱和的市场上，效果更为突出。

（三）人员差别化

即通过聘用和训练比竞争者更为优秀的员工来达到产品定位的目的。市场竞争是人才的竞争，拥有了超一流的人才，就会拥有超一流的产品。

第二节 市场竞争策划

企业要制订正确的竞争战略和策略，就要深入地了解竞争者，主要应了解以下方面。

一、识别竞争者

识别竞争者似乎是一件很容易的事，但是，企业的现实和潜在竞争者的范围是极其广泛的，企业应当有长远的眼光，从行业结构和业务范围的角度识别竞争者。

（一）行业竞争观念

行业是指一组提供一种或一类密切替代产品的相互竞争的公司。密切替代的产品指具有高度需求交叉弹性的产品。例如，咖啡涨价会促使消费者转而购买茶叶或其他软饮料。

企业要想在整个产业中处于有利地位，就必须全面了解本产业的竞争模式，以确定自己的竞争者的范围。行业动态首先决定于需求与供应的基本状况，供求会影响行业结构，行业结构又影响行业的行为，行业的行为决定着行为的绩效。决定行业结构的主要因素有：

1. 销售商数量及产品差异程度。这两种特点产生以下五种行业结构类型：

（1）完全垄断。是指在一定地理范围内某一行业只有一家公司供应产品或服务。

（2）完全寡头垄断，也称为无差别寡头垄断。指某一行业内少数几家大公司提供的产品或服务占据绝大部分市场，并且顾客认为各公司产品没有差别，对不同品牌无特殊偏好。

（3）不完全寡头垄断，也称为差别寡头垄断。指某一行业内少数几家大公司提供的产品或服务占据绝大部分市场且顾客认为各公司的产品存在差别，对某些品牌形成特殊偏好，其他品牌不能替代。

（4）垄断竞争。指某一行业内有许多卖主且相互之间的产品有差别，顾客对某些品牌有特殊偏好，不同的卖主以产品的差异性吸引顾客，开展竞争。

（5）完全竞争。指某一行业内有许多卖主且相互之间的产品没有差别。完全竞争大多存在于均质产品市场，如食盐、农产品、水泥等。买卖双方都只能按照供求关系确定的现行市场价格来买卖商品，都是"价格的接受者"。

2. 进入与流动障碍。如果某个行业具有高度的利润吸引力，其他企业会设法进入。但是，进入一个行业会遇到许多的障碍，决定进入障碍大小的主要因素有：规模经济；产品差异优势；资金需求；转换成本；销售渠道。

某个行业的进入与流动障碍高，先期进入的企业就能够获取高于正常水平的利润率，其他企业只能望洋兴叹；某个行业的进入与流动障碍低，其他企业就会纷纷进入，使该行业的平均利润率降低。

3. 退出与收缩障碍。某个行业利润率水平低下甚至亏损，已进入的企业会主动退出，并将人力、物力和财力转向更有吸引力的行业。但是退出这个行业会遇到退出障碍，决定退出障碍大小的主要因素有：专业化的固定资产；退出的费用高；战略关系密切；感情上的障碍；政府和社会的限制。

由于存在退出与收缩障碍，许多企业在已经无利可图的时候，只要能够收回可变成本和部分收回固定成本，就会在一个行业内维持经营。它们的存在降低了行业的平均利润率。

4. 成本结构。在每个行业里从事业务经营所需的成本及成本结构不同，公司应把注意力放在最大成本上,在不影响业务发展的前提下减少这些成本。

5. 纵向一体化。实行前向或后向一体化有利于取得竞争优势,使无法实现纵向一体化的企业处于劣势。

6. 全球经营。在全球性行业从事业务经营,必须开展以全球为基础的竞争,以实现规模经济和赶上最先进的技术。

(二)业务范围导向与竞争者识别

企业在确定和扩大业务范围时都自觉或不自觉地受一定导向支配,导向不同,竞争者识别和竞争战略就不同。

1. 产品导向与竞争者识别。

(1)含义。产品导向是指企业业务范围限定为经营某种定型产品,在不从事或很少从事产品更新的前提下设法寻找和扩大该产品的市场。实行产品导向的企业仅仅把生产同一品种或规格产品的企业视为竞争对手。

(2)适用条件。市场产品供不应求,现有产品不愁销路;企业实力薄弱,无力从事产品更新。

2. 技术导向与竞争者识别。

(1)含义。技术导向是指企业业务范围限定为经营用现有设备或技术生产出来的产品。技术导向把所有使用同一技术、生产同类产品的企业视为竞争对手。

(2)适用条件。即某具体品种已供过于求,但不同花色品种的同类产品仍然有良好前景。

3. 需要导向与竞争者识别。

(1)含义。需要导向指企业业务范围确定为满足顾客的某一需求,并运用可能互不相关的多种技术生产出分属不同大类的产品去满足这一需求。

(2)适用条件。市场商品供过于求,企业具有强大的投资能力,运用多种不同技术的能力和经营促销各类产品的能力。

4. 顾客导向与多元导向。

(1)顾客导向。

1)含义。是指企业业务范围确定为满足某一群体的需要。

2)适用条件。企业在某类顾客群体中享有声誉和销售网络等优势,并且能够转移到公司的新增业务上。

3)优缺点。

优点:能够充分利用企业在原有顾客群体的信誉、业务关系或渠道销售其他类型产品,减少进入市场的障碍,增加企业销售和利润总量。

缺点：企业要有丰厚的资金和运用多种技术的能力，并且新增业务若能获得顾客信任和满意，将损害原有产品的声誉和销售。

（2）多元导向。

1）含义。是指企业通过对各类产品市场需求趋势和获利状况的动态分析确定业务范围，新发展业务可能与原有产品、技术、需要和顾客群体都没有关系。

2）适用条件。企业有雄厚的实力、敏锐的市场洞察力和强大的跨行业经营的能力。

3）优缺点。

优点：可以最大限度地发掘和抓住市场机会，撇开原有产品、技术、需要和顾客群体对企业业务发展的束缚。

缺点：新增业务未能获得市场承认将损害原成名产品的声誉。

二、判定竞争者的战略和目标

（一）判定竞争者的战略

公司最直接的竞争者是那些处于同一行业同一战略群体的公司。战略群体指在某特定行业推行相同战略的一组公司。区分战略群体有助于认识以下三个问题：

1. 不同战略群体的进入与流动障碍不同。
2. 同一战略群体内的竞争最为激烈。
3. 不同战略群体之间存在现实或潜在的竞争。①不同战略群体的顾客会有交叉。②顾客可能分不清不同战略群体的商品的区别。例如，分不清高档货与中档货的区别。③每个战略群体都试图扩大自己的市场，涉足其他战略群体的领地，在企业实力相当和流动障碍小的情况下尤其如此。例如，提供中档货的企业可能转产高档货。

（二）判定竞争者的目标

具体的战略目标有多种多样，如获利能力、市场占有率、现金流量、成本降低、技术领先、服务领先等，每个企业有不同的竞争侧重点和目标组合。了解竞争者的战略目标及其组合，可以判断它们对不同竞争行为的反应。比如，一个以低成本领先为目标的企业对竞争企业在制造过程中的技术突破会作出强烈反应，而对竞争企业增加广告投入则不太在意。

三、评估竞争者的实力和反应

(一) 评估竞争者的优势与劣势

评估竞争者可分为三步:

1. 收集信息。竞争者业务上最新的关键信息以及查找第二手资料和向顾客、供应商及中间商调研得到第一手资料。
2. 分析评价。根据所得资料综合分析竞争者的优势与劣势。
3. 优胜基准。以找出竞争者在管理和营销方面的最好做法为基准,然后加以模仿、组合和改进,力争超过竞争者。优胜基准的步骤为:①确定优胜基准项目;②确定衡量关键绩效的变量;③确定最佳级别的竞争者;④衡量最佳级别竞争者的绩效;⑤衡量公司绩效;⑥制订缩小差距的计划和行动;⑦执行和监测结果。

(二) 评估竞争者的反应模式

竞争者的目标、战略、优势和劣势决定了它对降价、促销等市场竞争战略的反应。此外,每个竞争者都有一定的经营哲学和指导思想。因此,为了估计竞争者的反应及可能采取的行动,企业的市场营销管理者要深入了解竞争者的思想和准备。当企业采取某些措施和行动之后,竞争者会有不同的反应。竞争者常见的反应类型有以下四种:①从容型竞争者;②选择型竞争者;③凶狠型竞争者;④随机型竞争者。

四、确定攻击对象和回避对象

在了解竞争者以后,企业要确定与谁展开最有力的竞争,一般可根据以下几种情况做出决定。

(一) 竞争者的强弱

多数企业认为应以较弱的竞争者为进攻目标,因为这样可以节约时间和资源,但获利较少;反之,有些企业认为应以较强的竞争者为进攻目标,因为这样可以提高自己的竞争能力并且获利较大,而且即使强者也总会有劣势。

(二) 竞争者与本企业的相似程度

多数企业主张与相近似的竞争者展开竞争,但同时又认为应避免摧毁相近似的竞争者，因为结果很可能对自己反而不利。例如，美国博士伦眼镜公司在20世纪70年代末与其他生产隐形眼镜的公司的竞争中大获全胜，导致竞争者完全失败而竞相将企业卖给了竞争力更强的大公司，结果使博士伦公司面临更强大的竞争者，处境更困难。

（三）竞争者表现的好坏

公司应支持好的竞争者，攻击坏的竞争者。例如，美国奇异灯泡厂生产了一种"日光牌"新型电灯泡，以很低的批发价在我国市场上销售，企图使我国的民族灯泡厂因无法推销产品而倒闭，进而达到控制我国灯泡市场的目的。在此形势下，我国民族灯泡厂经过调查发现，美国奇异厂蔑视中国主权，没有将"日光牌"商标在我国注册，于是在自己的产品中，抽出一定比例的灯泡冠以"日光牌"商标，大力进行广告宣传，且售价仅为奇异厂产品售价的1/2。奇异厂发现这一情况后，只好登报进行恫吓，此举导致奇异厂信誉骤降，其"日光牌"灯泡大量滞销积压。而国产的"亚浦耳"电灯泡销路甚畅，实现了击败奇异灯泡厂的目的。

五、企业市场竞争的战略策划原则

1. 创新制胜。即企业应根据市场需求不断开发出适销对路的新产品，以赢得市场竞争的胜利。
2. 优质制胜。即企业向市场提供的产品在质量上应当优于竞争对手，以赢得市场竞争的胜利。
3. 廉价制胜。即企业对于同类同档次产品应当比竞争对手更便宜，以赢得市场竞争的胜利。
4. 技术制胜。即企业应致力于发展高新技术，实现技术领先，以赢得市场竞争的胜利。
5. 服务制胜。即企业提供比竞争者更完善的售前、售中和售后服务，以赢得市场竞争的胜利。
6. 速度制胜。即企业应当以比竞争对手更快的速度推出新产品和新的营销战略，抢先占领市场，以赢得市场竞争的胜利。
7. 宣传制胜。即企业应当运用广告、公共关系等方式大力宣传企业和产品，提高知名度和美誉度，以赢得市场竞争的胜利。

六、市场领导者战略策划

市场领导者指占有最大的市场份额,在价格变化、新产品开发、分销渠道建设和促销战略等方面对本行业其他公司起着领导作用的公司。例如,美国汽车市场的通用公司、电脑软件市场的微软公司、软饮料市场的可口可乐公司等。

市场领导者为了维护自己的优势,保住自己的领先地位,通常可采取以下三种战略。

(一)扩大总需求

1. 开发新用户。

(1)转变未使用者。即说服那些尚未使用本行业产品的人开始使用,把潜在顾客转变为现实顾客。如香水企业可设法说服不用香水的妇女使用香水。

(2)进入新的细分市场。新的细分市场指该细分市场的顾客使用本行业产品,但不使用其他细分市场的同类产品和品牌。例如,香水企业说服男士使用香水。

(3)地理扩展。指寻找尚未使用本产品的地区,开发新的地理市场。例如,香水企业向其他国家推销香水。

2. 寻找新用途。例如,凡士林最初问世时是用做机器润滑油,之后,一些使用者才发现凡士林可用做润肤脂、药膏等。

3. 增加使用量。

(1)提高使用频率。如时装制造商每年每季都不断推出新的流行款式,消费者就不断地购买新装,流行款式的变化越快,消费者购买新装的频率也就越高。

(2)增加每次使用量。如宝洁公司劝告消费者在使用海飞丝香波洗发时,每次将使用量增加一倍效果更佳。

(3)增加使用场所。电视机生产企业可以宣传在卧室和客厅等不同房间分别摆设电视机的好处,如观看方便、避免家庭成员选择频道的冲突等,宣传这是美好生活的需要,是生活水平提高的表现而不是奢侈或浪费,打破原先只买一台的消费习惯和"节俭"思想,使有条件的家庭乐于购买两台以上的电视机。

(二)保护市场份额

处于市场领先地位的企业,必须时刻防备竞争者的挑战,保卫自己的市场阵地。如,可口可乐公司要防备百事可乐公司,柯达公司要提防富士公司,等等。这些挑战者都是很有实力的,主导者稍不注意就可能被取而代之。最好的防御方法是发动最有效的进攻,即使不发动进攻,至少也要加强防御,堵塞漏洞,不给挑战者可乘之机。市场领导者不可能防守所有的阵地,要将资源集中用于关键之处。防守战略的基本目标是减少受到攻击的可能性,或将进攻目标引到威胁较小的区域并设法减弱进攻的强度。主要防御战略有以下六种:

1. 阵地防御。指围绕企业目前的主要产品和业务建立牢固的防线,根据竞争者在产品、价格、渠道和促销方面可能采取的进攻战略而制订自己的预防性营销战略,并在竞争者发动进攻时坚守原有的产品和业务阵地。如可口可乐公司虽然已经发展到年产量占全球软饮料半数左右的规模,但仍然积极从事多角化经营,如打入酒类市场,兼并水果饮料公司,从事塑料和海水淡化设备等工业。

2. 侧翼防御。指企业在自己主阵地的侧翼建立辅助阵地以保卫自己的周边和前沿,并在必要时作为反攻基地。如在菲律宾,生力啤酒公司的白威士忌受到亚洲啤酒公司"虎"牌啤酒的挑战,生力公司为应付这一挑战,推出了侧翼品牌"金鹰",结果取得了防御成功。

3. 以攻为守。指在竞争对手尚未构成严重威胁或在向本企业采取进攻行动前抢先发起攻击以削弱或挫败竞争对手。如日本精工集团企业把它的2000多个款式的手表分销到世界各地,造成全方位的威胁。

4. 反击防御。指市场领导者受到竞争者攻击后采取反击措施。具体来说,可实施正面反击、侧翼反击或发动钳形攻势,以切断进攻者的后路。当市场主导者在它的本土遭到攻击时,最有效的办法就是也进攻攻击者的主要领地,从而迫使它撤回部分力量守卫其本土。

5. 机动防御。指市场领导者不仅要固守现有的产品和业务,还要扩展到一些有潜力的新领域,以作为将来防御和进攻的中心。市场扩展可通过两种方式实现:

(1) 市场扩大化。指企业将其注意力从目前的产品上转到有关该产品的基本需要上,并全面研究与开发有关该项目的科学技术。例如,把"石油"公司变成"能源"公司就意味着市场范围扩大了,不限于一种能源——石油,而是要覆盖整个能源市场。

(2) 市场多元化。即向无关的其他市场扩展,实行多元化经营。例如美国的烟草公司由于社会对吸烟的限制日益增多,纷纷转向其他产业,如酒类、软饮料和冷冻食品等。

6. 收缩防御。指企业主动从实力较弱的领域撤出,将力量集中于实力较强的领域,如五十铃公司放弃了轿车市场,转而集中生产占优势地位的卡车。

(三) 扩大市场份额

一般而言,如果单位产品价格不降低且经营成本不增加,企业利润会随着市场份额的扩大而提高。但是,切不可认为市场份额提高就会自动增加利润,还应考虑以下三个

因素:

1. 经营成本。当市场占有率达到一定水平时，再要求进一步的提高就要付出很大代价，结果可能得不偿失。美国的一项研究表明，企业的最佳市场占有率是 50%。因此，有时为了保持市场领先地位，甚至要在较疲软的市场上主动放弃一些份额。

2. 营销组合。有些市场营销手段对提高市场占有率很有效，却不一定能增加收益。只有在以下两种情况下市场占有率同收益率成正比：一是单位成本随市场占有率的提高而下降。如 20 世纪 20 年代初福特公司的 T 型车。二是在提供优质产品时，销售价格的提高大大超过为提高质量所投入的成本。

3. 反垄断法。许多国家有反垄断法，当企业的市场占有率超过一定限度时，就有可能受到指控和制裁。

> ❋ **小资料**
>
> **朝日挑战麒麟**
>
> **麒麟啤酒（市场领先者）VS 朝日啤酒（市场挑战者）**
>
> 挑战途径：攻击市场领先者。
>
> 挑战策略：集中全部资源发展新产品进行迂回进攻 + 实力足够强大后发起以价格战为手段的正面进攻。
>
> 挑战结果：1976 年麒麟啤酒占有日本啤酒销售量的 64%，朝日啤酒险些连行业第三的位置也保不住；1993 年，朝日的"舒波乐"成为日本啤酒行业中的第一品牌；1998 年，"舒波乐"登上了单个品牌市场份额第一的宝座；2000 年，朝日啤酒公司总销量第一。
>
> 专家点评：
>
> 朝日战胜麒麟的案例，是一个典型的利用价值创新的战略逻辑来超越竞争对手、获得竞争优势的案例。价值创新的战略逻辑与一般的创新思维最大的不同点在于，它是从顾客而非技术的角度来分析创新活动，并借助价值曲线这一工具来描述最终的创新结果，其目标是努力超越现有产品或服务的价值标准，使新产品的价值曲线显著不同于原有产品或服务的价值曲线，其成功是以顾客最终接受新产品或服务的价值标准为标志。
>
> 麒麟的起飞是靠抓住了消费结构的变化，而被朝日捷足先登也是由于未能洞察消费结构的变化。朝日敏锐觉察到消费者对啤酒潜在需求上的变化，全力推出"干啤"这一啤酒新观念，并为了保证战略构想的实施，集中企业资源，全力打造标志性干啤品牌。这一过程中最为重要的是，朝日重组了顾客的价值曲线。经过持续的运营流程改善，朝日大大提高了"啤酒鲜度"这一价值要素，其结果是朝日所描绘的价值曲线

> 显著不同于竞争对手,并且这种新的价值标准是为顾客所接受的,最终赢得了顾客,赢得了市场。
>
> 资料来源:王伟群、刘蔚、王卓、兰武勋等:《弱势者的营销战略》,载《成功营销》2003年第8期。

七、市场挑战者战略策划

市场挑战者指在行业中占据第二位及以后位次,有能力对市场领导者和其他竞争者采取攻击行动,希望夺取市场领导者地位的公司。如美国汽车市场的福特公司、软饮料市场的百事可乐公司等。市场挑战者如果要向市场主导者和其他竞争者挑战,首先必须确定自己的战略目标和挑战对象,然后还要选择适当的进攻战略。

(一) 确定战略目标与竞争对手

战略目标同进攻对象密切相关,对不同的对象有不同的目标和战略。一般说来,挑战者可从下列三种情况中进行选择:

1. 攻击市场领导者。这一战略风险大,潜在利益也大。当市场领导者在其目标市场的服务效果较差而令顾客不满意,或对某个较大的细分市场未给予足够关注的时候,采用这一战略带来的利益更为显著。例如,为了向亚洲的主要金融市场东京发起挑战,香港和新加坡采取的战略是向顾客收取更低的费用,提供更自由的管理,努力克服官僚主义作风等等。

2. 攻击与自己实力相当者。如麦当劳及其免费儿童乐园赢得了孩子们的欢心。汉堡大王却对孩子们说:"嘿,如果你还是个孩子,请到麦当劳去吧,我们只接待10岁以上的成年人。"这样一来,所有10岁以上的孩子会骄傲地以成年人身份去选择汉堡大王,而那些10岁以下却渴望长大、拒绝承认自己幼稚的孩子也要求父母带他们去汉堡大王,以体现自己与众不同的品位和超越同龄孩子的特殊身份。因为孩子总是期盼着早日长大,早日拥有自由的力量。

3. 攻击规模较小、经营不善、资金缺乏的公司。这种情况在我国也比较普遍,许多实力雄厚、管理有方的外国独资和合资企业一进入市场,就击败了当地资金不足、管理混乱的弱小企业。

(二) 选择挑战战略

在确定了战略目标和进攻对象之后,挑战者还需要考虑采取什么进攻战略。这里有五种战略可供选择。

1. 正面进攻。向对手的强项而不是弱项发起进攻。在这种情况下，进攻者必须在产品、广告、价格等主要方面超过对手，才有可能成功；否则，不可采取这种进攻战略。正面进攻的胜负取决于双方力量的对比。正面进攻的另一种措施是投入大量研究与开发经费，使产品成本降低，从而以降低价格的手段向对手发动进攻，这是持续实行正面进攻战略最可靠的基础之一。

2. 侧翼进攻。即寻找和攻击对手的弱点，再针对其弱点发动进攻。

（1）分析地理市场，选择对手忽略或绩效较差的产品和区域加以攻击。

（2）分析其余各类细分市场，按照收入水平、年龄、性别、购买动机等因素，辨认细分市场并认真研究，选择对手尚未重视或尚未覆盖的细分市场作为攻占目标。

一次成像的宝丽来相机刚进入中国市场时，曾与某营销策划公司探讨宝丽来的市场机会何在。相对普通相机而言，宝丽来有着很多的产品独特性：快捷、简便、私密性以及不可伪造性。但是宝丽来真正能够战胜普通相机的特性到底是什么？就快捷或简便而言，现在普通相机已发展出高度智能的全傻瓜型，冲洗胶卷的时间最快已达到20分钟。就私密性而言，普通相机的胶卷往往要送到专业店冲洗，对于一些不便公开的照片确实是个障碍。而宝丽来一次成像的特征正好避免了此类尴尬，可以忠实地为主人保守秘密。然而，摄像机也具备这种功能。所以，宝丽来最终还是选择了不可伪造的特性，瞄准了证件照市场。事实证明，宝丽来的定位是正确的，因为只有不可伪造性，才是其他照相器材所无法比拟的。

3. 包抄进攻。在多个领域同时发动进攻以夺取对手的市场。例如，近年来，日本精工表公司已经在各个主要手表市场的消费中取得了成功，并且以其品种繁多、不断更新的款式使竞争者和消费者瞠目结舌。该公司在美国市场上提供了约400个流行款式，其营销目标是在全球制造并销售大约2300种手表。美国一家竞争对手的副总裁不无羡慕地说："精工表公司通过流行的款式、特性、使用者偏好以及一切可以鼓励消费者的手段来实现它的目标。"

4. 迂回进攻。避开对手的现有业务领域和现有市场，进攻对手尚未涉足的业务和市场，以壮大自己的实力。实行这种战略主要有三种方法：①经营与竞争对手现有业务无关联的产品；②有产品进入新的地区市场；③竞争对手尚未涉足的高新技术制造的产品取代现有产品。

安怡公司打着"防止骨骼疏松症"的旗号闯入中国奶粉市场（以上海为主）；以产品（高钙脱脂奶）独一无二的绝对优势，满足了消费者的独特需要，从而成为高钙脱脂奶粉市场的第一品牌。面对已成气候的安怡，其后入市的克宁高钙脱脂奶则打出了另一张牌：补充钙质不在于喝多少牛奶，而在于留住多少钙质。克宁特有的金维他命D，

能够帮助身体更充分地吸收牛奶中的钙质。"克宁高钙脱脂奶粉,为你锁住钙质、留住钙质",克宁另辟蹊径,后发制人,反而显得技胜一筹。

5. 游击进攻。向对手的有关领域发动小规模的、断断续续的进攻,逐渐削弱对手,使自己最终夺取永久性的市场领域。游击进攻用于小公司打击大公司。

上述市场挑战者的进攻战略是多样的,一个挑战者不可能同时运用所有这些战略,但也很难单靠某一种战略取得成功。通常是设计出一套战略组合即整体战略,借以改善自己的市场地位。例如,美国百事可乐对可口可乐是一个举世瞩目的典型挑战者,它在1950—1960年10年间,发动了多样的巨大攻势,取得很大成功,销售量增长了四倍。但是,并非所有居于次要地位的企业都可充当挑战者,如果没有充分把握,不应贸然进攻主导者。

八、市场追随者战略策划

市场追随者是指那些在产品、技术、价格等大多数营销战略上模仿或跟随市场领导者的公司。它与挑战者不同,它不是向市场领导者发动进攻并图谋取而代之,而是跟随领导者之后自觉地维持共处局面。如VCD是中国起步较晚、发展较快的一个产业典范。1993—1998年,短短几年时间,VCD的社会消费总量已达2000万~3000万台左右,年总产值达到100亿元以上。说到VCD,人们不会忘记万燕和姜万勐,正是他们于1992年研制出了世界上第一台VCD的样机,才有了中国蓬蓬勃勃的VCD产业。万燕最风光的时候,其市场占有率为100%。由于当时是独家经营,产量不大,万燕不仅没有获得资金上的积累,反而因为没有竞争,掩盖了企业本身大量的矛盾。而后来者爱多、新科、万利达等蜂拥而起,代替万燕,成为新的行业"三巨头"。在万燕由"开国元勋"变为"革命先烈"之后,企业界曾有这样的结论:千万不要轻易地做开拓者,跟随最好。

市场追随者应当制订有利于自身发展而不会引起竞争者报复的战略,可分为三类。

(一)紧密跟随

紧密跟随,即指在各个细分市场和产品、价格、广告等营销组合战略方面模仿市场领导者,完全不进行任何创新的公司。

(二)距离跟随

距离跟随,指在基本方面模仿领导者,但是在包装、广告和价格上又保持一定差异的公司。

（三）选择跟随

选择跟随，指在某些方面跟随市场领导者、在某些方面又自行其是的公司。

九、市场利基者战略策划

（一）市场利基者的含义与利基市场的特征

1. 市场利基者的含义。是指专门为规模较小的或大公司不感兴趣的细分市场提供产品和服务的公司。
2. 理想利基市场的特征。
（1）具有一定的规模和购买力，能够赢利。
（2）具备发展潜力。
（3）强大的公司对这一市场不感兴趣。
（4）本公司具备向这一市场提供优质产品和服务的资源及能力。
（5）本公司在顾客中建立了良好的声誉，能够抵御竞争者入侵。

（二）市场利基者竞争战略选择

市场利基者发展的关键是实现专业化，主要途径有：
1. 最终用户专业化。指专门致力于为某类最终用户服务。
2. 垂直专业化。指专门致力于分销渠道中的某些层面。
3. 顾客规模专业化。指专门为某一种规模的客户服务。
4. 特殊顾客专业化。指只对一个或几个主要客户服务。
5. 地理市场专业化。指专为国内外某一地区或地点服务。
6. 产品或产品线专业化。指只生产一大类产品。
7. 产品特色专业化。指专门经营某一类型的产品或者特色产品。
8. 客户订单专业化。指专门按客户订单生产预订的产品。
9. 质量—价格专业化。指专门生产经营某种质量和价格的产品。
10. 服务专业化。指专门提供某一种或几种其他企业没有的服务项目。
11. 销售渠道专业化。指专门服务于某一类分销渠道。

（三）市场利基者的任务

1. 创造补缺市场。市场利基者要积极适应特定的市场环境和市场需要，努力开发专业化程度很高的新产品,从而创造出更多需要这种专业化产品的市场需求者。

2. 扩大补缺市场。市场利基者在赢得特定市场的竞争优势后,还要进一步提高产品组合的深度,增加新的产品项目,从而去迎合更多特殊需要的市场购买者的偏好。

3. 保护补缺市场。市场利基者还要注意竞争者的动向,如果有新的竞争者出现,要及时采取相应对策,保持在特定市场的领先地位。

第三节 企业形象策划

一、企业形象(CI)策划概念与功能

(一) CI 的含义

CI 是英文 Corporate Identity 的缩写,有些文献中也称 CIS(Corporate Identity System),直译为企业形象识别系统,意译为企业形象设计,是运用统一的视觉识别设计来传达企业特有的经营理念和活动,从而提升和突出同一化企业形象,使企业形成自己内在独特的个性,最终增强企业整体竞争力意识的企业识别系统,是一种刻画企业形象的系统方法。它将企业的经营观念与文化,运用统一的整体传达系统(特别是视觉手段的表达),传达给与企业有关系的团体或社会大众,使其对企业产生一致的认同感。从内容上说,企业 CI 的建立应包括三个部分:企业理念识别、企业视觉识别与企业行为识别(参见表 7-2)。

> ✤ 小资料
>
> ### CI 的最初状态
>
> 19 世纪 50 年代,美国宝洁公司的货运员为了让那些不识字的码头工人能够分辨包装箱内的货物,习惯性地在装蜡烛的箱子上画上黑墨的",",这样,码头工人就能够很快地将画有","的蜡烛箱与未画标记的肥皂箱区别开来。不久,为了美观起见,另一位工人将黑","改成星星,以后又有人将单个的星星改成月亮与一群星星的组合,并且成了固定出现的符号。后来,当宝洁公司一度改用新的符号来代替原来习惯了的月亮加星星的符号时,新奥尔良的一位经销商拒收货物,认为那是冒牌货。由此,宝洁公司认识到了符号的重要性,于是申请注册作为商标使用。可见,使用符号的初衷是为了区别货物的种类,这也是 CI 最原始的功用。

最早将 CI 引进企业的是第一次世界大战前德国的 AEG 电器公司。该公司的设计顾问皮特·贝汉斯是建筑史上鼎鼎大名的建筑专家，他为 AEG 电器公司设计了一个商标，并将商标应用到了便笺和信封上，这样便更接近于 CI 中的视觉识别功能了。

表 7-2　CI 的内容

内　容	英　文	简　称	另　称	内　涵
理念识别	Mind Identity	MI	策略识别系统	在企业经营过程中的经营理念、经营信条、企业使命、目标、企业精神、企业哲学、企业文化、企业性格、座右铭和经营策划（包括生产和市场的各个环节之经营原则、方针等）的统一化
行为识别	Behavior Identity	BI	企业活动识别系统	企业在实际经营过程中所有具体执行行为于操作中的规范化、协调化，以便经营管理的统一化
视觉识别	Visual Identity	VI	企业外部视觉系统	纯属视觉信息传递的各种形式的统一，是具体化、视觉化的传递形式，是 CI 中系列项目最多、层面最广、效果最直接的向社会传递信息的部分

企业 CI 所包括的三大部分（MI、BI、VI）之间的层次结构和内在关系，可以用图 7-2 表示。

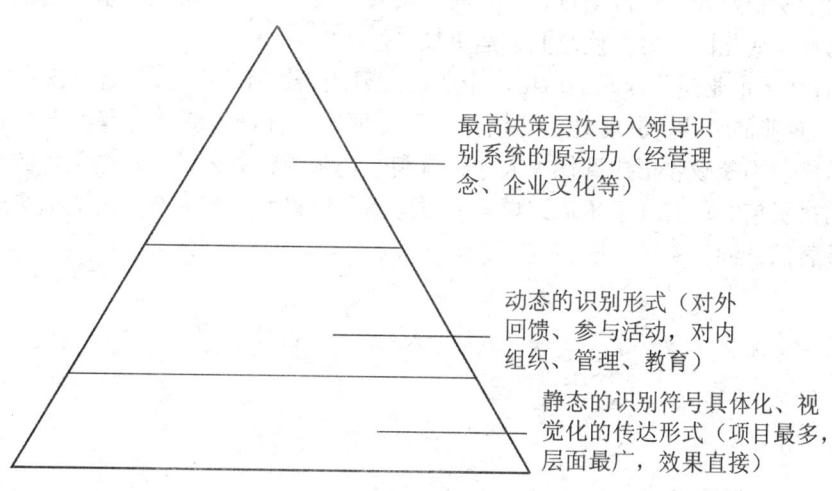

图 7-2　企业 CI 的结构图

(二) CI 的功能

1. 有利于重建企业文化。企业文化最大的作用是强调企业目标和企业成员工作目标的一致性，强调群体成员的信念、价值观念的一致性，强调企业对成员的吸引力和成员对企业的向心力，因此它对企业成员有着巨大的内聚作用。为了适应环境的震荡变化，企业文化也应不断发展。企业通过推行 CI，有利于企业文化的更新，不断保持青春和活力。

2. 有利于增强产品竞争力。CI 通过给人印象强烈的视觉识别设计，有利于创造名牌，建立顾客的品牌偏好。如典型品牌万宝路（Marlboro）烟，本来是专对妇女市场开发的，名称就是取"Man always remember I love because of romantic only"（男人总是只因浪漫忘不了爱）一组单词中的头一个字母而合成，由著名的李奥·贝纳广告公司重新设计形象：用象征力量的红色作为烟盒的主要色彩，并在广告中用硬铮铮的美国西部牛仔形象，结果光在视觉外部形象上便吸引了无数爱好、欣赏和追求这种气概的顾客，成为当今世界最为畅销的香烟。

3. 有助于企业公共关系的运转。企业导入 CI，有助于信息传递的可信性、真实性和统一性，使企业的公共关系活动得到顺利发展。CI 的推行使企业信息的传播简单化、差异化，易于公众识别和认同，从而达到最佳的沟通效果，搞好公共关系。同时，CI 本身创造的优良企业形象，也使公共关系的运转有了坚实的基础。

4. 有利于多元化、集团化、国际化经营。走向多元化、集团化、国际化的经营道路，有助于使企业各个经营项目之间共同利用某些资源，产生协同效果，增强企业适应不同市场环境变化的能力，使企业营运更加稳健、安全。

5. 有利于企业经营资源的运用。企业的经营资源，不外乎人、财、物三方面，推行 CI 后，企业的经营资源能处于"活化"状况而发生神奇的变化，有利于企业稳定原有职工队伍，不断吸收招揽到优秀人才；有利于企业的融资，扩大社会资金的来源，增强股东的投资信心；有利于争取到更多的供应商和销售商，扩大企业的流通渠道；有助于获得顾客的认同。

二、企业形象（CI）策划操作

（一）CI 策划的基本原则

按照 CI 策划理论和操作技法的要求，成功地实施 CI 策划应遵循下述几个原则：

1. 策划性的原则。既然为现代企业形象策划，就必然具有长期性、全局性和策略性的特征。CI 策划应立足当前，放眼长远。它绝非近期规划，而是企业未来更长时间的具体发展步骤和实施策略。

2. 个性化的原则。CI 策划是企业为塑造完美的总体形象在企业群中实施差别化的策略，重要的一点就是要求企业形象具有鲜明的个性特征和独具一格的特质，不能"千人一面"。

3. 整体性的原则。从 CI 的三个方面来看，它们之间相互依存、互不脱节，必须表里一致，协调统一，BI、VI 为 MI 服务，外美内秀，才是值得称道的。

（二）CI 策划的基本程序

1. 提出 CI 策划。提出 CI 策划的可能是企业最高负责人、企业内部负责人、企业内部顾问或外界专家。

2. 制订 CI 企划案。CI 的企划案包括标题、提案的目标、导入 CI 的理由和背景、CI 的策划方针、具体施行细则、导入策划、CI 策划的推动组织协办者、实施费用等等。

3. 成立 CI 委员会。CI 筹划委员会的成员，一般而言都是从公司内各部门的中级主管中选出的，以 5~10 人为最适合。以公司经营者为中心的筹划委员会，明确 CI 委员会的组成和职责、权限，并与企业共同执行 CI 策划。CI 委员会的具体工作如下：

（1）先研究 CI 策划，慎重讨论企业必须实施 CI 的理由，了解实施 CI 的意义和目的。

（2）决定 CI 策划的大概范围：是只改良企业标志、改变象征和造型，还是要彻底、重新检讨整个企业理念。

（3）设计今后策划的预定时间表，并同时决定由哪一家专业 CI 设计公司负责。CI 策划的导入时间一般约需一年半，最短也需一年的时间。

4. 企业调查与分析。企业 CI 导入之前一定要进行详细的企业调研，具体内容如下：

（1）调查内容。主要内容有企业实态、企业形象调查、内部调查、外部调查、社会环境调查。

（2）调查流程。在调查之前要制订调查流程，即确定选题、对象，设计问卷，确定调查方法、人员、日期，确定调查费用。关于企业内部环境的分析，必须先进行意识调查,企业最高负责人必须与各部门主管进行会谈,甚至和员工面谈,再进行企业形象调查、视觉审查等活动。

(3) 材料分析。找出公司当前面临的课题,使 CI 策划中的主题明确化。

5. 领域的确定。以企业的经营意志和社会、市场背景等为基础,预测 10 年、20 年以后的情况,以确定公司的事业领域。同时,将现存的企业理念和现在、未来相对照,据此而规划出企业的活动范围。

6. 确定企业识别系统。根据上述企业调查的结论来确定企业理念 MI,包括企业价值、企业事业领域、企业经营策划等。规范行为识别 BI、设计视觉识别 VI,根据新的理念、精神来矫正企业内部、外部各项活动,并在理念的基础上进行企业视觉识别的设计。

7. 企业结构的调整。根据企业理念、事业领域来检讨企业内部的结构后,着手改善企业素质的工作就必须紧接着展开。在外界 CI 专业公司或幕僚人员的协助下,设定企业内的组织和体制,以及信息传递系统,以塑造新的企业素质。

8. 表现整合。这里所说的"表现",包括行动表现和视觉表现两方面。

(1) 行动表现。行动表现是指透过企业结构的调整过程,必然会表现出来的新企业活动。关于员工行动方面,可积极推行内部促进运动,展开全公司的企业理念浸透策划,使企业整体的行动统一化。

(2) 视觉表现。视觉表现是指企业在视觉媒体上的表现也必须加以统一。设计表现的综合是传递企业形象的利器,它与信息传递的效率化、媒体制作的效率化也有密切关系。

9. CI 的发表。在发表的时机选择上,既可在 CI 确定之后发表,也可在 CI 实施过程中发表,还可在成功时发表,这都要根据 CI 策划时所定的策略来决定。发表的对象则包括对公司内部发表和对公司外部发表。内外发表顺序有先内后外、先外后内,或同时发表,各有效果,视企业具体情况而定。外部视觉识别系统(VI)一般会在完成后印制出"CI 手册"供使用。

10. CI 效果测定。主要检查是否完成了 CI 策划、预期销量、公司收益是否在增长等。

表 7-3 为 CI 工作执行日程表。

表7-3 CI作业执行日程表

阶段	编号	作业项目	作业内容	负责人	日程安排	关　键
提案阶段	1	确认目标	确定企业内外需求背景 选择时机 检查动机 明确目标 立案			明确化
	2	组建CI委员会	由发起人召集CI人员 委托专业公司 招聘CI专家 组织CI委员会 组织CI执行委员会			
	3	规划日程	按操作流程和企业实际拟定作业项目 提交讨论并拟定进度表			
	4	预算经费	制订CI预算书 提交企业主管审核			
	5	CI提案书撰写	导入CI的原因、背景、目的 组建负责机构的方案 作业安排 项目预算			
调研阶段	1	确定计划	调研内容 调研对象 调研方案 调研项目 调研程序安排			具体化
	2	内部调研	分析企业相关的报表及有关资料 与企业主管沟通 与有关经营人员访谈 与员工访谈			
	3	外部调研	就企业视觉形象项目进行相关公众访谈、问卷调查			

续表 7-3

阶段	编号	作业项目	作业内容	负责人	日程安排	关　键
调研阶段	4	组合调研	整理、统计调查资料 定量分析 定性分析 找出企业问题点 提出 CI 导入的初步设想			具体化
	5	调研报告书撰写	写出报告书 提交企业主管审核 CI 委员会讨论			
设计阶段	1	总概念报告书的企划	稽核问题 形成创意 设定理念 企业的存在意义 企业的行为意义 企业的价值观 总概念书发表			系统化
	2	BI 系统开发设计	公司结构设计 干部、员工教育设计 环境营造设计 公关策略设计 广告策略设计 新产品开发策略设计 营销行为规程设计			
	3	VI 系统开发设计	创意准备 VI 基本要素设计 VI 应用要素设计 对初稿进行审测修正 设计定案			
	4	CI 手册编制	登陆所有设计成果 印刷 办理有关登记注册等法律程序			

续表 7-3

阶段	编号	作业项目	作业内容	负责人	日程安排	关　键
实施阶段	1	对内发布	改组 CI 委员会 制订内部传播计划 准备教材教具 实施员工教育，普及 CI 知识 定期发行 CI 通讯等 动员全员参与			标准化
	2	对外发布	制订外部传播计划 选择媒体 安排时间与频率 确定发布内容 合理预算 对外发布策划书发表			
	3	实施过程管理	设立 CI 执行委员会 实施监控管理 实施成长管理 反馈信息			
	4	实施效果评测	定期内部测试 定期外部测试 进行效益统计、评判 制订改进方案 实施改进方案			

（三）VI 设计

在 CI 策划中，VI 是 CI 系统中最具传播力和感染力的部分，是将 CI 的非可视内容转化为静态的视觉识别符号，以无比丰富的多样的应用形式，在最为广泛的层面上进行最直接的传播。设计到位、实施科学的视觉识别系统，是传播企业经营理念、建立企业知名度、塑造企业形象的快速便捷之途。

1. VI 设计的主要内容。VI 一般包括基础部分和应用部分两大内容。其中，基础部分一般包括企业的名称、标志、标识、标准字体、标准色、辅助图形、标准印刷字体、禁用规则等等；而应用部分则一般包括标牌旗帜、办公用品、公关用品、环境设计、办公服装、专用车辆等等。

2. VI 设计的基本原则。VI 的设计不是机械的符号操作，而是以 MI 为内涵的生动表述。所以，VI 设计应多角度、全方位地反映企业的经营理念。

(1) 统一性风格的原则。
(2) 强化视觉冲击原则。
(3) 强调人性化的原则。
(4) 增强民族性的原则。
(5) 可实施性原则。
(6) 符合审美规律的原则。
(7) 严格管理的原则。

VI 系统千头万绪，因此，在经年累月的实施过程中，要充分注意各实施部门或人员的随意性，严格按照 VI 手册的规定执行，保证不走样。

3．VI 设计项目。
(1) VI 基础项目设计。
1) 企业标志设计。
2) 企业标准字体。
3) 企业标准色（色彩策划）。
4) 企业象征图形。
5) 企业专用印刷字体。
6) 基本要素组合规范。
(2) VI 应用项目设计。
1) 办公事务用品设计。
2) 企业旗帜设计。
3) 公关礼品设计。
4) 员工服装、服饰规范。
5) 企业车体外观设计。
6) 环境指示系统。
7) 企业广告宣传规范。
8) 展览展示系统。
9) VI 样本部分。

> ❋ **小资料**
>
> **CI 在中国**
>
> CI 引进中国大陆是在 20 世纪 80 年代后期（中国台湾早在 20 世纪 60 年代末期已经引进）。当时，随着改革开放的不断深入，社会主义市场经济体制开始启动，面对着陌生而又诱人的市场，企业迫切需要提高经营管理水平，开发和设计出能够打入市场并能占领市场的名牌产品。
>
> 1984 年，浙江某高等学院从日本引进了一套 CI 资料，原因是这套资料具有一定的美术价值，可作为教材辅助美术教学。随后，各美术学院相继在原来的平面设计、立体设计等课堂教学中增加了视觉设计的教学内容。此时中国的 CI 还只是大学课堂中的美术课。
>
> 1987 年，广州美术学院设计系成立了广东省集美广告有限公司，策划在我国已正式提上日程。专业策划公司先后出现并与广州某些企业达成共识。1988 年，广州市新境界广告有限公司为太阳神集团公司（前身为广东东莞黄岗保健饮料厂）的策划，拉开了中国企业引进 CI 的序幕，接踵而来的有露美、赛格、神州、四通、康恩贝、乐百氏、爱德、小天鹅等企业。

第四节　品牌形象策划

一、品牌的含义

（一）品牌的起源与品牌学

在《牛津大辞典》里，品牌被解释为"用来证明所有权，作为质量的标志或其他用途"，即用以区别和证明品质。随着时间的推移，商业竞争格局以及零售业形态不断变迁，品牌承载的含义也越来越丰富，甚至形成了专门的研究领域——品牌学。

（二）品牌的定义

品牌定义，可以从两个不同角度来阐释。从消费者角度来讲，品牌是消费者对一个企业、一个产品所有期望的总结；从企业的角度来讲，品牌是企业向目标市场传递企业形象、企业文化、产品理念等有效要素，是和目标群体建立稳固关系的一种载体，同时也是一种产品品质的担保及履行职责的承诺。

二、品牌形象的构成要素

品牌形象可分为内在形象和外在形象。

（一）内在形象——产品形象及文化形象

1. 产品形象。产品形象是品牌形象的基础，是和品牌的功能性特征相联系的形象。潜在消费者对品牌的认知首先是通过对其产品功能的认知来体现的。一个品牌不是虚无的，当潜在消费者对产品评价很高、产生较强的信赖时，他们会把这种信赖转移到抽象的品牌上，对其品牌产生较高的评价，从而形成良好的品牌形象。

2. 品牌文化形象。品牌文化形象是指社会公众、用户对品牌所体现的品牌文化或企业整体文化的认知和评价。企业文化是企业经营理念、价值观、道德规范、行为准则等企业行为的集中体现，也体现了一个企业的精神风貌，对其消费群和员工产生着潜移默化的熏陶作用。品牌文化和企业的环境形象、员工形象、企业家形象等一起构成完整的企业文化，品牌背后是文化。"麦当劳"三个字所代表的是美国快餐文化，它所体现的是现代生活方式。

（二）外在形象——品牌标识系统形象与品牌信誉

1. 品牌标识系统形象。品牌标识系统是指消费者及社会公众对品牌标识系统的认知与评价。品牌标识系统包括品牌名、商标图案、标志字、标准色以及包装装潢等产品和品牌的外观。社会公众对品牌的最初评价来自于其视觉形象，是精致的还是粗糙的，是温暖明朗的还是高贵神秘的……通过品牌标识系统把品牌形象传递给消费者是最直接和快速的途径。

2. 品牌信誉。品牌信誉是指消费者及社会公众对一个品牌信任度的认知和评价，究其实质来源于产品的信誉。品牌信誉的建立需要企业各方面的共同努力，产品、服务、技术一样都不能少，并注重按合同规定的交货期交货以及及时结转应付账款等。

三、塑造品牌形象的程序

确定塑造品牌形象的程序，使工作按规则展开，有利于品牌形象的树立。品牌形象的塑造程序如图7-3所示。

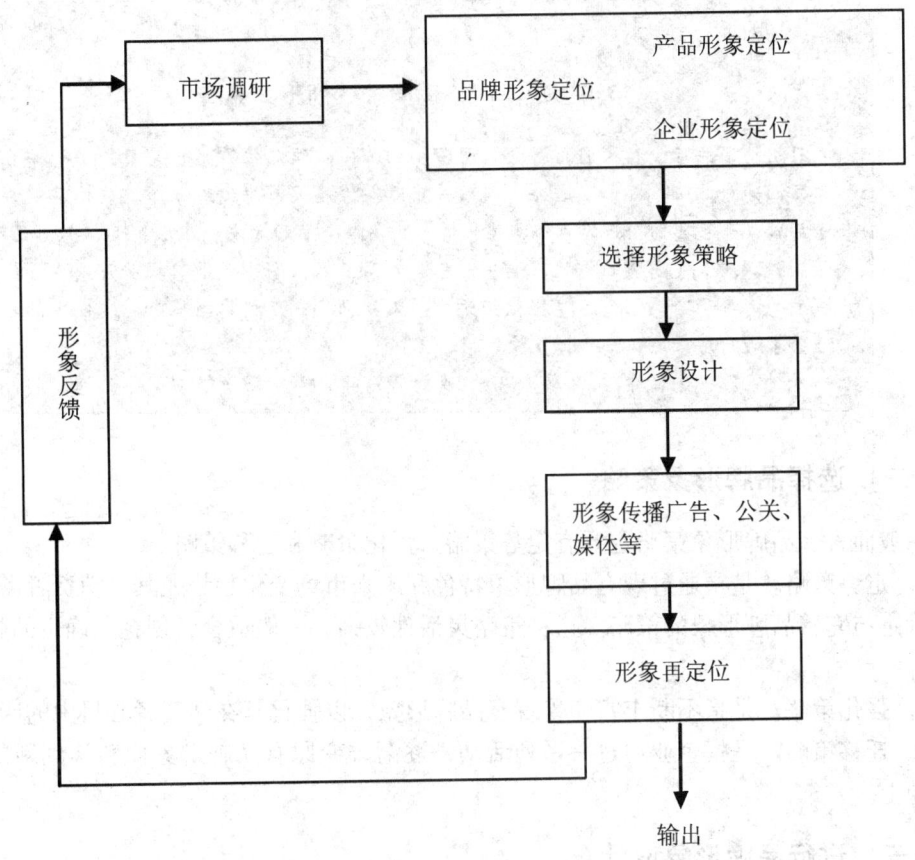

图7-3 品牌形象塑造程序图

（一）市场调研

市场调查是品牌定位的前提，而品牌形象定位是品牌定位的主要内容，调查分析的结果直接影响着品牌形象，决定着品牌形象的树立。市场调查的内容很广，在具体操作时可由企业根据企业规模和行业、市场特点灵活掌握。

> ✱ 小资料
>
> **宝洁适应不同心理需求策划不同品牌**
>
> 　　日用消费品行业和人们的消费心理密切相关，心理定位策略也是日用消费品企业常采用的一种方法。例如宝洁公司同时推出飘柔、潘婷、海飞丝三个洗发水品牌，但三个品牌具有不同的个性特点：飘柔强调一头乌黑亮丽的长发，柔顺飘逸，美丽动人；潘婷则强调对头发亮泽的维护，端庄典雅，秀而不妖；海飞丝则从去头皮屑入手，强调头发的清爽干净。三个品牌既相互竞争，又相互补充，利用消费者对洗发水的不同心理需求进行形象定位，从而各放异彩。
>
> 　　资料来源：徐日辉：《品牌形象》，有效营销网2007年3月6日。

（二）选择品牌形象策略

　　一般而言，品牌形象策略主要有定势策略、强化策略和迁移策略。

　　1. 定势策略。是指通过现有品牌形象特色和未来市场变化趋势尤其是消费者需求，不断确定与完善品牌形象的策略。这种策略灵活性较强，一般适合新创企业确定品牌形象。

　　2. 强化策略。是指不断丰富完善现有品牌形象，以强化其在消费者心目中的印象。

　　3. 迁移策略。是指企业通过一系列活动，逐渐改变原有品牌形象而转移到新的品牌形象上。

（三）进行品牌形象设计

　　品牌形象设计是一个系统工程，是品牌形象实施的重点，需要专业人士进行操作，大多数企业习惯于把品牌形象的设计工作委托给专业的CI设计专家。品牌形象设计包括产品设计、服务设计、商标设计、价格设计、包装设计等多个方面。

（四）品牌形象传播

　　品牌形象是消费者对品牌的认知和评价，因此，只有通过销售或宣传活动将其传达给消费者才具有意义。一方面，企业要通过电视、报纸、杂志等媒介有意识地向公众介绍品牌形象；另一方面，要做好公共关系工作，尽快形成品牌的良好形象。品牌形象塑造是一个不断重复的循环过程，需要不断地修正、完善和提升。

四、品牌形象策略

品牌形象是一种感觉，就像一个人具有独特的外貌、仪容仪表、气质风度那样，使人感觉到它独特的魅力。它通过产品、服务或者商标、包装等视觉系统散发出来。企业需要去挖掘及表现，可以参考以下几个角度，去赋予品牌以鲜明的个性。

（一）情感导入策略

品牌不是冷冰冰的牌子，它具有思想、个性和表现力，是沟通企业和消费者的桥梁。情感是人心目中最柔软的东西，以情动人是品牌经营者的不二法宝。

（二）专业权威形象策略

专业权威形象策略是一种极具扩张性、竞争性和飞跃性的形象策略，一般为那些在某一行业占据领先地位的企业所采用，以突出该品牌的权威度，提高消费者的信任度。

（三）心理定位策略

现代的消费行为变化已分为三个阶段：量的消费、质的消费和感性消费。在现代社会，既强调对消费者物质需求的满足，也看重情感心理上的满足。恰当的心理定位能唤起消费者心灵的共鸣，树立独特的品牌形象。

（四）文化导入策略

品牌形象所具有的感性色彩决定了文化是品牌构成中的一个重要因素。品牌本身就是一种文化，凝聚着深厚的文化积累，在品牌中注入文化因素，使品牌形象更为丰满，更有品味，更加独具特色。许多知名品牌背后都有一个动人的故事。

 思考与实习

一、思考题

1. 什么是细分市场策划？其标准和程序有哪些？
2. 什么是目标市场选择策划？其策略主要有哪些？
3. 市场定位策划的步骤、策略和方法主要有哪些？
4. 为什么企业竞争战略策划要先进行竞争对手能力分析？如何进行竞争对手分析？

5. 竞争战略策划一般有哪些类型？其特点和途径各是什么？
6. 企业形象策划的程序和原则有哪些？
7. 什么是品牌形象的构成要素？如何进行品牌形象的策划？

二、实习项目

×××地区餐馆市场细分图谱及商业机会分析策划书。

每3~5人为一组，按市场调查的工作流程，分工合作共同完成项目。由于工作量大，任务复杂，可分4周进行。

（1）建议如下：

第一周任务：餐馆市场资料调查

第二周任务：资料的归类分析、市场细分图谱绘制

第三周任务：商业机会分析

第四周任务：定稿，打印装订成册

（2）最后的策划书文本必须符合以下结构并按此次序装订成册：①封面；②前言；③目录；④摘要；⑤正文；⑥结束语；⑦附录。

（3）评分方式。

团体分数50%

个人分数50% $\begin{cases} 25\%效果表现 \\ 25\%准备工作 \end{cases}$

注：各人负责的部分要在报告后面注明。

【精彩个案】

香港银行的不同定位

在香港，金融业之兴旺发达，用"银行多过米铺"这句话来形容毫不过分。在这一弹丸之地，数千家各类银行散落在各个角落，竞争达到白热化程度。在这一狭小而竞争过度的市场空间中，如何才能立足脚跟，并把自己手中的蛋糕愈做愈大，各银行使出全身解数，走出了一条细分市场、利用定位策略、突出各自优势之路，使得香港的金融业呈现出一派百家争鸣、百花齐放的繁荣景象。

汇丰：定位于分行最多、实力最强、全港最大的银行。这是以自我为中心、实力展示式的诉求。20世纪90年代以来，为拉近与顾客的情感距离，它改变了定位策略。新的定位立足于"患难与共，伴同成长"，旨在与顾客建立同舟共济、共谋发展的亲密朋友关系。

恒生：定位于充满人情味的、服务态度最佳的银行。通过走感性路线赢得顾客心。突出服务这一卖点，也使它有别于其他银行。

渣打：定位于历史悠久、安全可靠的英资银行。这一定位树立了渣打可信赖的"老

大哥"形象,传达了让顾客放心的信息。

中国银行:定位于有强大后盾的中资银行。直接针对有民族情结、信赖中资的目标顾客群,同时暗示它提供更多更新的服务。

廖创兴:定位在助你创业兴家的银行。以中小工商业者为目标对象,为他们排忧解难,赢得事业的成功。香港中小工商业者是一个很有潜力的市场,廖创兴敏锐地洞察到这一点,并切准他们的心理:想出人头地,大展鸿图。据此,廖创兴将自身定位在专为这一目标顾客群服务,给予他们在其他大银行和专业银行所不能得到的支持和帮助,从而牢牢地占有了这一市场。

渣打银行历史悠久,可谓香港金融界的"大哥大",采取的是先入为主的定位策略,但它若一直以老大自居,无视竞争环境变化,不改变定位策略,其市场终有一天会被后来者蚕食;汇丰银行已意识到了这一点,在强调实力的同时,也强调情感定位,拉近与顾客的朋友伙伴关系;中国银行则在强调实力的同时,更注重加强民族感情,灌输这样一个概念:中国人应支持中国自己的银行;恒生银行不跟其他银行拼实力,而是抓住服务的空隙,强调以优质服务占领顾客的心;廖创兴银行虽小却自强,抓住中小工商业者这一空档大做文章,终于得一片天下。

资料来源:肖怡编著:《市场定位战略——找准顾客心》,企业管理出版社1999年版。

第八章 战术策划

重要提点
- 产品创新策划、产品组合策划、包装策划和服务策划
- 定价与价格变动策划
- 渠道设计与渠道管理策划
- 各种促销方式及其组合的策划

【导读】市场营销战术策划即市场营销组合4Ps策略策划,是营销策划的重要组成部分,内容包括产品策划、价格策划、渠道策划和促销策划。这四项内容不是彼此孤立的,首先,无论哪种策略的策划都必须以促进企业营销战略目标的实现为目的,紧紧围绕营销战略目标进行;其次,4Ps策略是有主次之分的,4Ps策划要以产品策划为基础,价格、渠道和促销策划尽管都可以以专题或专项策划的形式出现,但其策划的基础和依据是企业的产品策略,目的是为了保证产品策划的实现。

成功进行战术策划,不但要把握好营销组合策略的内容,更要认真领会和牢记战术4Ps之间的关系,在策划时将4Ps有机组合在一起,使之相互配合,在营销战略的前提之下,更好地实现企业的目标。

第一节 产品策划

产品策划不是单纯的产品设计,而是从营销的角度来规划企业的产品和产品组合,使得产品更易被市场接受,在既定时间内实现利润最大化的具体操作步骤。产品策划是营销战术策划最基本、最核心、最基础的内容。营销专家认为,市场成功靠的是50%的产品因素+20%的策划+30%的执行,成功的策划应该从策划一个好产品开始。

产品策划的内容有产品创新策划、产品组合策划、品牌与包装策划、与产品售后使用及重复购买密切相关的服务策划等。品牌策划在本书第七章已论述,本章不再述及。

一、产品创新策划

(一)产品创新的概念和种类

产品创新是企业生存和发展的重要前提,因而是产品策划的重点内容。产品创新是企业技术创新的核心内容,产品创新是一个全过程的概念,既包括新产品的开发、新产品的商业化扩散过程,也包括对现有生产要素进行创新组合而形成新的产品市场的活动。

创新贯串于企业产品开发的全过程。产品创新主要包括品种创新、结构创新、效用创新和品类创新等类型。产品创新的直接成果是新产品。所谓新产品,从营销学的角度看,就是某个市场上第一次出现或企业第一次生产销售的整体产品。整体产品中任何一部分的改革、改良或创新都可视为新产品。

1. 品种创新。是指企业根据市场需求的变化及时调整市场方案,开发受市场欢迎的、适销对路的产品品种。

2. 结构创新。是指企业通过努力,使其产品结构更合理、性能更好、使用更安全、操作更方便,从而更具市场竞争力。

3. 效用创新。是指企业通过了解消费者偏好,以此为依据改进原有产品,使产品带给用户更多的效用满足,更受用户欢迎和喜爱。

4. 品类创新。就是运用概念,在原有产品类别的旁边或中间开辟一个新领域。产品中要有与概念相符的特性,作为新品类的标志和概念传播的支撑。命名这个领域,把该领域作为一种新品类,把自己的产品作为这个新品类的第一个产品来经营,实现在新领域中的独占独享。

(二) 产品创新的主要方法和途径

1. 模仿跟进。即当竞争对手推出了市场效果良好的新产品时，企业也研发该种产品推出市场。模仿跟进是产品创新方法中最为经济高效的方法，其市场成功率也最高，市场上最常见的产品创新的成功案例大都源于这种方法。例如互联网中 Baidu 之于 Google，超级女声之于美国偶像，以及传统行业中采乐之于海飞丝。而在近几年兴起的 SP 行业，源于这种模式的成功案例更比比皆是。

2. 抢占市场空白区域。即在竞争对手尚未开拓的空白市场区域，推出与竞争对手相同或相似的产品，以抢占市场空白区域。企业内部的分公司可以使用这种方法，将企业在其主要市场上被证明获得成功的产品模式运用于区域市场。

抢占市场空白区域法的运用一般有以下两种情形：一是区域性企业发现全国性企业其中的一个有价值的产品，然后发现本区域对于该产品是空白区域，从而快速行动推出类似产品占领市场；二是全国性企业发现区域性企业其中的一个有价值的产品，然后在其他区域市场推出类似的产品。

3. 品类创新。所谓品类（Category），按照国际知名的 AC 尼尔森调查公司的定义，品类即根据消费者需求驱动、购买行为以及消费者的感知，将商品组成小组和类别，一个小组或类别代表了消费者的一种需求。简而言之，品类是根据消费者的需求进行分类，而不仅仅是根据商品属性进行分类。

> ✱ 小资料
>
> ### 关于碗碟的品类
>
> 关于"碗碟"，如果按照品类分，"碗碟"被定义为"消费者通常用于盛放食物的器皿"，所以它在小分类中是先分为"碗碟"，再细分为"陶碗碟"、"瓷碗碟"、"密胺碗碟"、"玻璃碗碟"、"不锈钢碗碟"、"木制碗碟"等，品类集中陈列，方便消费者选购。
>
> 如按照传统的商品属性分类，根据制造材料的不同，则将"陶碗碟"、"瓷碗碟"放在众多的陶瓷制品中，"密胺碗碟"放在密胺制品中，"玻璃碗碟"放在玻璃制品中，"不锈钢碗碟"放在不锈钢制品中，"木制碗碟"放在木制品中，在陈列方面，这些碗碟分别被陈列在五个不同的区域，顾客如要购买碗碟，就非常不方便。

品类创新是指通过确定用什么产品组成新的产品小组和类别，即在原有的产品类别中或在它的旁边，开辟一个新的领域，命名这个领域，将其作为一个新品类来经营，而把自己的产品作为这个新品类的第一个产品来经营,在自己开辟的新领域中独占独享。

构建新品类的方法有:

(1) 杂交。通过运用杂交营销理念,打破原来产品类别和营销方法的界限,创造新品类。如维生素C,按传统分类方法应当划归为药品,但在产品策划的帮助下,石家庄药业集团创造性地把它作为功能性食品来营销,走商超和时尚化路线,取得了巨大的成功;雅克V9,在糖果不同口味细分的基础上把糖果与维生素杂交,由此诞生了一种全新的维生素糖果品类,在维生素与糖果之间创造了另一个市场空间,超越了糖果的竞争。

(2) 颠覆。通过颠覆行业的规则来破局,进而开创新的品类。如洽洽瓜子的"煮";五谷道场方便面的"非油炸";等等,都是通过技术工艺创新,颠覆行业的传统生产工艺,在老品类的基础上创造新品类。

(3) 创意。通过用"创意思维+创新技术"创造一种全新品类。如茶爽——开创无胶基口香糖;波力海苔——类似紫菜,能够含化的、有着特殊味道的零食;露露杏仁露——原来的苦涩杏仁,转变为香浓的饮品。

(4) 概念。通过创造或发现"新概念"抢占先机,创造新品类。如好丽友秉承"变化,时刻比竞争对手先迈一步"的企业理念,把"派"这个概念从韩国带给中国大陆消费者,率先在国内市场占有这个品类,主推巧克力派。作为后来者的达利食品,则在"派"的概念中为自己抢占了一个分支——"蛋黄派",达利由此走向全国;再如华龙集团创造性地开创"弹面"市场,更是发现概念、创造新品类中的经典创意之作。

> **✱小资料**
>
> ### 弹面=巨大的新品类市场
>
> "劲道"是北方人对好面的最高评价。调查发现,"劲道"属于北方方言,不能展示今麦郎全国品牌的简明大气。为了更好地感受高品质方便面的口感、质感,经过反复试验,发现越是经煮、经泡的方便面,质量就越好,卖得也越好,而这一切都是由面的韧性决定的。因此,"韧性"成为消费者购买方便面的一大标准。但"韧性"通俗不足,而"弹"则最能给人高品质感,最能表现面的韧性,因此提出"弹面"的概念。
>
> "弹面"其实与质感、口感并没有本质的关联,但它绝对是产品最大的差异化卖点。当时康师傅等华龙的主要竞争对手注重产品的色、香、味,卖的是感官刺激和诱惑。因此,弹面相当于开创了一个巨大的新品类市场,意味着一个领袖品牌的诞生。
>
> 资料来源:《糖酒快讯》2007年1月29日。

(5) 定位。通过重新定位,使用定位性的名称将品类的功能准确表达出来,使原

有产品脱胎换骨，与其他同类产品区隔开，成为一个新的品类。定位的功夫下在消费者的头脑里、心目中，在产品上并不需要有本质的改变。如"怕上火就喝王老吉"，将"王老吉"定位为降火饮品，使王老吉同其他凉茶进行了区隔，开创了新的品类。

4. 移植。通过从相似行业或相异行业中寻找产品或服务，将其移植到本企业中，使之成为一个新的品类。如在相似增值服务行业中，IVR可以提供聊天业务，SMN同样也可以提供聊天业务；在相异的行业中，电台可以提供点歌服务，短信同样也可以提供点歌服务。

目前，移植是比较常用的产品创新方法，市场证明这种方法确实具有旺盛的生命力，与其他产品创新的方法相比，移植是分流原有的市场需求，其他方法则更多的是构建全新的市场需求。

5. 完全创新。完全创新是产品策划人员最希望采用的方法，和上述四种方法相比，也是成功率最低的一种方法，鲜有成功案例。完全创新就是采用科技新理论、新原理、新技术、新结构和新材料等，制造前所未有的新产品。采用这种产品创新方法，企业需要对市场以及消费者进行长期的研究，才能发现一个前所未有的空白需求，并且发现这种空白需求的人员还必须具有特别的灵感，比如牛顿、爱迪生等。

二、产品组合策划

（一）产品组合策划概述

产品组合策划是企业产品策划的重要内容之一。产品组合策划体现了一个企业经营涉及的领域和范围，体现了企业捕捉市场信息和开发产品的能力。产品组合策划要求策划人在对企业营销环境进行细致的调查分析，并在有效利用企业各种资源的基础上，提出在一段时间内企业的产品组合方案，依此来实施企业的产品组合策略。

产品组合是指一个企业生产或经营的全部产品线、产品项目的组合方式。产品线是指密切相关的一组产品，其在功能、目标顾客、销售渠道或销售价格的浮动等方面具有相似或密切的关系。产品项目是指产品线中不同规格、型号、式样的单项产品。

产品组合包括四个变数：宽度、长度、深度和关联度（一致性）。产品组合策划是通过研究产品线的宽度、长度、深度、关联度来进行产品组合决策，确定合理的产品线和产品项目。产品组合的宽度表明一个企业产品线的多少，产品线越多，企业的经营领域和经营范围就越大，这样就可以充分发挥企业的资源和技术优势，相应地减少企业单一经营的市场风险。产品组合的长度是指一个企业的产品组合中所有产品线上包含的产品项目的总数；产品组合的深度是指每条产品线上每种产品有多少花色式样规格。企业增加产品组合的长度和深度（即增加产品项目、增加产品的花色式样规格等），可以迎合广大消费者的不同需要和爱好，吸引更多的顾客。产品组合的关联度是指企业的各条产品线在最终使用、生产条件、分销渠道等方面相关的程度，企业增强产品组合的关联度，可以充分利用已有的生产资源、渠道优势和品牌优势来降低产品成本，提高产品的市场影响力和市场占有率。

❋ 小资料

宝洁（中国）公司的产品组合

序号	产品线	产品项目
1	洗发、护发用品	飘柔、潘婷、海飞丝、沙宣、伊卡璐
2	个人清洁用品	舒肤佳香皂、玉兰油香皂、舒肤佳沐浴液、玉兰油沐浴液、激爽香皂、激爽沐浴液
3	护肤用品、化妆品	玉兰油护肤系列、SK-Ⅱ化妆品
4	妇女保健用品	护舒宝卫生巾
5	口腔护理用品	佳洁士牙膏、佳洁士牙刷
6	织物与家居护理用品	碧浪洗衣粉、汰渍洗衣粉
7	婴儿护理用品	帮宝适纸尿片
8	食品、饮料	品客薯片
9	纸巾类用品	得宝纸巾

（二）产品组合的评价方法

企业的产品组合随着企业营销环境和市场需求状况的改变而调整。要调整产品组合，首先应对现有的产品组合进行评价，以确定产品组合调整的方向。

评价产品组合的方法主要有：

1. 三维分析图法。主要用于分析产品组合是否健全、平衡。在三维空间坐标上，以 X、Y、Z 三个坐标轴分别表示市场占有率、销售成长率和利润率，每一个坐标轴又为高、低两端，这样就能得到八种可能的位置。如图 8-1（三维分析图）所示。

如果企业的大多数产品项目或产品线处于 1、2、3、4 号位置上，通常可以认为产品组合已达到最佳状态。因为任何一个产品项目或产品线的利润率、成长率和占有率都有一个由低到高又转为低的变化过程,不能要求所有的产品项目同时达到最好的状态,即使同时达到也是不能持久的。因此企业所能要求的最佳产品组合,必然包括目前虽不能获利但有良好发展前途、预期成为未来主要产品的新产品;目前已达到高利润率、高成长率和高占有率的主要产品;目前虽仍有较高利润率而销售成长率已趋降低的维持性产品;已决定淘汰、逐步收缩其投资以减少企业损失的衰退产品。

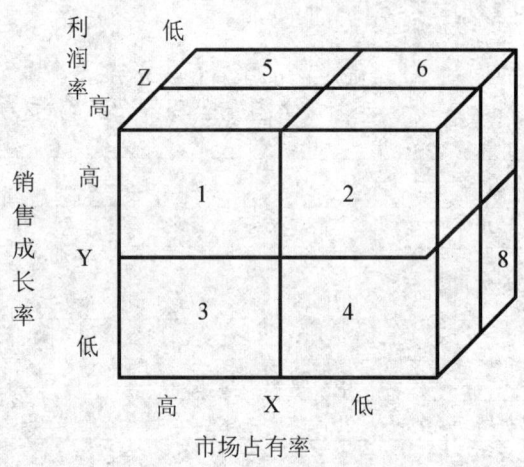

图 8-1 三维分析图法

2. 波士顿矩阵法。波士顿矩阵认为一般决定产品结构的基本因素有两个,即市场引力与企业实力。市场引力包括企业销售量(额)增长率、目标市场容量、竞争对手强弱及利润高低等,其中最主要的是反映市场引力的综合指标——销售增长率,这是决定企业产品结构是否合理的外在因素。企业实力包括市场占有率、技术、设备、资金利用能力等,其中市场占有率是决定企业产品结构的内在要素,它直接显示出企业竞争实力。销售增长率与市场占有率既相互影响,又互为条件。市场引力大,销售增长率高,可以显示产品发展的良好前景,企业也具备相应的适应能力,其实力较强;如果仅有市场引力,而没有相应的高销售增长率,则说明企业尚无足够实力,那么该种产品也无法顺利发展。相反,企业实力强,而市场引力小的产品也预示了该产品的市场前景不佳。通过以上两个因素相互作用,会出现四种不同性质的产品类型,形成不同的产品发展前景。

(1) 明星类产品。销售增长率和市场占有率"双高"的产品群。
(2) 瘦狗类产品。销售增长率和市场占有率"双低"的产品群。
(3) 问题类产品。销售增长率高、市场占有率低的产品群。
(4) 现金牛类产品。销售增长率低、市场占有率高的产品群。

波士顿矩阵分析法得出的结论是：最佳产品组合是迅速淘汰"问题类产品"，让"明星类产品"转化成"现金牛类产品"；保证"现金牛类产品"不受冲击；适当保留"瘦狗类产品"，作为打价格战攻击对手的武器和成为"现金牛类产品"的防火墙。

（三）产品组合策略

企业在进行产品组合时，涉及三个层次的问题，需要做出抉择：一是确定产品组合的广度，即确定产品组合中有多少条产品线；二是确定产品组合的深度，即确定每一条产品线包括多少个产品项目；三是确定产品组合的关联度，即确定这些产品线之间的关联性，以此来确定企业的产品组合。三个层次问题的抉择应该遵循既有利于充分利用企业的资源、促进销售，又有利于增加企业的总利润这个基本原则。

企业在调整和优化产品组合时，以现有产品组合为基础，依据不同的情况，可以选择不同的策略：

1. 产品线扩散策略。包括向下策略、向上策略、双向策略和产品线填补策略。
2. 产品线削减策略。
3. 产品线现代化策略。在迅速发展变化的高技术时代，产品线现代化必不可少。进行产品线或产品项目的现代化改造，开发新的产品线或新的产品项目。
4. 产品线的"品牌优化"策略。在每条产品线上寻找和选择有特色的产品项目，通过品牌建设来吸引顾客，带动其他产品项目的销售。通过品牌建设运用品牌决策优化产品组合。

产品组合的四个因素和促进销售、增加利润都有密切的关系。一般来说，拓宽、增加产品线有利于发挥企业的潜力、开拓新的市场；延长或加深产品线可以适合更多的特殊需要；加强产品线之间的关联度（一致性），可以增强企业的市场地位，发挥和提高企业在有关专业上的能力。

（四）产品组合策划的原则

1. 销量产品与利润产品配合推广的原则。销量产品即毛利率不高，但销售量较大的产品。这类产品的市场认知度较高，可以提高公司的知名度。以销量产品来拉住客户，让客户认知企业，赢取高回头率。一个企业的生存基础不是产品的销量，而是稳定的客户群，因此，销量产品可以以较低的毛利成交。实际上，销量产品的销售费用和管理费用往往更为节省。企业要想保持有较好的赢利水平，还要配合一些利润产品，这些产品销量不够大，但毛利较高。因此，企业在进行产品组合策划时，要关注的是整个产品组合的总毛利额，而非单位毛利率。
2. 严格控制组合中利润产品、销量产品和无利润产品（策略性产品）比例的原则。利润产品指档次较高、毛利率高，可以代表公司形象和品牌形象的产品。这类产品是推广力度大、市场投入大，而前期不讲收益的产品；销量产品是公司赖以生存的生命线，在所有产品中占的比重大，利润适中。销量产品比重的大小反映了公司的产品结构、经营状况。销量产品也是业务人员的生命线。无利润产品可分为两类：一类是策略性亏损产品，产品价格设定偏低，导致无利润；另一类是特殊功能产品，用于抢占市场份额或抵御竞争产品进攻等。无利润产品比重过大，则意味着公司处于无赢利状态，无法长久发展。因此，在进行产品组合策划时，要遵循以下几点：

（1）严格控制无利润产品的销量，其所占比重不能超过总销量的30%；利润产品利润高，可提升品牌形象，但要想有所建树，该类产品的销量要达到20%以上；销量产品是企业的生命线，必须占到总销量的半壁江山。

（2）单品销量比重切忌过大，单品销量超出40%，则跨上了危险线，超出60%则进入死亡线，所以要丰富产品组合以降低单品销量过大造成的风险。

3. 产品组合应呈阶梯状的原则。产品组合既要满足不同层次客户的要求，又要使得产品更新比较平稳，不会因一个产品的淘汰而使总销售量下滑，以至于影响企业的整体利润。产品在市场中的销量一般都是呈金字塔型的，越往下，价低质低量大；越往上，价高质高量少，越是低层，越容易被淘汰。

4. 敏感型产品与非敏感型产品区别定价的原则。敏感型产品即企业的普销性产品，客户很容易通过比较来辨别其售价的高低。非敏感产品如配件、服务等，是顾客不注意或无从比较的产品。敏感型产品的价格要有竞争力，非敏感的产品价格则可以定得较高。像家乐福、沃尔玛这类大型超市，对人们日常关注的敏感性产品，如洗衣粉、啤酒等，定价绝对是很低的，其他的产品就略微低一些，或者持平而已。但一般消费者则会认为这些超市所有的商品都是最低价的。

> ❋小资料
>
> **华龙面产品组合策略分析**
>
> 位于河北省邢台市隆尧县的华龙集团的方便面产销量位居行业第二，仅次于康师傅，与"康师傅"、"统一"形成三足鼎立的市场格局。
>
> 华龙方便面组合策略分析。华龙目前拥有方便面、调味品、饼业、面粉、彩页、纸品等六大产品线，其产品组合的长度为6。方便面是华龙的主要产品线。其中华龙方便面产品组合非常丰富，共有17种系列、十几种口味和上百种规格。
>
> ——阶段产品策略
>
> 企业在不同的发展阶段，适时推出适合市场的产品。

1. 发展初期。推出适合农村市场的"大众面"系列，该系列产品价位超低，为华龙打开了进入农村市场的门槛，抢占了大部分低端市场。

2. 发展中期，推出了面向全国的中高档系列。如中档的"小康家庭"、"大众三代"，高档的"红红红"等。

3. 2002年起，开始大力开发城市市场中的中高价位市场，开发出第一个高档面品牌——"今麦郎"，并在北京、上海等大城市获得成功。

——区域产品策略

华龙从2001年开始推行区域品牌战略，针对不同地域的消费者推出不同口味和不同品牌的系列新品。

1. 华龙的产品策略和品牌战略是：不同区域推广不同产品；少做全国品牌，多做区域品牌。

2. 作为一个后起挑战者，华龙在开始时选择了中低端大众市场，最大限度挖掘区域市场，如华龙针对中原河南大省开发出"六丁目"，针对东三省有"东三福"，针对山东大省有"金华龙"等。

——市场细分的产品策略

1. 华龙根据行政区划推出不同产品。如在河南推出"六丁目"，在山东推出"金华龙"，在东北推出"可劲造"。

2. 华龙根据经济发达程度推出不同产品。如在经济发达的北京和上海推广目前最高档的"今麦郎"桶面、碗面。

3. 根据年龄因素推出适合少年儿童的A干脆面系列；适合中老年人的"煮着吃"系列。

4. 感谢消费者推出"甲一麦"系列；为回报农民兄弟推出"农家兄弟"系列；

——创新产品策略

1. 产品规格和口味上的创新。从50g一直到130g，华龙在10年的时间里总共开发了几十种产品规格，开发出翡翠鲜虾、香辣牛肉、烤肉味道等十余种新型口味。

2. 产品形状和包装上的创新。推出面饼为圆行的"以圆面"系列；"弹得好，弹得妙，弹得味道呱呱叫"的弹面系列；包装新潮、时尚、酷的"A小孩"系列；等等。

3. 产品概念上的创新。创造适合中老年人"煮着吃"的概念和"弹面"概念。

——产品延伸策略

1. 六丁目之后，推出六丁目108、六丁目120、超级六丁目；金华龙之后，推出金华龙108、金华龙120；东三福之后，推出东三福120、东三福130等。

2. 市场还注重产品品牌延伸。在东北三省推出"东三福"系列之后，又推出"可劲造"系列。

每一个系列产品都有其跟进的"后代"产品。

资料来源：张立森：《华龙面产品组合策略分析》，有删改。

三、产品包装策划

包装是产品策略的重要内容,是整体产品不可分割的一部分。产品只有经过包装,生产过程才算结束。包装是一项技术性和艺术性很强的工作,产品的包装要达到以下效果:显示产品的特色和风格;与产品价值和质量水平相匹配;包装形状、结构和大小方便运输、携带、保管和使用;包装设计应适合消费者心理,尊重消费者的宗教信仰和风俗习惯,符合法律规定;等等。

基于成本考虑,包装决策传统上被认为是一种附带的营销决策。随着自助服务销售方式的发展,产品的包装已经成为一项重要的营销工具。包装必须吸引顾客注意,体现产品的功能特色,给顾客以信心,使产品在顾客心目中有一个好的印象。因而,在进行包装策略策划时,除要实现包装的各项功能,还应注意社会对于包装日益关切的趋势,使包装同时满足社会利益、消费者需要和企业目标。

包装策划是策划人帮助企业进行产品设计、指导生产和使用包装物的系列活动。整个过程包括以下几个方面的内容。

(一) 包装策划的原则

1. 正当合法原则。包装和标签要真实守法,避免引起误解。不实或易引起误解的包装和标签,会导致不公平竞争;令人混淆不清的包装形状、计量单位使消费者难以在价格上进行比较。

2. 经济节约原则。包装应与产品价值相匹配,防止包装过度。过度包装既浪费社会资源,增加销售成本,也增加包装废弃物。企业要有发展的眼光和长远的考虑,应树立绿色包装观念,增强生态环境保护意识,应删繁就简,"适度"包装,既能起到包装的各项功能作用,又不浪费资源,便于回收利用。

3. 安全环保原则。绿色环保观念正逐渐形成潮流,在设计产品包装时应设法使其符合生态环境的要求。

(二) 包装要素策划

包装要素策划的内容包括包装容量大小、包装形状、包装构造、包装材料、包装特色、包装颜色图案和文字说明、包装标识和标签内容、包装的再使用价值确定等。

(三) 包装策略策划

包装策划除了对产品包装要素进行策划外,还需要对包装策略进行策划。包装策略策划主要是指对包装策略进行选择、组合和创新，使包装成为强有力的营销手段。常用的包装策略主要有以下几种（参见表8-1）：

表8-1 常用包装策略一览表

包装策略	特 点
类似包装策略	1. 企业生产的产品都采用相同或相似的形状、图案、色彩和特征 2. 节省包装设计成本，扩大企业及产品的影响，利于新产品进入市场 3. 有株连效应
组合种包装策略	1. 依据消费习惯，把使用时有关联的多种产品配套装入一个包装物 2. 一物带多物，既方便购买，又能扩大销路
再使用包装策略	1. 包装物在产品用完后，还可以做其他用途 2. 一物多用 3. 发挥广告宣传作用
附赠包装策略	1. 在产品包装物上或包装内，附赠物品或奖券 2. 增加购买者的兴趣，吸引顾客重复购买 3. 赠品要制作精良
等级包装策略	1. 把所有产品按品种和等级不同采用不同等级的包装 2. 能突出商品的特点，与商品的质量和价值协调一致 3. 满足不同购买水平消费者的需求 4. 设计成本增加
改变包装策略	1. 对产品原包装进行改进或改换 2. 原产品声誉受损、销量下降时，可通过改变包装，制止销量下降

（四）包装试验

产品包装及包装策略设计好后，要进行必要的试验，以便在正式使用前进行修正和改进，确保包装策略的效果。包装试验的主要内容有：

1. 工程试验。主要检验包装的基本功能如运输、储存、携带和方便使用过程中的适应性。如检验有无破损、变形、密封、退色等。

2. 视觉试验。确认包装的装潢如包装的色彩，图案的协调性，造型结构的新颖性，标签和文字说明等的合法性、简明和易读性等。

3. 经销商测试。企业营销人员应充分征求和听取经销商关于包装设计方案或样品的意见和建议，根据这些意见和建议对包装设计进行改进。经销商测试的主要内容有，包装是否引人注目吸引购买；包装是否便于运输、储存和保护商品；包装是否利于减少失窃；等等。

4. 消费者测试。征求目标消费者对产品包装设计方案或包装样品的意见和建议，并按照意见和建议进行改进。消费者测试的主要内容有包装是否便于识别；能否通过包装了解产品内容；是否方便携带和使用；是否方便用后存储；等等。

四、产品服务策划

（一）服务的特征

1. 服务的无形性特征使得服务产品的定价远比有形产品的定价更为困难。
2. 服务的不可储存性及服务的需求不稳定性，产生了不同时期有差别的服务产品价格。
3. 顾客往往可以推迟消费某些服务，甚至可以自己来实现某些服务的内容，类似的情况往往导致服务卖主之间更激烈的竞争。
4. 服务的同质性使价格竞争更加激烈。
5. 服务与服务提供者的不可分开性，使得服务受到地理因素或时间的限制。

（二）服务策划的内容

1. 服务环境及其影响因素。服务环境是指企业向顾客提供服务的场所，包括影响服务过程的各种设施，以及许多无形的要素。影响服务环境的关键因素包括：

（1）实物属性。企业的建筑构造设计和外在有形表现会影响其服务形象。建筑物的具体结构，包括建筑物的规模、造型、使用的材料、地点位置以及与邻近建筑物的比较，都是影响顾客观感的因素。相关因素，如停车的便利性、橱窗门面、门窗设计、招牌标识等也很重要。企业内部的陈设布局、装饰、家具、照明、色调配合、材料使用、空气调节、标记，视觉呈现如图像和照片的素质等，所有这一切合并在一起往往就会创造出"印象"和"形象"。从更精细的层面而言，内部属性还包括记事纸、文具、说明小册子、展示空间和货架等项目。

能将所有这些构成要素合并成为一家企业"有特色的整体个性"，需要相当的技术性和创造性。有形展示可以使一家公司或机构显示其"个性"，而"个性"在高度竞争和无差异化的服务产品市场中是一个关键特色。

（2）气氛。服务设施的气氛也会影响其形象。"气氛"是指一种借以影响买主的"有意的空间设计"。气氛对于员工以及前来公司接洽的人员都有重要的影响。影响

"气氛"的因素包括：

1）视觉。零售商店使用"视觉商品化"来说明视觉因素影响顾客对商店的观感。零售业的视觉商品化，旨在确保服务的推销和形象的建立是持续进行的。照明、陈设布局、颜色、服务人员的外观和着装等，都是视觉商品化的一部分。总之，视觉呈现是顾客惠顾服务产品的重大原因之一。

2）气味。气味会影响形象。零售商店可使用芳香和香味来推销其产品。面包店可巧妙地使用风扇将刚出炉的面包香味吹散到街道上，事业服务业的办公室皮件的气味和皮件亮光蜡或木制地板打蜡后的气味，往往可以散发一种特殊的豪华气息。

3）声音。声音是气氛营造的背景。青少年流行服装店的背景音乐，所营造出的气氛与大型百货公司升降梯中听到的莫扎特笛音气氛大不相同，和航空公司在起飞之前播放的令人舒畅的旋律的气氛全然迥异。最近对于零售店播放音乐的一项研究指出，店里的人潮往来流量，会受到播放的音乐而有所改变。播放缓慢的音乐时，营业额度往往会比较高。

4）触觉。厚重质料铺盖的座位的厚实感、地毯的厚度、壁纸的感度、咖啡店桌子的木材感和大理石地板的冰凉感，都会带来不同的感觉，并产生出独特的气氛。产品使用的材料和陈设展示的技巧都是重要的触觉因素。

2. 服务满意策划。服务满意是指产品售前、售中、售后以及产品生命周期的不同阶段采取的服务措施能否令顾客满意，主要是指在服务过程的每一个环节都设身处地为顾客着想，方便顾客。企业实施服务满意的主要方法有：

（1）训练服务意识。服务意识是经过训练逐渐形成的。作为一种意识，不能用规则来保持，必须内化在员工的人生观里，成为一种自觉的思维意识。要使服务满意，必须对员工进行服务意识训练。

（2）建立完整的服务指标。服务指标是企业内部为顾客提供全部服务的行为标准，仅有服务意识并不能保证有满意的服务，企业还要建立一套完整的服务指标，作为服务工作的指导和依据。

（3）考察服务满意度。员工对顾客的服务是否使顾客满意，必须通过一定的方式进行考察。

3. 服务有形化策划。服务有形化是指企业借助服务过程中的各种有形要素（包括实物、数字、文字、音像、实景、事实及其他可视方式），使无形服务及企业形象具体化和便于感知。

（1）服务有形化的内容。

1）服务产品有形化。即通过服务设施等硬件技术，如自动对讲、自动洗车、自动售货、自动取款等技术来实现服务自动化和规范化，保证服务的前后一致和服务质量的始终如一；通过能显示服务的某种证据，如各种票券、牌卡等代表消费者可能得到的服务利益，区分服务质量，变无形服务为有形服务，增强消费者对服务的感知能力。

2）服务环境有形化。服务环境是企业提供服务和消费者享受服务的具体场所与气氛，它虽不构成服务产品的核心内容，但它能给企业带来"先入为主"的效应，是服务产品存在的不可缺少的条件。

3）服务提供者"有形化"。服务提供者是指直接与消费者接触的企业员工，其所具备的服务素质、性格、言行以及与消费者接触的方式、方法和态度等，会直接影响到服务营销的实现。为了保证服务营销的有效性，企业应对员工进行服务标准化的培训，让其了解企业所提供的服务内容和要求，掌握进行服务的必备技术和技巧，以保证其所提供的服务与企业的服务目标相一致。

(2) 服务有形化的策略。

1）具体化策略。即将服务内容具体地呈现出来，让消费者很容易知道购买该服务所能得到的利益。譬如，美国有名的旅游渡轮卡尼佛公司（Carnlval Cruise Lines）就常常在广告中展现顾客通过跳舞、餐宴或拜访奇特地点所体验的无比刺激与快乐。

2）发挥联想效应策略。即让服务与有形的物体、人或动物一起出现，当消费者看到时，就会联想到该服务的优点。譬如人寿保险界的大树、大伞、巨大盘石，都使人联想到保险公司的可靠与保障。

3）有形展示策略。即以实际的服装、物体、装潢和包装等来传递服务本身的品质。譬如航空公司机上服务人员的制服传递着管理制度化的讯息，同时也对乘客暗示"飞行安全"；麦当劳、肯德基等速食业的服务人员也必须身着制服以传递其干净、值得信赖的讯息。

4）提供书面证据策略。即以实际的数字资料来证实企业服务内容的优越性与值得信赖。譬如，美国西北航空公司经常在广告中借由正确比较各航空公司的延误抵达时间，凸显其因较少延误而为乘客节省的宝贵时间。

4. 服务质量策划。服务质量既是服务本身的特性与特征的总和，也是消费者感知的反应，因而服务质量既由服务的技术质量、职能质量、形象质量和真实瞬间构成，也由感知质量与预期质量的差距所体现。

(1) 技术质量是指服务过程产出的质量，即顾客从服务过程中所得到的东西的质量。例如宾馆为旅客休息提供的房间和床位，饭店为顾客提供的菜肴和饮料，航空公司为旅客提供的飞机和舱位，等等。对于技术质量，顾客容易感知，也便于评价。

(2) 职能质量是指服务推广的过程中顾客所感受到的服务人员在履行职责时的行为、态度、穿着、仪表等给顾客带来的利益和享受。职能质量完全取决于顾客的主观感受，难以进行客观的评价。技术质量与职能质量构成了感知服务质量的基本内容。

（3）形象质量是指企业在消费者和社会公众心目中形成的总体印象。包括企业的整体形象和企业所在地区的形象两个层次。企业形象通过视觉识别、理念识别、行为识别等系统多层次地体现。顾客可从企业的资源、组织结构、市场运作、企业行为方式等多个侧面认识企业形象。企业形象质量是顾客感知服务质量的过滤器。如果企业拥有良好的形象质量，些许的失误会赢得顾客的谅解；如果失误频繁发生，则必然会破坏企业形象；倘若企业形象不佳，则企业任何细微的失误都会给顾客造成很坏的印象。

（4）真实的瞬间是服务过程中顾客与企业进行服务接触的过程。这个过程是企业在一个特定的时间和地点，向顾客展示自己服务质量的时机。真实瞬间是服务质量展示的有限时机，一旦时机过去，服务交易结束，企业就无法改变顾客对服务质量的感知；如果在这一瞬间服务质量出了问题也无法补救。真实的瞬间是服务质量构成的特殊因素，这是有形产品质量所不包含的因素。

服务生产和传送过程应计划周密，执行有序，防止棘手的"真实的瞬间"出现。如果出现失控状况并任其发展，出现质量问题的危险性就会大大增加。一旦棘手的"真实的瞬间"失控，服务质量就会退回到一种原始状态，服务过程的职能质量更是深受其害，会进一步恶化质量。

（5）服务质量流程。服务所涉及的行业五花八门，涉及的专业和产品种类繁多，项目范围有大有小，不可能有一个统一的标准服务质量管理流程模式来规范。企业必须依据自己的实际情况，按照 ISO 9000 质量保证标准要求，结合现有的成熟管理经验，付出一定的人力、物力、财力，建立健全符合自己管理需要的服务质量流程。

一个企业或组织强化服务质量管理，一是确定企业的质量方针和目标；二是确定岗位职能和权限；三是建立完善服务质量管理流程，并使其有效运行。通常服务质量管理流程的设计需要经过人员培训、组织准备、质量职能分配、确定质量方针和目标、编制质量体系程序文件、编制质量手册、编制作业文件七个步骤。

（6）服务质量认证。质量认证是产品或服务在进入市场前，依据国际通行标准或国家规定标准和质量管理条例，由第三方认证机构进行质量检查合格后发给合格证书，以提高企业及其产品、服务的信誉和市场竞争力的行为。质量认证有两种表示方法：

1）认证证书。即合格证书，是由认证机构颁发给企业的一种证明文件，证明其某种产品或服务符合特定标准和技术规范。

2）认证标志。即合格标志，是由认证机构设计并发布的一种专用标志，用以证明其某产品或服务符合特定的标准或技术规范，经认证机构批准后在其产品或服务载体上使用。

❋ 小资料

海尔：十年星级服务赢得用户真心

自从1994年推出"星级服务"以来，海尔集团在10年的创新发展中，用户满意度逐渐提升，品牌内涵日益丰富。最近，海尔入选世界品牌实验室评选的"世界最具影响力的100个品牌"，刷新了中国本土品牌的历史。在这一历史性成就的背后，海尔服务功不可没。

海尔认为，只有通过持续性推出亲情化的、能够满足用户潜在需求的服务新举措，才能拉开与竞争对手的距离，提升海尔服务形象，最终创造用户感动，实现与用户的零距离。在这种理念指导下，"先设计后安装"、"五个一服务"、"星级服务一条龙"、"一站式通检服务"、"海尔全程管家365"、"神秘顾客"等海尔星级服务内容不断创新提升。

家电产品只有适时进行适当的保养，才能延长使用寿命、节能降耗，并保障安全、正常运行。2003年，海尔为此推出"全程管家365"服务，海尔全国2万名星级服务工程师整装待发，消费者只需直接拨打海尔24小时服务热线，即可预约海尔"全程管家"为消费者提供的先设计后安装、保养、清洗、维护家电的全方位服务。

海尔从用户的满意出发，发明了空调"无尘安装"方法，将打孔时造成的尘土吸进专用的吸尘罩内，操作现场不会出现尘土，对用户家不会产生任何影响。无尘安装改变了传统空调在安装打孔时的尘土飞扬，无尘服务带动了家电服务业的发展，拉动了空调服务业的又一次升级。

针对海尔家电门类众多的情况，海尔推出"一站式服务"：经过专业化、规范化、严格培训且考核合格的海尔服务工程师，在为用户提供手到病除的基本服务的同时，还对用户家中所有海尔家电进行"一站式"通检及维护、保养、清洗服务，另外还根据用户的个性化需求提供诸如安全配电、线路检查、定向排水、管路维护等即时满足的服务。

在对服务的认识上，海尔认为，为用户解决问题的服务只是补偿式服务，而用户真正需要的是"增值"的服务。现在，依托海尔电话中心的电话专卖店越来越受到用户的喜爱，销售额连创新高。用户要购买任何海尔家电，海尔新推出的"电话专卖店"就可让消费者享受到"只要一个电话，满意家电送到家"的超值服务。

另外，为进一步提高用户需求的响应速度，为用户提供随叫随到的服务，海尔集团顾客服务系统实现信息化，信息流程再次提速，实现了与全国5000多家专业服务商的联网，实行网上派工，电话中心接到用户信息后，利用自动派工系统5分钟之内便可将信息同步传送到离用户距离最近的专业服务商，提供随叫随到的服务。

为了真实掌握终端的服务质量，发现服务中存在的问题，了解用户的需求，2003年10月份开始，海尔集团在全国各地招聘了上千名"神秘顾客"，主动捕捉服务终端

> 缺陷,全方位、各角度地挑服务上的"刺",揭自己的"短",以推进服务体系的完善及服务人员服务意识的提升。正是因为做到了这些,海尔的服务才得到了消费者的最高评价。
>
> 资料来源:《深圳特区报》2008年1月10日。

第二节 价格策划

价格是企业市场营销策略组合中一个重要且敏感的因素,产品或服务定价是否恰当,在很大程度上直接关系到消费者对产品和服务的接受程度,影响企业的销售量和营利水平。因此,价格的制订是企业营销战术策划的一个重要内容。价格策划包括两个方面的内容:一是定价策划。即分析影响定价的因素,选择定价的方法和定价的策略,制订一套具有可操作性的定价方案。二是价格变动策划(调价策划)。随着市场竞争的加剧,企业还要考虑应对竞争而进行价格调整,针对竞争对手的价格变动和市场状况,制订行之有效的价格变动方案。无论是定价策划还是价格变动策划,策划的最终都要形成一套完整的与其他营销因素相配合的操作方案。

一、定价策划

(一)分析影响定价的因素

通常情况下,企业产品或服务价格的上限取决于产品或服务的市场需求,其下限则决定于产品或服务的成本费用,在最高价格和最低价格之间,产品或服务的价格水平受到多种因素的影响,如竞争产品的价格水平、购买方的议价能力等,因此,要进行价格策划,首先要分析影响定价的各种因素(参见表8-2)。

表8-2 影响企业定价的各种因素一览表

因素			定价水平
定价目标	维持企业生存		倾销价格、保本价或低于成本价
	当前利润最大化		需求弹性大的产品定低价；反之，定高价
	市场份额最大化		低价
	应付和防止竞争		低价
	保证产品质量最优		高价
成本	固定成本+变动成本		保本价
	总成本+目标利润		目标利润价
	变动成本		边际利润价
需求	需求收入弹性		弹性大，收入增加，定高价；收入减少，定低价；弹性小，定常价
	需求价格弹性		弹性大的产品，定低价；反之，定高价
	需求交叉弹性	互补品	主产品定低价，副产品定高价
		替代品	保持价格水平一致
		条件品	调价品涨价，本产品降价；反之，则考虑升价
	顾客议价能力		议价能力强，定低价；反之，定高价
供求	买方市场		定低价
	卖方市场		定高价
竞争	实力强大、资本雄厚		低于竞争对手价格
	实力相当或较弱		随行就市
	产品独特、质优		高于竞争对手价格
其他	通货膨胀、国家法律法规、国民经济发展状况、国际进出口状况等		

（二）选择定价的方法

影响定价的主要因素有成本、需求和市场竞争，因此，定价的基本方法有三种大的类型，即成本导向定价法、需求导向定价法和竞争导向定价法（参见表8-3）。

表 8-3　常用定价方法一览表

定价类型	定价方法	具体做法
成本导向定价法	成本加成定价法	价格＝单位产品成本＋（1＋行业加成率）
	保本定价法	价格＝单位成本
	目标利润定价法	价格＝单位成本＋单位产品目标利润
	边际收益定价法	价格＝单位变动成本＋单位产品边际贡献
需求导向定价法	感受值定价法	价格＝顾客感受价格水平
	拍卖定价法	价格＝最高竞价
竞争导向定价法	随行就市定价法	价格＝行业市价
	密封投标定价法	价格＝期望利润最高（成本最低）的递价

（三）选择定价策略

企业经常采用的定价策略有：

1. 新产品的定价策略。新产品与其他产品相比，可能具有竞争程度低、技术领先的优点，但同时也会有不被消费者认同和产品成本高的缺点，因此，在为新产品定价时，既要考虑能尽快收回投资，获得利润，又要有利于消费者接受新产品。实际中，常见的新产品定价策略有以下三种：

（1）撇脂定价，也称高价策略。指企业以大大高于成本的价格将新产品投入市场，以便在短期内获取高额利润，尽快收回投资，然后再逐渐降低价格的策略。一般地，撇脂定价策略适合于市场需求量大且需求价格弹性小、顾客愿意为获得产品而支付高价的细分市场，或企业是某一新产品的唯一供应者时，采用撇脂定价可使企业利润最大化。

（2）渗透定价。是在新产品投放市场时，将价格定得较低，以吸引大量消费者，提高市场占有率。采取渗透定价策略不仅有利于迅速打开产品销路，抢先占领市场，提高企业和品牌的声誉；而且由于价低利薄，从而有利于阻止竞争对手的加入，保持企业一定的市场优势。通常渗透定价适合于产品需求价格弹性较大的市场，低价可以使销售量迅速增加；同时要求企业生产经营的规模经济效益明显，成本能随着产量和销量的扩大而明显降低，从而通过薄利多销获取利润。

（3）试销定价。试销价格是指企业在某一限定的时间内把新产品的价格维持在较低的水平，以赢得消费者对该产品的认可和接受，降低消费者的购买风险。如微软公司的 Acceess 数据库程序在最初的短期促销价为 99 美元，而建议零售价则为 495 美元。试销价格有利于鼓励消费者试用新产品，而企业则希望消费者通过试用而成为企业的忠实

顾客，并建立起企业良好的口碑。

2. 产品组合的定价策略。产品组合定价指企业为了实现整个产品组合（或整体）利润最大化，在充分考虑不同产品之间的关系，以及个别产品定价高低对企业总利润的影响等因素的基础上，系统地调整产品组合中相关产品的价格。主要的策略有：

（1）产品线定价策略。指企业为追求整体收益的最大化，为同一产品线中不同的产品确立不同的角色，制订高低不等的价格。有的产品充当招徕品，定价很低，以吸引顾客购买产品线中的其他产品；而定价高的则为企业的获利产品。产品线定价策略的关键在于合理确定价格差距。

（2）互补品定价策略。有些产品需要互相配合在一起使用，才能发挥出某种使用价值。如相机与胶卷、隐形眼镜与消毒液、饮水机与桶装水等。企业经常为主要产品（价值量高的产品）制订较低的价格，而为附属产品（价值量较低的）制订较高的价格，这样有利于整体销量的增加，从而增加企业利润。

（3）成套优惠定价策略。对于成套设备、服务性产品等，为鼓励顾客成套购买，以扩大企业销售，加快资金周转，可以使成套购买的价格低于单独购买其中每一产品的价格总和。

（4）捆绑定价策略。是指生产企业将一种产品与其他产品组合在一起以一个价格出售。最著名的捆绑定价策略是微软公司将其"探索者"与视窗操作系统实行捆绑定价销售。

> ✻ 小资料
>
> ### 海尔的定价战略
>
> 1. 海尔制定了层次分明的价格组合
>
> 海尔针对不同层次的消费者，制定了不同的价格，通过制造差别化产品来满足差别消费人群。海尔的生产线是连续性的，其产品的价格段也是连续性的，从 1 万多元到 2 万多元，几乎每隔 50 元就有两款产品供选择，可以满足不同的需求和购买力的消费者。
>
> 海尔现有 69 个种类、10800 种型号的产品，海尔这种多样化的产品系列使它避免卷入在国内困扰其竞争对手的价格战的影响。
>
> 2. 认知价值定价方法
>
> 海尔依照其产品所能表现出来的实物价值、品牌价值、服务价值和其他价值形式，在消费者心目中建立起相对独立的认知价值，并作为海尔产品的价格基础，建立了相对独立的价值认知系统。这种建立在多年以来积累品牌、服务理念基础上的独立价值认知系统，不像价格一样可以被简单模仿，它造就了海尔品牌的核心竞争能力，使海

尔在激烈竞争中仍能立于不败之地。

3. 提高顾客让渡价值，增加顾客满意度

统一竞争理论一直将价格因素认为是影响消费者购买行为的主要因素。而事实上，在消费者高度成熟的今天，消费者已经不仅仅单纯地以价格为度量购买的唯一尺度，与顾客让渡价值有关的因素已经开始在消费者的购买选择中越来越多地体现出来。

海尔针对消费者的这种价值认知心理，以提高品牌形象、提高服务价值等来提高总顾客价值，增加总顾客让渡价值，提高顾客满意度，从而巧妙地避免了以价格和利润作为竞争成本，而是以提高顾客让渡价值为竞争核心的品牌与服务理念使海尔在激烈的市场竞争中游刃有余。

4. 以价值补偿替代价格变化

更多的消费者更加注重产品相关的其他价值因素。表面上看，价格因素好像是主宰购买行为的关键因素，而事实上，价值因素才是消费者真正关注的内在驱动因素。面对其他同类产品的降价压力，海尔很少简单地跟随，而是积极地在价格之外的因素寻找补偿机会。

海尔依照自身的产品、渠道、品牌、服务等，建立了真正符合自身的价格价值体系，由此以价值引导的形式来补偿消费者对价格变化的敏感。事实证明，这种价值补偿形式是能为大多数消费者所接受的。

5. 加强海尔品牌建设

海尔产品的品牌知名度，使得海尔在激烈的市场竞争中游刃有余，海尔每年大量的广告预算为维持海尔品牌竞争力提供了有力的物质保证。多年以来，海尔品牌、海尔兄弟、海尔广告在人们脑海中留下了深刻的印象，品牌知名度的提高，实际上是海尔品牌文化的传播与接受。现在，人们开始能够很好地接受海尔品牌及海尔文化，这为海尔产品的价格策略奠定了很好的基础，这也是海尔能够从容面对家电行业价格战的重要原因之一。

6. 巧打服务牌

随机调查中，我们了解到，海尔产品的售前售后服务都是最高的，海尔工作人员热情的讲解和海尔售后人员定期的跟踪服务，使海尔产品用户有了真正的上帝感觉，而这种感觉正是海尔重要的顾客价值理念之一。

从整体上说，随着服务质量的不断提高，价格在销售中的重要性就会相应地降低。因此，服务信誉度越高，客户就会越少去关注产品的价格因素。

资料来源：《海尔、长虹营销战略比较》，中华营销培训网。

3. 心理定价策略。心理定价是根据消费者不同的消费心理灵活定价，引导和刺激购买的价格策略。主要有：

（1）声望定价。指对一些名牌产品，企业往往可以利用消费者仰慕名牌的心理而制订大大高于其他同类产品的价格。如国际著名的欧米茄手表,在我国市场上的售价从1万元到几十万元不等。消费者在购买这些名牌产品时,特别关注其品牌、标价所体现出的炫耀价值,目的是通过消费获得极大的心理满足。

(2) 尾数定价。对于日常用品,消费者通常乐于接受带有零头的价格,这种尾数价格往往能使消费者产生便宜且定价精确的感觉。

(3) 整数定价。由于消费者常常根据价格来辨别产品的质量。对价格较高的产品,如耐用品、礼品或服装等消费者不太容易把握质量的产品,实行整数定价反而会抬高产品的身价,从而达到扩大销售的目的。

(4) 习惯性定价。有些商品如牛奶,消费者在长期的消费中,已在头脑中形成了一个参考价格水准,个别企业难以改变。如果企业定价低于该水准,易引起消费者对品质的怀疑;高于该水准,则可能受到消费者的抵制。企业定价时常常要迎合消费者的这种习惯心理。

(5) 招徕定价。零售商常利用消费者贪图便宜的心理,特意将某几种产品的价格定得较低以招徕顾客,或者利用节假日和换季时机举行大甩卖、限时抢购等活动,把部分商品打折出售,目的是吸引顾客,促进全部产品的销售。

4. 折扣定价策略。企业为了鼓励顾客及早付清货款,或鼓励大量购买,或为了增加淡季销售量,常常需酌情给顾客一定的优惠,这种价格的调整叫做价格折扣和折让。

(1) 现金折扣。是企业对现金交易的顾客或对及早付清货款的顾客给予一定的价格折扣。许多情况下,采用此定价法可以加速资金周转,减少收账费用和坏账。

(2) 数量折扣。是企业给那些大量购买某种产品的顾客的一种折扣,以鼓励顾客购买更多的货物。大量购买能使企业降低生产和销售等环节的成本费用。

(3) 功能折扣,也叫贸易折扣。是制造商给予中间商的一种额外折扣,使中间商可以获得低于目录价格的价格。

(4) 季节折扣。是企业鼓励顾客淡季购买的一种减让,以使企业的生产和销售一年四季能保持相对稳定。

(5) 推广津贴。为扩大产品销路,生产企业向中间商提供促销津贴。如零售商为企业产品刊登广告或设立橱窗,生产企业除负担部分广告费外,还在产品价格上给予一定优惠。

5. 地区定价策略。一个企业的产品通常不仅在本地销售,还销往其他地区,产品从产地运到销地要花费一定的运输和仓储等费用。合理分摊费用、制订不同地区的价格,就是地区定价策略所要解决的问题,具体有五种方法:

(1) 产地定价。以产地价格或出厂价格为交货价格,运杂费和运输风险全部由买方承担。这种做法适用于销路好、市场紧俏的商品,但不利于吸引路途较远的顾客。

（2）统一交货价，也称邮票定价法。企业对不同地区的顾客实行统一的价格，即按出厂价加平均运费制订统一交货价。这种方法简便易行，但实际上是由近处的顾客承担了部分远方顾客的运费，对近处的顾客不利，而比较受远方顾客的欢迎。

（3）分区定价。企业把销售市场划分为远近不同的区域，各区域因运距差异而实行不同的价格，同区域内实行统一价格。分区定价类似于邮政包裹、长途电话的收费。对企业来讲，可以较为简便地协调不同地理位置用户的运费负担问题，但对处于分界线两侧的顾客而言，还会存在一定的矛盾。

（4）基点定价。企业在产品销售的地理范围内选择某些城市作为定价基点，然后按照出厂价加上基点城市到顾客所在地的运费来定价。这种情况下，运杂费用等是以各基点城市为界由买卖双方分担的。该策略适用于体积大、运费占成本比重较高、销售范围广、需求弹性小的产品。

（5）津贴运费定价。指由企业承担部分或全部运输费用的定价策略。当市场竞争激烈或企业急于打开新的市场时，常采取这种做法。

6. 垄断性行业企业的定价策略。垄断性行业分为完全垄断市场结构和寡头垄断市场结构。

完全垄断企业价格策略的基本原则是边际成本等于边际收益，通过调整产量和价格达到企业利润最大化目标。垄断企业要制订科学合理的产品价格，还需考虑市场的需求，分析边际收益、产品价格与需求价格弹性系数之间的关系，当需求富有弹性时，企业定价水平略低；当需求缺乏弹性时，企业选择高价策略。

寡头垄断企业在选择定价策略的时候，必须考虑到自己的价格决策对竞争对手的连锁反应。价格战往往会造成两败俱伤的结果，因而该类企业的产品价格在经过相互作用达到均衡后，应在一段期间内保持相对稳定，而从产品的性能、质量、宣传、服务等方面展开非价格竞争。

垄断性行业企业在定价决策中，针对不同消费群体、不同消费形式及消费量，提供不同的产品服务，可选择差别定价策略，如天然气、水、电、采暖等产品价格，应区别居民、商用、政府部门等不同消费对象，采用差别价格。

7. 广义价格的定价策略选择。狭义的商品价格指商品交易完成时一次付清的货币额。广义的商品价格还包括商品交易时的特殊条件，如价格优惠、分期付款、售后服务等促销措施，消费者获得优惠条件的可能性是商品价格水平的反映。市场上多数商品的需求具有分散性，目标顾客群的消费理念及消费心理呈多样性，因而，就某种商品而言，其定价就必须采用因地制宜地价格多模式策略。对于追求低价的消费群，根据不同的交易方式、数量、时间及条件，采用折扣价格策略；对于追求品牌的消费群，在对高品质名优产品定价时，采用声望价格策略；对于大件耐用消费品，由于消费者对产品质

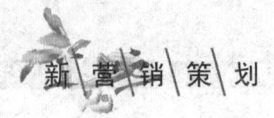

量的可靠性存在不安全的心理障碍，企业应加强售后服务，采用安全价格策略，将售后服务的平均费用计入商品价格中。

8. 企业定价策略与市场营销组合策略。市场营销组合策略是企业一系列市场营销决策的核心决策，包括产品、价格、渠道、促销四大要素，价格是其中最敏感的因素。在市场中，多数商品的营销渠道较为分散，如电视销售、网上销售、专卖店销售、百货店销售等，不同的销售形式下，其寻找质优价廉物品的寻找成本不同，因而价格的差异性较为显著，这为企业实行价格歧视策略提供了可能性。企业可对不同寻找成本或支付意愿的消费者制订不同价格，对为数不多的网上消费群采用低价格策略，对网下消费实行略高价策略，对价格极为敏感的消费群，可借助报纸等媒介发放优惠券等促销方式实施价格优惠策略。结合营销组合策略的多价格模式策略，给不同的消费者提供个性的价格服务，其目的为最大限度地扩大消费群。

二、调价策划

（一）价格变动——企业降价与提价

企业为某种产品制定出价格以后，并不意味着大功告成。随着市场营销环境的变化，企业必须对现行价格予以适当的调整。调整价格，可采用降价及提价策略。

企业产品价格调整的动力既可能来自于内部，也可能来自于外部。倘若企业利用自身的产品或成本优势，主动地对价格予以调整，将价格作为竞争的利器，称为主动调整价格。有时，价格调整出于应付竞争的需要，即竞争对手主动调整价格，而企业相应地被动调整价格。无论是主动调整还是被动调整，其形式不外乎是降价和提价两种。无论降价和提价，都需要进行精心策划，使价格策略能够达到或接近预期目标。

（二）价格变动策略策划

1. 降价策略策划。

（1）企业降价原因。

1）企业急需回笼大量现金。此时，企业可以通过对某些需求价格弹性大的产品予以大幅度降价从而增加销售额，获取现金。

2）企业通过降价来开拓新市场。一种产品的潜在顾客往往由于其消费水平的限制而阻碍了其转向现实顾客的可行性。在降价不会对原有顾客产生影响的前提下，企业可以通过降价方式来扩大市场份额。为保证这一策略的成功，往往需要与产品改进策略相配合。

3）企业决策者决定排斥现有市场的边际生产者。对于某些产品来说，由于企业的生产条件和生产成本不同，最低价格会有所差异。那些以目前价格销售产品仅能保本的企业，在其他企业主动降价之后，会因产品售价降低而无法赢利，被迫停止生产，主动降价的企业因此达到目的。

4）企业生产能力过剩，产品供过于求，企业又无法通过改进产品和加强促销等方式扩大销售。因此，企业必须考虑降价。

5）企业决策者预期降价能扩大销售，由此扩大生产规模。通常进入成熟期的产品，降价可以大幅度增进销售，从而在价格和生产规模之间形成良性循环，为企业扩大市场份额奠定基础。

6）由于成本降低，费用减少，使企业降价成为可能。由于科学技术的进步和企业经营管理水平的提高，许多产品的单位成本和费用不断下降，企业拥有适当降价的条件。

7）企业决策者出于对中间商要求的考虑。企业降价有利于同中间商建立较为良好的关系。

8）政治、法律、环境及经济形势的变化，迫使企业降价。政府为实现物价总水平的下调，保护需求，鼓励消费，遏制垄断利润，通过规定毛利率和最高价格、限制价格变化方式、参与市场竞争等形式，迫使企业价格水平下调。紧缩通货、市场疲软、经济萧条时期，由于币值上升，价格总水平下降，企业产品价格也应随之降低，以适应消费者的购买力水平。此外，消费者运动的兴起也往往迫使产品价格下调。

（2）企业降价的策略。降价最直截了当的方式是将企业产品的目录价格或标价绝对下降，但企业更多的是采用各种折扣形式和变相降价的方式来降低价格（详见表8-4）。由于这些方式具有较强的灵活性，当市场环境发生变化的时候，即使取消也不会引起消费者太大的反感，同时又是一种促销策略，因此在现代经营活动中运用越来越广泛。

表8-4 企业降价主要方式一览表

降低策略		降价方式
直接降价		将企业产品的目录价格或标价绝对下降
间接降价	折扣	数量折扣、现金折扣、回扣、津贴
	变相降价	赠送样品、赠送优惠券、有奖销售、分期付款、提取推销奖金、赊销、免费送货上门、技术培训、维修咨询、改进产品性能、增加产品用途

（3）选择降价时机。确定何时降价是调价策划的一个难点，通常要综合考虑企业实力、产品在市场生命周期所处的阶段、销售季节、消费者对产品的态度等因素。比如进入衰退期的产品，由于消费者失去了消费兴趣，需求弹性变大、产品逐渐被市场淘汰，为了吸引对价格比较敏感的购买者和低收入需求者，维持一定的销量，降价就可能是唯一的选择。由于影响降价的因素较多，在进行调价策划时必须审慎分析和判断，并根据降价的原因选择适当的方式和时机，制订最优的降价策划。

2. 提价策略策划。

（1）提价原因及策略。

1）应付产品成本增加，减少成本压力。成本的增加或者是由于原材料价格上涨，或者是由于生产或管理费用提高而引起的，企业为了保证利润率而采取提价策略。

2）为适应通货膨胀，减少企业损失。在通货膨胀条件下，即使仍能维持原价，其利润的实际价值也呈下降趋势。为减少损失，企业采取提价策略，将通货膨胀的压力转嫁给中间商和消费者。

3）产品供不应求，遏制过度消费。对于某些需求旺盛而生产规模又不能及时扩大而供不应求的产品，可以通过提价来遏制需求，同时取得高额利润，缓解市场压力，使供求趋于平衡的同时，为扩大生产准备条件。

4）利用顾客心理，创造优质效应。作为一种策略，企业可以利用涨价营造名牌形象，使消费者产生价高质优的心理定势，以提高企业知名度和产品声望。对于那些革新产品、贵重商品、生产规模受到限制而难以扩大的产品，这种效应表现得尤为明显。

在提价方式选择上，应尽可能多地选择间接提价策略，把提价的不利影响减到最低程度，使提价既能不影响销量和利润，又能被潜在消费者普遍接受；提价策划应设法通过各种渠道和方式向顾客说明原因，并以产品策略和促销策略与之配合，帮助顾客寻找节约途径，以减少顾客不满，维护企业形象，提高消费者信心，刺激消费者的需求和购买行为。

价格调整的幅度，消费者的反应是最重要的考虑因素。调整价格是为了促进销售，促使消费者购买产品，只有根据消费者的反应进行调价，才能收到预期效果。

（2）选择提价时机。为了保证提价策略的顺利实现，有利的提价时机有：①产品在市场上处于优势地位；②产品进入成长期；③季节性商品达到销售旺季；④竞争对手产品提价。

3. 分析消费者对价格变动的反应。理论上，可以通过需求的价格弹性来分析消费者对价格变动的反应，弹性大表明反应强烈，弹性小表明反应微弱。但在实践中，价格弹性的统计和测定非常困难，其状况和准确度常常取决于消费者预期价格、价格原有水平、价格变化趋势、需求期限、竞争格局以及产品生命周期等多种复杂因素，并且会随着时间和地点的改变而处于不断变化之中，企业难以分析、计算和把握。所以，研究消费者对调价的反应，多是注重分析消费者的价格意识。

价格意识是指消费者对商品价格高低强弱的感觉程度，直接表现为顾客对价格敏感性的强弱，包括知觉速度、清晰度、准确度和知觉内容的充实程度，是掌握消费者态度的主要依据，也是解释市场需求对价格变动反应的关键变量。

价格意识强弱的测定，往往以购买者对商品价格回忆的准确度为指标。研究表明，价格意识和收入呈负相关关系，即收入越低，价格意识越强，价格的变化直接影响购买量；收入越高，价格意识越弱，价格的一般调整不会对需求产生较大的影响。此外，由于广告常使消费者更加注意价格的合理性，同时也给价格对比提供了方便，因而广告对消费者的价格意识也起着促进作用，使他们对价格高低更为敏感。

消费者可接受的产品价格界限是由价格意识决定的，这一界限也就规定了企业可以调价的上下限度。在一定条件下，价格界限是相对稳定的，若条件发生变化，则价格心理界限也会相应改变，从而会影响企业的调价幅度。

据此，消费者对价格变动的反应可归纳为：

（1）在一定范围内的价格变动是可以被消费者接受的；提价幅度超过可接受价格的上限，则会引起消费者不满，产生抵触情绪，而不愿购买企业产品；降价幅度低于下限，会导致消费者产生种种疑虑，从而对实际购买行为产生抑制作用。

（2）在产品知名度因广告而提高、收入增加、通货膨胀等条件下，消费者可接受价格上限会提高；在消费者对产品质量有明确认识、收入减少、价格连续下跌等条件下，消费者可接受价格下限会降低。

（3）消费者对产品降价的可能反应是：产品将马上因式样陈旧、质量低劣而被淘汰；企业遇到财务困难，很快将会停产或转产；价格还要进一步下降；产品成本降低了。而对于某种产品的提价则可能这样理解：很多人购买这种产品，我也应赶快购买，以免价格继续上涨；提价意味着产品质量的改进；企业将高价作为一种策略，以树立名牌形象；卖主想尽量取得更多利润；各种商品价格都在上涨，提价很正常。

4. 分析竞争者对价格变动的反应。为了保证调价策划的成功，主动调价的企业必须考虑竞争者的价格反应。没有估计竞争者反应的调价，往往难以成功，无法取得预期效果。

分析竞争者对价格调整反应的方法是尽可能多地获得竞争者的决策程序及反应形式等方面的情报，模仿竞争者的立场、观点和方法去思考问题。最关键是要弄清楚竞争者的营销目标，目标不同，反应不同。如果竞争者的目标是实现企业的长期最大利润，则企业降价，竞争者往往不会在价格上做出反应，而在其他方面做出努力，如加强广告宣传、提高产品质量和服务水平等；如果竞争者的目标是提高市场占有率，则有可能跟随本企业的价格变动,而相应调整价格。在进行调价策划时,为减少因无法确知竞争者反应带来的风险,企业在主动调价前必须明确以下问题:

(1) 本行业产品有何特点,本企业在行业中处于何种地位。

(2) 主要竞争者是谁,竞争者会怎样理解我方的价格调整。

(3) 针对本企业的价格调整,竞争者会采取什么对策。这些对策是价格性的还是非价格性的,它们是否会联合做出反应。

(4) 针对竞争者可能的反应,企业的对策是什么,有几种可行的应对方案。

在进行细致分析的基础上,策划人方可确定价格调整的幅度和时机。

5. 分析企业对竞争对手调价的反应。竞争对手在实施价格调整策略之前,一般都会深思熟虑,长时间仔细权衡调价的利害,一旦调价,则过程相当迅速,且调价前多采取保密措施,以确保发动价格竞争的突然性。在此情况下,企业贸然跟进或无动于衷都不正确,正确的做法是迅速对以下问题进行调研:

(1) 竞争者调价的目的是什么。

(2) 竞争者调价是长期的还是短期的。

(3) 竞争者调价将对本企业的市场占有率、销售量、利润、声誉等方面有何影响。

(4) 同行业的其他企业对竞争者调价行动有何反应。

(5) 企业有几种应对方案,竞争者对企业每一个可能的反应又会有何反应。

除回答以上问题之外,企业还必须结合产品的特性确定对策。通常,在同质产品市场上,如果竞争者降价,企业必须随之降价,否则大部分顾客将转向价格较低的竞争者;面对竞争者提价,企业既可以跟进,也可以暂且观望。如果大多数企业都维持原价,最终迫使竞争者重新降价,则竞争者提价失败。在异质产品市场上,由于每个企业的产品在质量、品牌、服务、包装、消费者偏好等方面都有着明显的不同,所以面对竞争者的调价策略,企业有较大的选择余地:一是价格不变,任其自然,任顾客随价格变化而变化,靠顾客对产品的偏爱和忠诚度来抵御竞争者的价格进攻,待市场环境发生变化或出现某种有利时机,企业再做行动。二是价格不变,加强非价格竞争。三是部分或完全跟随竞争者的价格变动,采取较稳妥的策略,维持原来的市场格局,巩固已取得的市场地位,在价格上与竞争对手一较高低。四是以优越于竞争者的价格跟进,并结合非价格手段进行反击。比竞争者降价幅度大,比竞争者提价幅度小,强化非价格竞争,形成产品差异,利用较强的经济实力或优越的市场地位,居高临下,给竞争者以毁灭性的打击。

第三节 渠道策划

渠道策划即分销渠道策划,是市场营销战术策划的主要内容之一,也是决定企业能否成功地将产品打入市场、扩大销售、实现经营目标的重要手段。渠道策划主要涉及分销渠道设计、渠道管理策划、渠道冲突解决等内容。

渠道策划就是通过对企业产品和服务的适当数量和地域分布的谋划,制订和渠道相关的实施方案,通过实施方案,来适时地满足目标市场的顾客需要,最终实现企业战略目标。

> ✤小资料
>
> **把渠道当做配角来做**
>
> 渠道建设是为整体营销策划服务的,因此,必须把渠道当做一个配角来思考,从符合整个剧情的思路出发来建设。
>
> 渠道建设首先要明确整体的营销思路,从配合整体思路出发建立渠道建设的目标和方向。
>
> 渠道建设必须明确渠道组织架构,避免重复建设和交错竞争。

一、分销渠道设计

分销渠道是指某种货物和劳务从生产者向消费者移动时取得这种货物和劳务的所有权或帮助转移其所有权的所有企业和个人。分销渠道结构的设计包括分析影响渠道设计的因素,选择分销渠道的类型以及选择终端销售点等内容。

(一)影响分销渠道选择的因素分析

设计合理的渠道结构,应首先系统分析和判断影响分销渠道选择的因素。主要因素及其影响见表8-5。

表8-5 影响分销渠道设计的主要因素

因素		渠道长度		渠道宽度		因素		渠道长度		渠道宽度	
		长	短	宽	窄			长	短	宽	窄
产品	价值	低	高	低	高	企业	企业实力	弱	强	弱	强
	属性	稳定	不稳	不稳	稳定		管理能力	弱	强	弱	强
	体积重量	小	大	小	大		控制愿望	弱	强	弱	强
	技术性	弱	强	弱	强	中间商	积极性	高	低	高	低
	通用性	高	低	高	低		经销条件	差	好	差	好
	生命周期	后期	前期	后期	前期		开拓能力	强	弱	强	弱
市场	市场规模	大	小	大	小	环境	经济收益	低	高	低	高
	地理分布	分散	集中	分散	集中		经济形势	好	差	好	差
	购买习惯	便利	选购	便利	选购		政策法规	宽松	严格	宽松	严格

（二）选择分销渠道类型

在分析影响分销渠道选择因素的基础上，策划人应当根据各种不同渠道类型的特点，结合企业本身的实际情况，为企业选择合适的渠道类型，建立渠道系统。可供选择的常见分销渠道类型见表8-6。

表8-6 分销渠道常见类型

标准	类型	形式	优点	缺点
有无中间环节	直接渠道	门市部、上门推销	交易快捷、低廉	推广力度小
	间接渠道	经销商、代理商	推广力度大	提高产品成本
中间环节的多少	长渠道	二级、三级	推广力度大	控制力差、成本高
	短渠道	零级、一级	成本低、速度快	推广力度有限
同环节中间商的多少	宽渠道	密集分销	推广力度大	渠道控制力降低
	窄渠道	选择分销、独家分销	渠道控制力强	推广力度有限
选用渠道模式的多少	单渠道	一种渠道模式	渠道控制力强	推广力度小
	多渠道	两种或以上渠道模式	渠道控制力弱	推广力度大

资料来源：张丁卫东：《营销策划：理论与技艺》，电子工业出版社2008版。

（三）分销渠道系统的组织

传统的分销渠道中的各种组织——渠道成员之间的相互关系是松散的，彼此独立，各自为政，缺乏统一的领导和规划，局部的经济效益可能是好的，但是整体的经营效果则常常不尽如人意，渠道成员之间常会发生矛盾和冲突。20世纪80年代以来，分销渠道系统突破了原有的传统模式和类型，发展出垂直渠道系统、水平渠道系统和多渠道营销系统等新模式。

1. 垂直渠道系统。由生产企业、批发商和零售商组成的统一系统。垂直分销渠道的特点是专业化管理、集中计划，系统中各成员为共同的利益目标，采用不同程度的一体化经营或联合经营。主要有以下三种形式：

（1）公司式垂直系统。指一家公司拥有和统一管理若干工厂、批发机构和零售机构，控制分销渠道的若干层次甚至整个分销渠道，综合经营生产、批发和零售业务。

（2）管理式垂直系统。制造商和零售商共同协商销售管理业务，其业务涉及销售促进、库存管理、定价、商品陈列、购销活动等。如宝洁公司与其零售商共定商品陈列、货架位置、促销和定价等。

（3）契约式垂直系统。指不同层次的独立制造商和经销商为了获得单独经营达不到的经济利益，以契约为基础实行的联合体。

2. 水平式渠道系统。指由两家以上的公司联合起来的渠道系统，它们可实行暂时或永久的合作。这种系统可发挥群体作用，共担风险，获取最佳效益。

在进行渠道设计时，应根据企业的具体情况，进行选择，加以设计和建设。

> ✲ 小资料
>
> ### 格力电器渠道模式
>
> 格力电器的销售渠道模式是"总公司——各地的股份制区域性销售公司——各地的专卖店及大卖场"。格力的渠道模式既不是单纯的代理制，也不是单纯的分公司制，而是一种利益捆绑关系。
>
> 格力电器通过控股最大限度地利用当地的渠道资源强化自己的销售，让原来互为竞争对手的大批发商作为股东加入合资销售公司，原来各自为政的销售网络也合并在一起执行统一的价格政策，并且负责区域内零售商供货，利润来源由批零差价转变为合资公司的税后分红。这种模式将外部资源变成内部资源，实现了由经销商变成合伙人的跨越。
>
> 格力并没有放弃大卖场这一渠道模式，与国美分手后便与大中签订了销售协议。
>
> 此外，格力专卖店也建得红红火火。格力电器的专卖店遍布全国，目前数量将近

> 200 家。格力专卖店并非格力电器投资建设，而是由经销商自发投资建设，格力虽无硬性资本投入于专卖店中，但直接介入专卖店的店面设计、装修、产品陈列和人员培训等各个方面。专卖店形式与家电连锁相比较而言更能提升格力的品牌形象，并给消费者提供更好的细节服务，更加具有可信力。
>
> 　　格力电器通过零售连锁销售产品，但售后服务则完全由自己操作。这种不依赖卖场，独立为客户提供售后服务的做法，是营销的再次跟进，将营销做到了最终端，以贴近的售后服务抓住未来，同时也降低了对渠道的依赖性。

（四）选择中间商

1. 选择中间商的标准。

（1）中间商行销意识。指经销商做市场的思路是否符合厂家终端销售的方针。

（2）中间商实力认证。

1) 中间商的门店规模和生意情况。包括：门店的产品陈列；现场管理；业务电话的频繁拨打程度；上门提货客户的多少；等等。

2) 中间商的库存规模和库存资金。推断经销商的生意规模和流动资金状况。

3) 中间商的运力和网络知名度。

4) 中间商的资金状况。通过以下方法初步判断中间商的还款能力：与店主闲聊、侧面了解员工工资发放情况、向别的厂家的业务员打听；询问该市和临近市县该中间商有无恶意欠款；等等。

5) 中间商的市场能力。包括中间商下线网络和批发阶次；中间商现在经销品牌的业绩和市场表现；中间商目前正在代理的主要品牌；走访终端，验证终端掌控能力；走访各级批发商，调查该品牌的各级价格是否稳定，验证中间商对下线客户价格掌控能力；查验中间商与当地 KA 的客情（KA 即关键客户：当地市场销量最大、形象最好的售点）；等等。

6) 中间商的管理能力。即检查中间商的客流（人流）、物流、资金流和信息流管理现状。具体包括库房产品是否分品项码放，是否按期清点库存；人员是否有明确分工，业务人员职责和业绩考核方法是否合理；账款是否有明确登记；是否有相对正规的客户资料；等等。

7) 中间商的口碑调查。即了解该经销商在同行（其他批发户）及同业（其他合作厂家）中的口碑。

8) 中间商的合作意愿。经销商对企业的代理权感兴趣才会真心实意地配合企业的市场工作。可从以下两方面了解情况：一是看经销商对厂家人员是否热情接待。二是看经销商在经销合同细节问题上是否讨价还价。挑剔的才是真买主，真正有合作意愿的经销商一面对厂家人员热情接待，一面在价格/折扣/返利等问题上讨价还价。

2. 选择经销商的原则。

（1）目标市场接触性原则。厂家选择中间商的目的是将产品打入目标市场，保持产品在目标市场的能见度，因此应了解其在目标市场的网络等情况。

（2）分工合作原则。发挥各自在经营和专业能力方面的优势。

（3）形象匹配原则。中间商的形象必然代表厂家的形象，因此不可忽视中间商在目标市场的企业形象问题。

3. 获得中间商的途径。

（1）通过营销队伍获得。由市场部组织人员调查市场，发掘合适的经销商；通过现有的销售人员获得潜在中间商；发动内部人力资源关系网络获得。但要经过详细调查分析才能利用。

（2）通过行业协会/商会获得。很多行业有行业协会，有的行业协会还拥有定期专业出版物、行业企业名录。如IT行业可通过《计算机世界》、《中国计算机报》获得代理商。

（3）通过展览会或交易会获得。如中国哈尔滨国际经济贸易洽谈会（哈洽会）、中国进出口商品交易会（广交会）等。

（4）通过招商广告获得。如电视招商、报纸招商、杂志招商和网络招商等（发邮件给企业、在本公司网站发布招商启示）。

（5）通过分销商征询获得。询问分销商是否愿意代理或经销厂家产品。

4. 选择经销商的注意事项。

（1）注重经销商的质量。如果在某个区域市场经过筛选找不到合适的经销商，有两种应对方法：一是将市场暂时搁置，等待时机合适再开发。二是采用拉动策略。经销商合作意愿低，无非是怀疑厂家的产品是否畅销和是否赚钱，厂家不妨先派厂车、业务代表在该市场直接做终端，选择重点地区进行零售店铺货、超市促销等，从而拉动经销商的合作意愿。

（2）对经销商的调整要当机立断。一旦发现经销商在合作意愿/基本实力（资金、网络）/行销意识等要求上的确不能胜任，要当机立断，调整更换。

（五）选择终端销售点

终端销售点是指商品离开流通领域，所进入的消费领域发生地。对于消费品而言，它是零售地点；对于生产资料而言，它是送货站。终端销售点是企业实现其经营目的的前沿阵地，产品能否最终销售出去以及能否最终实现理想的经济效益，都直接与终端销售点的选择和经营有关。因此，选择终端销售点是渠道策划的重要内容之一。

1. 终端销售点的选择。选择终端销售点主要取决于以下几方面的要求：一是顾客对最方便购买地点的要求；二是顾客最乐意光顾并购买产品的场所要求；三是商品最充分展示其形象的地点要求。在选择终端销售点时，要根据目标市场的特征及竞争状况、企业自身的经济实力、产品特点、公关环境、市场基础以及外部市场环境等因素，综合权衡。

2. 终端销售点密度的策划。终端销售点密度的大小直接关系着企业市场整体布局的均衡状况，布点太稀，不利于充分占领市场；太密，则会加大销售成本，销售效率可能下降，并加剧销售点之间的冲突与矛盾。如何适度布点，是密度策划的关键。

终端销售点密度策划要考虑以下三点：一是要保持企业各终端销售点的均衡发展；二是要促使各终端销售点的协调，减少冲突；三是要推动企业产品市场的有序扩张和可持续发展。

可供选择的终端销售点密度方案有密集分销策略、选择分销策略和独家分销策略三种。对这三种策略的选择则取决于以下三个标准：

（1）分销成本。分销成本可分为两种：一种是开发分销网络的投资；另一种是维持分销网络的费用。与生产成本相类似，开发分销网络的投资可看做是固定费用，而维持的费用可视为流动费用，二者构成分销网络总费用。选择密度方案时显然不能不考虑成本而盲目进行，不仅要控制产品销售成本的总体水平，而且要形成一种通过分销效率的提高而不断降低成本的机制。

（2）市场覆盖率。市场覆盖率关系到企业的生存和发展，是终端销售点密度决策时必须考虑的核心因素。市场覆盖率提高意味着某个分销网络的销售能力提高，从而意味着企业产品生存和发展空间的增大，进而有利于企业的长期战略目标的实现。

（3）控制能力。终端销售点密度决策正确与否的一个重要标准，就是企业最终有无能力控制日益膨胀的分销网络。相当多的企业走向衰落的起因，是对终端销售点的失控，失控的后果不仅会使企业分销效益下降，而且还可能毁掉整个产品市场。因此，无论选择何种密度策略，都要求企业对分销网络有良好的控制能力。

二、渠道管理策划

渠道管理是指制造商为实现企业分销的目标而对现有渠道进行管理，以确保渠道成员之间、制造商和渠道成员之间相互协调和通力合作的一切活动。

（一）渠道管理的具体内容

1. 对经销商的供货管理，保证供货及时，在此基础上帮助经销商建立并理顺销售子网，分散销售及库存压力，加快商品的流通速度。

2. 加强对经销商的广告和促销的支持，减少商品流通阻力。

3. 在保证供应的基础上，对经销商提供产品服务支持。妥善处理销售过程中出现的产品损坏变质、顾客投诉、顾客退货等问题，切实保障经销商的利益不受无谓的损害。

4. 加强对经销商的订货管理，减少因订货处理环节出现失误而引起发货不畅。

5. 加强对经销商订货的结算管理，规避结算风险，保障制造商的利益。同时避免经销商利用结算便利制造市场混乱。

6. 其他管理工作，包括对经销商进行培训，增强经销商对公司理念、价值观的认同以及对产品知识的认识。负责协调制造商与经销商、经销商与经销商之间的关系，处理好各种突发事件。

（二）渠道控制

制造商可以对其分销渠道实行两种不同程度的控制，即绝对控制和低度控制。

1. 绝对控制。制造商能够选择负责其产品销售的营销中介类型、数目和地理分布，并且能够支配这些营销中介的销售政策和价格政策。对特种商品来说，利用绝对控制维持高价格可以维护产品品质优良的形象，即使对一般产品，绝对控制也可以防止价格竞争，保证良好的经济效益。

2. 低度控制。又称影响控制，制造商通过为中间商提供某些具体的支持协助来影响营销中介。大多数生产企业（制造商）的控制属于这种方式。这种控制包括如下一些内容：

（1）向中间商派驻代表。大型生产企业（制造商）一般都派驻代表到经营其产品的营销中介（中间商）中去亲自监督商品销售。制造商也会给渠道成员提供一些具体帮助，如帮助中间商训练销售人员、组织销售活动和设计广告等，通过这些活动来掌握它们的销售动态。制造商也可以直接派人支援中间商，比如目前流行的厂家专柜销售、店中店等形式，多数是由制造商派人开设的。

（2）与中间商开展多种方式的合作。制造商可以利用多种方式激励营销中介（中间商）宣传商品，如联合广告，由制造商负担部分费用；支持营销中介（中间商）开展营业推广、公关活动；对业绩突出的渠道成员给予价格、交易条件上的优惠；向中间商传授推销、存货以及销售管理等方面的知识，以提高其经营水平。

在进行渠道控制策划时，策划人应当根据制造商在整个市场上塑造的产品形象，本着提高品牌知名度的目的，设计策划对中间商提供的服务的强度、广告支持力度以及对中间商在自己区域内执行制造商的服务和广告策略时应给予的支持。设计和策划为中间商提供的各种补贴措施及其组合，如焦点广告补贴、存货补贴等，以争取中间商的广泛参与、积极协作，达成利益的统一体。既提高了自身品牌的知名度，又帮助中间商赚取利润，激发其热情，引导其正当竞争，减少各种冲突，实现制造商与中间商的双赢。表8-7为常用的渠道控制手段一览表。

表8-7 常用的渠道控制手段一览表

手　段	要　点
利用品牌控制渠道	通过产品品牌影响消费者，进而控制整个渠道
利用战略和愿景控制渠道	用实绩证明市场地位，不断向渠道成员阐述战略和愿景，以此控制渠道成员
利用利益控制渠道	给渠道一定的利益空间——增大返利和折扣；加大渠道成员的单位利润
利用厂家服务控制渠道	为渠道成员提供培训和咨询等服务，帮助其提高销售效率、降低销售成本、增加销售利润
利用终端控制渠道	控制零售商：培训终端员工；举行促销活动；建立零售商会员体系；建立零售店及大型最终购买者基本档案；制作零售店网点分布图；开展终端拜访；举行直达终端的各项活动
利用激励、淘汰机制控制渠道	定期不定期对渠道成员进行评估，采取不同的激励和淘汰措施；从战略高度激励和支持优秀成员；坚决淘汰不可用成员；培训和改造可用成员

（三）渠道激励

渠道竞争日益加剧，为增加产品与消费者见面的机会，制造商（生产企业）除了要进行渠道控制外，还必须进行渠道激励。

1. 渠道激励的"三大法宝"。

（1）目标激励。这是一种最基本的激励形式。制造商每年都会给渠道成员制订（或协商制订）一个年度目标，包括销量目标、费用目标、市场占有目标等，完成目标的分销商将会获得相应的利益、地位以及渠道权利。目标对于分销商来说，既是一种巨大的挑战，也是一种内在的动力。目标制订要科学合理，过高或过低都不能达到有效激励的效果。

（2）渠道奖励。这是制造商对分销商最为直接的激励方式。渠道奖励包括物质奖励和精神奖励两方面，其中物质奖励主要体现为价格优惠、渠道费用支持、年终返利、渠道促销等，这是渠道激励的基础手段和根本内容。但精神激励的作用也不可低估，精神激励包括评优评奖、培训、旅游、"助销"、决策参与等，重在满足分销商成长的需要和精神的需求。

（3）工作设计。这是比较高级的激励模式。工作设计的原意是指把合适的人放到合适的位置，使其能够发挥自己的才能。这一思想应用到渠道领域，则是指制造商合理划分渠道成员的经营区域（或渠道领域），授予独家（或特约）经营权，合理分配经营产品的品类，恰当树立和定位各渠道成员的角色和地位，互相尊重，平等互利，建立合作伙伴关系，实现共进双赢。

2. 渠道激励的基本原则。

（1）具体问题具体分析（因时因地因企业而异）的原则。

（2）物质激励与精神激励相结合（两手都要硬）的原则。

（3）成员愿望与渠道目标相一致（目标一致性）的原则。

（4）激励的重点性与全面性相结合（兼顾公平）的原则。

（5）激励的及时性与长期性相结合（持续发展）的原则。

（6）激励的投入与产出相匹配（效益性）的原则。

（四）处理渠道冲突

渠道冲突指的是渠道成员发现其他渠道成员从事的活动阻碍或者不利于本组织实现自身的目标，从而发生种种的矛盾和纠纷。冲突是渠道运作的常态，企业应当重视渠道冲突，建立相应的渠道冲突协调机制，规避冲突，甚至利用冲突。

1. 渠道冲突的三种类型。

（1）不同品牌的同一渠道之争。

（2）同一品牌的渠道内部冲突。制造商开拓了一定的目标市场之后，中间商将在目标市场上大兴"圈地运动"，争夺多的市场份额，争取制造商更多的青睐。

（3）渠道上下游冲突。渠道上下游冲突的核心是，由谁给二级经销商供货。分销商从自身利益出发，采取直销与分销相结合的方式，从下游经销商处争夺客户；下游经销商实力增强后，主动向上游渠道挑战；制造商出于推广的需要，可能越过一级经销商直接向二级经销商供货等。

2. 解决渠道冲突的办法。

（1）目标管理。超级目标是指渠道成员共同努力，以达到单个成员所不能实现的目标，其内容包括渠道生存、市场份额和顾客满意等。共同实现超级目标有助于冲突的解决。

(2) 劝说。劝说是为存在冲突的渠道成员提供沟通机会，减少有关职能分工引起的冲突。劝说的重要性在于使各渠道成员履行自己曾经作出的关于超级目标的承诺。

(3) 协商谈判。谈判的目标在于停止渠道成员之间的冲突。谈判是渠道成员讨价还价的一种方法。在谈判过程中，每个成员会放弃一些东西，从而避免冲突发生，但谈判或劝说的效果取决于渠道成员的沟通能力。

(4) 诉讼。当劝说、谈判等途径已没有效果时，冲突就要通过法律来解决，诉诸法律是借助外力来解决冲突的方法。

(5) 退出。解决冲突的最后一种方法就是退出该营销渠道。退出某一营销渠道是解决冲突的普遍方法。

(五) 预防串货

1. 串货本质原因分析（见表8-8所示）。

表8-8 串货原因一览表

原因	具体原因
价差太大	地区价差过大
	季节价差过大
	调价前后价差过大
	大小客户价差过大
销售管理政策失误	年销售目标任务过高
	中间商奖励制度设置不合理
	年终返利太高
	奖励采取货物方式
经销商、业务员缺乏诚信	中间商和业务员不讲信誉
	当资金困难需要套现时，不惜低价倾销
	换货

2. 串货管理与控制。

(1) 控制串货，首先要弄清货物流向。弄清本企业产品的月份销量（注意非回款量）、产品的季节、促销等销量变化情况以及货物流向，这是分析市场潜力、增加销量和防止串货的前提，也是开发二级市场顺序的依据之一。

（2）计算产品的安全库存量，提出不同季节的采购建议量，弄清本企业产品在同类产品中的市场份额，打压其他产品的进货量并扩大其进货周期，控制好本企业产品的价格体系。

（3）合理划分区域和市场。

1）按照商圈划分市场区域。企业市场区域的划分，要考虑商圈的重复问题。如河南信阳、湖南的岳阳分属不同的行政区域，但两者都属于商圈武汉，如果按照行政区域划分，串货很难避免。

2）按照经销商已经形成的网络覆盖实力范围划分区域和市场。经销商在长期经营中实际已经形成了自己的网络覆盖范围，划分区域和市场，要经过多方协调、相互妥协，相互认可新的区域，才能有效避免串货。

3）按照渠道层次划分经销商。如批发、连锁及零售、超级大卖场等。

（4）制订合理的价格政策。价格体系尽可能全国一致、大小一致，对于重点市场采取其他措施进行帮补。即使存在价差，两地之间价差的获利应小于两地之间的运输成本；尽可能制订统一的出货价和零售价。做好调价的保密、安抚和解释工作，以杜绝调价前囤货；不搞降价促销。

（5）制订合理的激励政策。年终返利幅度应小于正常销售利润水平，一般应该低于5%；多用过程返利，少用销量返利，比如铺货率、售点生动化、全品项进货、安全库存、遵守区域销售、专销（不销竞争产品）、积极配送和守约付款等等。过程返利既可以提高经销商的利润，扩大销售，又能防止经销商的不规范运作；年终奖励不奖货物；等等。

> ✲ 小资料
>
> **合理的返利政策**
>
> 某药品企业的返利政策：
> 1. 经销商完全按公司的价格制度执行销售，返利1%。
> 2. 经销商超额完成规定销售量，返利1%。
> 3. 经销商没有跨区域销售，返利1%。
> 4. 经销商较好地执行市场推广与促销计划，返利1%。

（6）制订合理的目标任务。目标销售任务的制订要科学、有依据，保证代理商、厂家业务经理协助经销商经过努力，在自己的区域内能够完成。

(7) 设立串货报证金制度。事先约定让经销商拿出一定数额的资金建立"串货报证金",经年终考核没有串货,则给予高出银行利息两倍的利率;串货,则利率和报证金全部没收。

(8) 设立市场秩序奖励基金。设立基金,要求各经销商每笔回款都附有货流流向清单,流向清晰、进销存与回款清晰,且配合调查货物流向者,则通过基金给予奖励。

(9) 加强监控和处罚力度。技术上,采用特殊记号、模糊数码控制或者流水工号控制,以便查出货物流向;遇有举报,快速反应查处。

(10) 加强教育引导和队伍建设。把控制串货作为销售人员的考核指标之一;培养诚信意识;协助经销商精耕细作、做深做透自己的市场。

> ✱小资料
>
> **销售过程奖励种类**
>
> 1. 铺货陈列奖。产品入市阶段,厂家协同经销商主动出击,迅速将货物送达终端。厂家给予经销商适当的人力、运力补贴作为铺货奖励;对经销商将产品陈列于最佳位置给予奖励。
> 2. 终端渠道维护奖。激励经销商维护一个适合产品的有效的、规模适当的渠道网络。设定客情关系、定期拜访、POP传播等几个定量指标进行考核,予以奖励。
> 3. 分销流向上报奖。对按时上报每月分销流向进行奖励。
> 4. 价格信誉奖。厂家在价格设计时设定"价格信誉奖",要求遵守价格规定出货,防止经销商串货、乱价等不良行为。
> 5. 合理库存奖。厂家考虑当地市场容量、运货周期、货物周转率和意外安全储量等因素,设立"合理库存奖",鼓励经销商保持适当的库存数量与品种。
> 6. 经销商协作奖。设立协作奖,以激励经销商执行政策、配合广告与促销、及时反馈信息。此举既可强化厂家与经销商的关系,又淡化了利益。
>
> 资料来源:李从选:《渠道串货与价格体系混乱治理》,博锐管理在线,2005年4月12日。

三、分销渠道策划应遵循的原则

(一) 畅通高效的原则

这是渠道策划的首要原则。商品的流通时间、流通速度、流通费用是衡量分销效率的重要标志。畅通的分销渠道应以消费者需求为导向,将产品尽快、尽好、尽早地通过最短的路线,以尽可能优惠的价格送达消费者方便购买的地点。畅通高效的分销渠道模式,不仅要让消费者在适当的地点、时间以合理的价格买到满意的商品,而且应努力提高企业的分销效率,争取降低分销费用,以尽可能低的分销成本,获得最大的经济效益,赢得竞争的时间和价格优势。

(二) 覆盖适度的原则

在选择分销渠道模式时,不仅要考虑加快速度、降低费用,还应考虑商品及时准确地送达和销售,即要达到较高的市场占有率足以覆盖目标市场。一味强调降低分销成本,可能导致销售量下降、市场覆盖不足的后果。成本的降低应是规模效应和速度效应的结果。同时,分销渠道模式的选择,也应避免扩张过度、覆盖范围过宽过广,造成沟通和服务困难,导致无法控制和管理目标市场。

(三) 稳定可控的原则

分销渠道模式一经确定,需花费相当大的人力、物力、财力去建设和巩固,整个过程复杂而缓慢。所以,一般不要轻易更换渠道成员,更不要随意转换渠道模式。只有保持渠道的相对稳定,才能进一步提高渠道的效益。

影响分销渠道的因素是不断变化的,当原有的分销渠道出现问题时,就需要对分销渠道进行一定的调整,以适应市场的新情况、新变化,保持渠道的适应力。调整时应综合考虑各种因素的协调,使渠道始终都在可控制的范围内保持基本的稳定状态。

(四) 协调平衡的原则

渠道策划不能只追求自身的效益最大化而忽略其他渠道成员的利益。渠道成员之间的合作、冲突和竞争的关系,要求渠道的领导者对此有一定的控制能力——统一、协调、有效地引导渠道成员充分合作,鼓励渠道成员之间有益的竞争,减少冲突发生的可能性,解决矛盾,确保总体目标的实现。

(五) 发挥优势的原则

选择分销渠道模式时,为了争取在竞争中处于优势地位,要注意发挥制造商各个方面的优势,将分销渠道模式的设计与制造商的产品策略、价格策略、促销策略结合起来,增强营销组合的整体优势。

第四节 促销策划

促销（促进销售）——企业市场营销策略组合基本内容之一，是指企业通过人员推销、广告、公共关系和营业推广等方式，向消费者或客户传递企业和产品信息，引起其注意和兴趣，激发其购买欲望和购买行为，达到扩大销售的目的。

企业的促销一般可归纳为两种方式：一是人员推销，即推销员和顾客面对面地进行推销；另一种是非人员推销，即通过大众传播媒介向顾客传递信息。非人员推销主要包括广告、公共关系和营业推广等方式。

企业的基本促销策略有以下两种：一是推动策略。即以直接方式，运用人员推销手段，把产品推向销售渠道，再由渠道将产品推荐给最终消费者。二是拉引策略。即采取间接方式，通过广告和公共宣传等措施吸引最终消费者，使消费者对企业的产品或劳务产生兴趣，从而引起需求，主动购买商品。

促销策划就是在调查分析企业产品和市场实际情况的基础上，确定促销目标，将各种促销的手段和方式进行组合，形成切实可行的行动方案。好的促销策划方案的实施，能起到多方面作用，既提供信息，激发购买欲望，及时引导采购，扩大产品需求，又能突出产品特点，建立产品形象，维持市场份额，巩固市场地位。因此，促销策划和产品策划、价格策划、渠道策划一起，共同构成营销战术策划的主要内容。

本节着重介绍促销策划中的人员推销策划、公共关系策划和营业推广策划。由于信息产业的发展和传播手段与方式的进步，广告的作用日趋重要，因此，本教材将"广告策划"单独作为一章，在第九章进行介绍。

一、人员推销策划

人员推销策划主要包括以下两方面的内容：一是以企业市场营销战略目标为依据，对企业销售队伍的建设和管理进行整体规划和设计；二是对具体的人员推销方案进行个别的规划和设计。

（一）销售队伍的建设策划

人员推销有两个明显的特点：一是费用支出较大。由于人员推销直接接触顾客的人数有限，销售面窄，开支相对较多，增加了产品销售成本。二是对推销人员要求较高。

人员推销的成效直接取决于推销人员素质的高低。随着科技的发展,新产品层出不穷,对推销人员的要求越来越高。因此,加强对销售人员队伍的建设和管理十分重要。

销售队伍的建设和管理策划包括:销售队伍规模的确定,销售队伍组织结构和管理的设计。

1. 销售队伍规模的确定。确定企业推销队伍规模的方法有:

(1) 工作量法。是确定销售队伍规模最常采用的方法之一,将顾客按年销售量分成大小类型;确定各类顾客所需要的访问次数;求出各地的访问工作量;确定一名推销人员每年能进行的平均访问次数;最后求出所需要的推销人员数。

(2) 下分法。先将目标市场划分为若干个地区,根据每个地区的销售潜力确定所需要的推销人员数量,将各个地区的所需数求总和,即为企业需要的推销人员数。

(3) 边际利润法。推销员在创造利润的同时也增加了销售成本,计算每增加一名推销员的边际利润,在边际利润递减法则发生作用之前增加推销员,一旦发生边际利润递减现象,说明推销队伍规模已饱和。

(4) 销售百分比法。根据历史资料计算出推销人员队伍各种耗费占销售额的百分比以及推销人员的平均成本,预测未来的销售额。推算出所需的推销人员数。

2. 推销队伍组织结构的设计。企业推销队伍可根据推销范围、产品状况、顾客类别的不同而采取不同的推销队伍结构形式。具体情况见表8-9所示。

表8-9 推销队伍结构一览表

类 别	定义及优缺点	适应企业
按地区划分的结构	按地理区域配备推销人员,设置销售机构,推销人员在规定的区域负责销售企业的各种产品 优点:责任明确,有助于与顾客建立牢固的关系,可以节省推销费用	产品品种简单的企业
按产品划分的结构	按产品线配备推销人员,设置销售机构,每组推销人员负责一条产品线在所有地区市场的销售 优点:细分化、专业性强有针对性。	产品技术性强、品种多且其相关性不强的企业
按顾客类别划分的结构	按某种标准(如行业、客户规模)将顾客分类,再据此配备推销人员,设置销售结构 优点:能满足不同用户需求,提高推销成功率 缺点:推销费用增加,难以覆盖更广的市场	顾客差异明显的企业

续表 8-9

类　别	定义及优缺点	适应企业
复合式的结构	将上述三种结构结合起来，或按区域—产品，或按区域—顾客，或按区域—产品—顾客来组建销售机构，配备推销人员 优点：集中上面三者的长处 缺点：一般性的企业和销售较难做到	拥有多种产品且销售区域相当广阔的大型企业

设计推销队伍组织结构，就是根据企业产品组合状况、产品销售范围的大小以及顾客的构成情况，在上述推销队伍类别中进行选择，并将合适的推销人员安排在合适的组织结构中，从而使人员推销的效果最佳。

(二) 推销人员及其招聘

1. 明确推销人员的角色定位。

(1) 企业形象代表。推销人员是企业派往目标市场的形象代表，他们主动热情的工作、积极的态度乃至一言一行都代表了企业形象，他们是企业文化和经营理念的传播者。

(2) 热心服务者。推销人员是目标顾客的服务员，帮助顾客排忧解难，解答问题，提供咨询和产品使用指导，其服务质量和热情赢得顾客的信任和偏爱。

(3) 信息情报员。推销人员是企业信息情报的重要反馈渠道，基于推销人员的工作特点，广泛接触社会各个方面。因此，他们不仅收集目标顾客的需求信息，而且还能收集竞争者信息、宏观经济方面信息和科技发展状况信息，使营销决策者能迅速把握外部环境的动态，及时做出反应。

(4) "客户经理"。当推销人员面对一群顾客做营销沟通工作时，他们所担任的就是"客户经理"角色。在企业营销战略和政策指导下，行使一定的决策权，如交易条款的磋商、交货时间的确认等。

2. 确定推销队伍的工作任务。

(1) 挖掘和培养新顾客。推销人员首要的任务是不间断地寻找企业的新顾客，包括寻找潜在顾客和吸引竞争者的顾客，积聚更多的顾客资源，这是企业市场开拓的基础。

(2) 培育企业忠实顾客。推销人员应该通过努力与老顾客建立良好稳定的关系，使企业始终保持一批忠实顾客，这是企业市场稳定的基石。

(3) 提供服务。推销人员应该为顾客提供咨询、技术指导、迅速安全交货、售后回访、售后系列服务等任务，以服务来赢得顾客的信任。

(4) 沟通信息。销售人员应该熟练地传递企业各种信息，说服、劝导顾客购买本企业产品。在信息传递的过程中，关注顾客对企业产品的信息反馈，主动听取顾客对产品、企业的意见和建议。

（5）销售产品。推销人员努力的最终成果，应该是源源不断地给企业带来订货单，把企业产品销售出去，实现企业的销售目标。

3. 推销人员的招聘。

（1）推销人员招聘的途径。从企业内部选拔；对外公开招聘。

（2）推销人员的条件。成功的内在驱动力；严密计划和勤奋工作；完成推销的能力；建立关系的能力。

（3）推销人员招聘的程序。发布招聘广告→接受申请→安排面试→各种测试（心理测试、特殊资历测验、个性测验和成就测验）→身体检查→安排工作。

（三）推销人员管理设计

1. 推销人员的培训。

（1）培训的目的。增长知识；提高技能；强化态度。

（2）培训的内容。市场情况；企业情况；产品知识；推销制度；推销技巧。

（3）培训方式。

1）课堂教学。由推销专家或经验丰富的推销人员采用讲授的形式进行培训。

2）模拟实验。受训人员亲自参与模拟实际推销过程的培训方式。

3）案例分析。向受训人员提供具体推销实例，通过对实例的分析、思考和比较来培训推销员的方式。

4）会议讨论。通过开会讨论的方式进行培训。

5）现场训练。在实际工作岗位上进行培训。

2. 推销人员的激励与报酬。

（1）推销人员的激励。即为鼓舞推销员的士气，促进他们的工作。激励的方式有：

1）组织气氛。公司对待推销人员的态度是影响其工作热情和效率的重要因素。

2）销售定额。公司规定推销员应当推销商品的数量以及如何对公司的不同产品进行推销分配的标准，将报酬与推销人员完成销售定额的情况挂钩。

3）正面鼓励。公司利用各种各样的形式来鼓励推销人员增加推销数量。

4）参与管理。为推销人员确定个人目标，使他们获得成功的满足感，让推销人员参与决策以增强其责任感，自主地计划和组织自己的工作，迎接他人的挑战。

5）教育培训。通过培训，提高推销人员的素质，增强他们的进取精神。

（2）推销人员的报酬。有三种基本的报酬形式：

1）薪金制。推销人员以一定数额的固定薪水受聘为企业工作，如果在一定时期内工作成绩显著，给予晋升薪水级别的鼓励。

2) 佣金制。按销售额的一定百分比支付给推销人员佣金。

3) 复合制。推销员的一部分报酬以固定薪金支付，另一部分以佣金形式支付。

3. 推销人员的评价

(1) 建立绩效标准。包括：访问客户的次数；访问成功率；销售量；销售毛利率；销售费用；费用率；主观能动性；等等。

(2) 绩效考核的方法一般有横向比较、纵向比较和综合比较分析法三种。横向比较法是通过推销员之间的比较来对推销员的业绩进行考核和评估；纵向比较法是通过对同一推销员在不同时期的推销情况的比较来考核和评估推销员的业绩；综合比较分析法是在一定的范围内，既衡量推销员现在与过去销售成绩的差异，又衡量不同的推销员之间的业绩，以对推销员的工作成绩作出综合考核与评定。

(四) 人员推销的程序

图8-2为人员推销程序图。

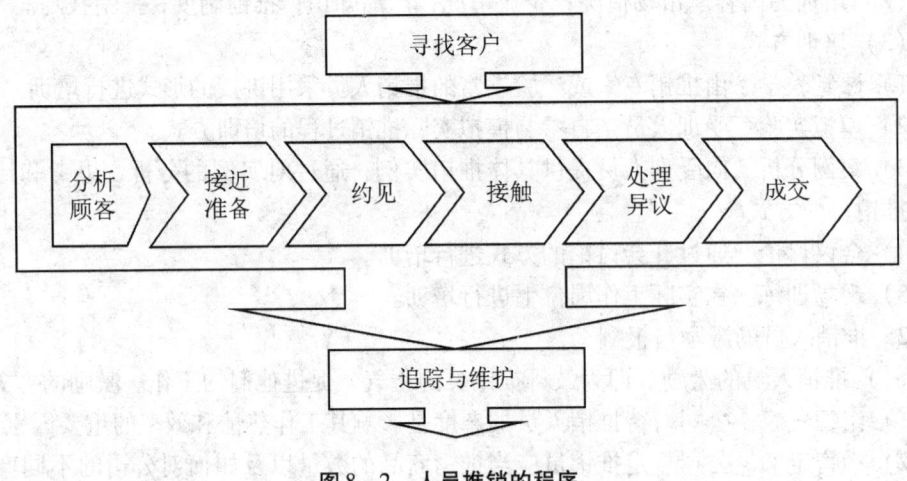

图8-2 人员推销的程序

1. 寻找客户。在开展推销工作之前，为减少工作的盲目性，推销人员应通过逐户访问法、连锁介绍法、竞争插足法、资料查阅法、参加会议法等寻找可能的顾客。

2. 分析顾客。分析内容一般包括分析购买需求、审查付款能力、审查购买人资格等。

3. 接近准备。是指推销员在接近某一特定顾客之前进一步了解该顾客情况的过程，是顾客资格审查工作的延续。

4. 约见。是指推销员事先征得顾客同意接见的行动过程。约见的内容包括：确定访问对象；明确访问目的；安排访问时间；选择访问地点。约见的方法有：面约；函约；电约；托约；等等。

5. 接触。接触顾客的方法又有以下几种：

（1）介绍接触法。推销员自行介绍或由第三方介绍而接触推销对象的办法。

（2）产品接触法。推销员直接利用推销品引起顾客的注意和兴趣，进而转入面谈的方法。

（3）利益接触法。推销员利用商品的实惠引起顾客的注意和兴趣，然后转入面谈的接触方法。

（4）好奇接触法。推销员利用顾客的好奇心理而接触顾客的方法。

（5）问题接触法。推销员用提问的方式来引起顾客的注意和兴趣，进而转入面谈的接触方式。

6. 面谈。

（1）面谈的基本原则有针对性原则、精确性原则、参与性原则、和气原则、鼓动性原则、真实性原则和灵活性原则。

（2）推销面谈的方法。

1）提示面谈法。包括动议提示法、明星提示法、直接提示法、间接提示法、积极提示法、消极提示法、逻辑提示法。

2）演示面谈法。包括产品演示法、文字演示法、图片演示法、证明演示法。

（3）面谈技巧。有主动倾听、提问、答辩、说服、结束面谈。

7. 处理顾客异议。异议是顾客针对推销员及其推销提示和演示而提出的不同意见和看法，是顾客向推销员反馈有关购买信息的过程。

（1）顾客异议的基本类型有需求异议、财力异议、权力异议、产品异议、价格异议、货源异议、推销员异议、购买时间异议等。

（2）处理顾客异议的基本策略有：欢迎顾客提出异议；科学地预测顾客异议；认真分析顾客异议；回避与成交无关或关系不大的异议；避免与顾客争执或冒犯顾客；选择好处理顾客异议的最佳时机。

（3）处理顾客异议的方法有：

1）反驳处理法。推销员根据有关事实和理由直接否定顾客异议的一种处理技术，建议谨慎使用。

2）"但是"处理法。推销员根据有关事实和理由间接否定顾客异议的一种处理技术。

3) 利用处理法。推销员直接利用顾客异议本身来处理有关顾客异议的一种处理技术。

4) 补偿处理法。推销员利用顾客异议以外的其他有关优点来补偿或抵消顾客异议的一种处理技术。

5) 询问处理法。推销员利用顾客异议来反问顾客的一种处理技术。

8. 成交。

（1）成交的基本策略：善于捕捉各种成交信号，灵活机动，随时成交，谨慎对待顾客的否定回答；充分利用最后的成交机会；留有一定的成交余地。

（2）成交的基本方法见表 8-10。

表 8-10 成交基本方法一览表

成交方法	要 点
直接请求成交法	推销员直接要求顾客购买推销品
假定成交法	推销员假定顾客已经接受推销建议而直接要求顾客购买推销品
选择成交法	推销员为顾客设计一个有效成交的选择范围，使顾客只在有效成交范围内进行成交方案选择
"小点"成交法	推销员先在一些次要的、小一点的问题上与顾客取得一致看法或达成购买协议，再逐步促成交易的方法
分段成交法	把洽谈成交过程分为多个阶段的一种成交技术
从众成交法	推销员利用顾客的从众心理来促成顾客立即购买推销品
机会成交法	推销员直接向顾客提示成交机会而促使顾客立即购买
异议成交法	推销员利用处理顾客异议的机会直接要求顾客成交

9. 追踪与维持。为保证顾客满意并成为忠诚顾客，追踪与维持是不可缺少的。推销员在签订第一笔订单后，就应该制订后续的工作访问日程表，以便确保有关安装、指导和维修等问题均有安排。

二、公共关系促销策划

"公共关系促销策划"（以下简称"公关策划"）是指策划人在公共关系调查的基础上，根据组织形象的现状和目标要求，为企业制订并指导实施富有创意的公关促销策略、公共促销专题活动和具体公关活动最佳行动方案的过程。

(一) 公关策划的原则

1. 求实原则。公关策划必须建立在真实把握事实的基础上，以诚恳的态度向公众如实传递信息，并根据事实的变化不断调整策划的策略和时机。
2. 系统原则。指在公关策划中，应将公关活动作为一个系统工程来认识，按照系统的观点和方法予以谋划统筹。
3. 创新原则。指公关策划必须打破传统、刻意求新、别出心裁，使公关活动生动有趣，从而给公众留下深刻而美好的印象。
4. 弹性原则。公关活动涉及的不可控因素很多，任何人都难以把握，留有余地才可进退自如。
5. 伦理道德原则。伦理道德原则的核心内容是对策划和组织公关活动的从业人员行为的道德要求日趋加强。
6. 心理原则。运用心理学的一般原理及其在公关中的应用，准确把握公众心理，按照公众的心理活动规律因势利导。
7. 效益原则。以较少的公关费用，取得更佳的公关效果，达到企业的公关目标。

(二) 公关策划的程序

1. 分析公关现状。应做好以下三项工作：审核已收集的公关资料，分析公关现状；明确公共关系存在的主要问题及原因；了解企业形象的选择和规划。
2. 确定公关促销目标。公关目标分成以下几类：全新塑造目标；形象矫正目标；形象优化目标；问题解决与危机公关。
3. 策划公关促销主题。一个好的主题要体现公关促销目标，适应公众心理，符合信息传播特性。
4. 选择和分析公关促销目标受众。企业的公众通常可进行以下几种分类：
(1) 根据公众归属，可分为内部公众和外部公众。
(2) 根据公众对企业的影响程度，可分为潜在公众、知晓公众和行动公众。
(3) 根据公众对企业的重要程度，可分为主要公众和次要公众。
5. 形成公关促销创意。一个好的公关创意的定位只有与企业及其促销的产品的定位保持高度一致，才能够达到预期的正面传播效果；好的创意必须能够将要传达的关键信息准确无误地传递给目标受众。
6. 设计公关促销活动方式。公关促销活动方式，是指以一定的公关促销目标和任务为核心，将若干种公关媒介与方法有机地结合起来，形成一套具有特定公关促销职能的工作方法系统。按照公共关系的功能不同，公关促销活动方式可分为五种（见表8-11所示）。

表8-11 公共关系活动方式一览表

类别	定义	形式	特点
宣传性公关	运用报纸、杂志、广播、电视等传播媒介，向社会各界传播企业信息，形成有利的社会舆论，创造良好气氛	新闻稿、演讲稿、报告等	传播面广，推广企业形象效果较好
征询性公关	收集社会的舆情民意，掌握社会发展趋势，为企业经营管理决策提供依据	开办各种咨询业务，进行问卷调查和民意测验，设立热线电话，举办信息交流会，等等	逐步形成效果良好的信息网络，利用网络获取信息
交际性公关	通过语言、文字的沟通，为企业广结良缘，巩固传播效果	宴会、座谈会、招待会、谈判、专访、慰问、电话、信函等	直接、灵活、亲密、富有人情味，能深化交往层次
服务性公关	通过各种实惠性服务，以行动去获取公众的了解、信任和好评	消费指导、消费培训、免费修理等	把服务提到公关层面上来，把公关转化为企业全员行为
社会性公关	提供赞助各种公益活动，塑造企业的社会形象，提高企业的社会知名度和美誉度的活动	赞助文化、教育、体育、卫生等事业，支持社区福利事业，参与国家、社区重大活动等	公益性强，影响力大，成本较高

7. 制订公关促销行动方案。主要涉及以下四个基本问题：
(1) 明确公关促销活动项目的要求。
(2) 明确公关促销活动策略的要求。
(3) 明确公关活动主体的要求。
(4) 明确公关活动时机的要求。尤其要注意公关促销时机选择；重视细节；策动传播；选好公关促销模式；等等。

8. 编制公关预算。预算费用主要分两类：一是基本费用。如人工、办公经费、器材费。二是活动费用。如招待费、庆典活动费、广告费、交际应酬费等。

9. 评价公关促销活动效果。评价公关促销活动效果的主要指标有认知度、美誉度及和谐度，此外还应考虑对销售业绩的促进和提高。

（三）公关促销专题策划

1. 针对消费者的主要公关促销方式。

（1）制订顾客关系管理计划。企业设立专门的客户关系管理职能部门，研究消费者心理，了解需求动向，制订切实可行的客户关系管理计划，服务于消费者，以赢得消费者的信任。

计划的主要内容包括：检查对用户的各项承诺和传播的信息是否属实；根据消费者的意见和建议提出改进方案；鼓励促进员工改进服务质量；制订服务公约；严厉处治破坏与消费者关系的行为；向消费者传递企业信息；撰写产品说明书；等等。

（2）保持与消费者沟通渠道的畅通。通过口头、电话、网络、出版物、大众媒体、信件、组织消费者参观企业等形式保持与消费者的沟通与联系。

（3）进行消费者教育。内容包括：编撰印发指导性刊物；召开演示会、展示会；举办培训班；开设陈列室与咨询台；通过广播电视播放介绍性材料；在报纸、杂志上刊登介绍性资料等进行消费者教育。

（4）提供完善的售后服务。及时妥善处理顾客投诉；进行经常性的电话回访；通过问卷等方式征询消费者对于企业产品和服务的意见与建议。

2. 针对经销商的主要公关促销方式。

（1）互惠互利，合作双赢。经销商既是企业的客户，又是企业的帮手，因此，在公关活动中要时刻体现"互惠互利，合作双赢"的原则。

（2）提供优质产品和优良服务。严格把关，确保供应优质产品；价格公道，确保经销商的利益；为经销商提供优质和全面的服务，包括销售人员培训、合作开展促销活动、提供销售技术与管理等服务。

（3）加强与经销商的沟通与联系。通过有组织的联系交往、媒介沟通等方式加强与经销商的交流，联系感情，融洽关系。具体方式有经销商联谊会、经销商年终酬谢会、外出考察学习、集体度假旅游等。

（4）及时收集与处理经销商意见和建议。通过各种渠道、方式及手段收集和处理经销商对企业产品、价格、包装、交货期以及售后服务等各方面的意见和建议，及时改进和调整，既保证经销商对企业和产品的忠诚，又通过经销商的服务提高企业和产品在社会和消费者心中的信誉和形象。

3. 针对竞争对手的主要公关促销方式。

（1）同舟共济，合作营销。与竞争对手相互学习、相互支持，共同开拓市场。

（2）严格自律，公平竞争。竞争要严格自律，遵守游戏规则，遵守法律法规。

（3）沟通交往，缔结同盟。加强与竞争对手的沟通与交往，通过组建行业协会、同业联盟等方式，发动和联合同行共同维护行业的市场秩序。具体的方式有进行人际交往、开展有组织的互访、召开同业研讨会、企业间相互交换报刊通讯等信息、庆典纪念日互致贺意、互送礼品等。

4. 针对社区的主要公关促销方式。发展社区关系是为了争取社区公众对企业的了解、理解和支持，为企业营造一个稳定和谐的生存和发展环境。主要方式有以下几个方面：

（1）维护社区环境。企业开展生产经营或促销活动时，要注意维护好社区环境，避免"三废"及噪音等对社区环境造成的影响和危害，维护好社区居民正常的生活秩序和良好的生活环境。

（2）支持社区公益事业。主要方式有：赞助社区文化、艺术、体育事业，资助社区各项福利事业，为社区排忧解难。

（3）注意与社区的沟通与联系。采用各种方式与多种渠道加强和保持对社区的了解与沟通，争取社区公众的理解与支持。主要方式有举办联谊会、运动会等。

5. 针对媒体的主要公关促销方式。媒体是企业重要的外部公众，媒体在企业实现与外部沟通、塑造形象等方面起着举足轻重的作用。针对其的主要公关促销方式有：

（1）主动提供新闻线索和信息。为媒体撰写新闻报道，主动邀请记者参加企业的重要活动并进行现场采访和报道。

（2）举办新闻发布会或记者招待会。

（3）制造新闻事件。主动制造新闻事件，吸引媒体注意力，争取以新闻报道的方式传播有效的信息，甚至创造条件，通过有意策划制造新闻，达到促销的目的。

6. 针对内部公众的主要公关促销方式。内部公众即企业的员工，内部公众公关促销的目的就是激励员工士气，提高员工的工作积极性，从而达到促进销售的目的。主要方式有发行内部刊物，设置内部广播、电视和网络，召开对话会、征求意见会、茶话会，举行集体旅游、游戏娱乐、体育竞赛等形式多样的集体活动，增进员工的集体认知感和认同感。

7. 公关促销专题活动的主要形式及其特点（见表8-12所示）。

表 8-12　常见的公关促销专题活动的主要形式及其特点

活动名称	特　点	策划要点
新闻发布会	形式正规、隆重、规格较高，能与记者互动沟通；成本高，对主持人和发言人素质要求高	确定会议主题、会议主持人、会议发言人，邀请参会对象，准备会议资料，选择会议地点，制订会议预算，具体会议安排等
展示会	图文并茂、形象直观、影响深刻	展销产品、展销对象、展销形式、展销地点、展销工作人员培训、展位布置、编写宣传材料、前期宣传、费用预算等
业务洽谈会	面对面交流、双向沟通	洽谈标的、洽谈对象、洽谈时机、洽谈地点、洽谈日程安排
赞助活动	无偿、感情投资、信誉投资	赞助目的、赞助对象、赞助方式、赞助时机、费用预算、具体赞助方案
对外开放日	开放、引导参观考察	确立主题、安排时间、成立专门机构、准备宣传工作、规划参观内容与路线
庆典活动	气氛热烈、隆重大方	庆典主题、庆典方式、活动程序、宾客名单、典礼程序、致辞剪彩人员、渲染气氛、礼后活动

8. 营销公关危机处理。在市场营销活动中，当企业与公众发生矛盾或冲突事件，公众舆论反应强烈，企业形象因此遭受严重损害，企业陷入公关危机。此时，企业需动员全部力量及各种传播媒介来处理危机，协调企业与公众之间的紧张关系。

常见的公关危机有以下几种：自身行为不当型；突发事件型；失实报道型和殃及池鱼型。企业应区分不同情况，采取相应措施，开展卓有成效的公关活动及时处理危机，避免事态的进一步恶化。

（1）处理公关危机的原则有：

1）快速反应。危机通常具有一定的突发性，危机发生时，应迅速反应，及时采取措施，避免事态进一步恶化。

2）真诚相待。发生公关危机势必引发公众疑虑。如属企业自身原因造成的，企业要真诚接受批评，积极采取善后措施；如属意外突发事件，则应及时查明事件真相，告知公众，争取理解与支持；如属失实报道引发的危机，应当冷静处理，及时消除不利影响。

3）人道主义。如危机造成公众生命及财产损失，在查清事故责任前，应本着人道主义精神及时处理问题。

4）维护信誉。维护企业信誉与形象既是处理危机的出发点，也是处理危机的最终归宿。

(2) 处理公关危机的程序：

1）果断采取措施，防止事态扩大。

2）成立专门机构，制订处理危机的基本方针与对策。

3）调查情况，了解真相。

4）确定新闻发言人。

5）开展工作，安抚受害者。

6）总结情况，改进工作。

(3) 建立危机预警机制。设立危机处理常设机构，预测发生危机的可能性，制订危机处理预案，模拟演练危机处理过程等。

> ❋小资料
>
> **2007年中国十大企业公关危机案例（节选）**
>
> 1. 摩托罗拉手机爆炸事件
>
> 2007年6月19日甘肃金塔县发生全国首例手机电池爆炸致死事件，作为问题手机的制造商——摩托罗拉未能在第一时间内采取积极的应对措施。事发大约10天之后，以推卸事件责任为出发点，摩托罗拉将这起爆炸事件的责任归结到手机电池上，在没有权威证据的前提下，宣称爆炸元凶为非摩托罗拉原装电池。这样一来，使得原本主要因用户在高温条件下长时间错误用机导致的爆炸事件一波未平一波又起，并引发了广东等多地的手机电池在安全检查中的更大被动。
>
> 2. 品客、乐事、依云遭遇"标准门"
>
> 2007年底，品客薯片、乐事薯片和依云矿泉水一同上榜国家质检总局的黑名单，被定性为不合格产品，三品牌厂商虽均没有对此发表正规的事件声明，但却不约而同将"中国标准"确定为事件的"罪魁祸首"。
>
> 3. 华为等知名企业辞工潮
>
> 旨在保障员工正当权益的新《劳动合同法》于2008年1月1日起正式实施，从2007年9月起，华为、沃尔玛、泸州老窖、剑南春和家乐福等诸多知名企业，均在新法实施之前出现了各种形式的辞退员工事件，虽对外均宣称并非为逃避新劳动法规制，但都无法提供正常的辞退理由。
>
> 资料来源：未然：《2007年中国十大企业公关危机案例》，中国管理传播网。

三、营业推广策划

营业推广是一种适宜于短期推销的促销方法,是企业为鼓励购买、销售商品和劳务而采取的除广告、公关和人员推销之外的所有企业促销活动的总称。营业推广通常要配合人员推销、广告和公共关系等促销方式共同使用,以达到企业的促销目标。营业推广策划是指策划人在对企业营业推广活动进行专业性的运筹与谋划后,为企业制订出一套行之有效的营业推广活动方案,负责指导实施或接受委托后直接实施的活动过程。营业推广策划的关键在于对营业推广方式的选择、组合和运用。

(一) 营业推广的作用

1. 吸引消费者购买。尤其是在推出新产品或吸引新顾客方面,由于营业推广的刺激比较强,较易吸引顾客的注意力,使顾客在了解产品的基础上采取购买行为,也可能使顾客追求某些方面的优惠而使用产品。

2. 可以奖励品牌忠实者。因为营业推广的很多手段,譬如销售奖励、赠券等通常都附带价格上的让步,其直接受惠者大多是经常使用本品牌产品的顾客,从而使他们更乐于购买和使用本企业产品,以巩固企业的市场占有率。

3. 可以实现企业营销目标。营业推广实际上是企业让利于购买者,它可以使广告宣传的效果得到有力的增强,破坏消费者对其他企业产品的品牌忠实度,从而达到销售本企业产品的目的。

(二) 营业推广的不足

1. 影响面较小。它只是广告和人员推销的一种辅助性的促销方式。
2. 刺激强烈,但时效较短。它是企业为创造声势获取快速反应的一种短暂促销方式。
3. 顾客容易产生疑虑。过分渲染或长期频繁使用,容易使顾客产生疑虑,对产品或价格的真实性产生怀疑。

(三) 营业推广的方式

营业推广的方式见表 8-13 所示。

表8-13 常用营业推广方式一览表

类型	方式
针对消费者	赠送促销（赠送样品、试用品和赠品）、折价促销（直接打折、数量折扣、附加赠送、加量不加价等）、优惠券促销、集点换物促销、有奖销售、会员制促销、路演（Roadshow）促销、以旧换新、免费试用、返券促销、信贷促销、竞赛和游戏、服务促销等。
针对中间商	进货折扣促销：现金折扣、数量折扣、提前采购折扣、进货品种折扣、职能折扣、协作表现折扣 补贴促销：焦点广告补贴、合作广告、商品陈列展示补贴、产品示范表演和现场咨询补贴、降低零售价格补贴、点存货补贴、恢复库存补贴 销售奖励促销：返利、运输工具、销售工具、灯箱广告、人员培训、旅游、考察、度假 销售竞赛：销售量竞赛、陈列竞赛、店铺装饰竞赛、销售技术竞赛、创意竞赛 其他形式：租赁促销、互惠贸易促销、订货会和展示会
针对销售人员	销售竞赛、销售奖励、培训和协助等

1. 针对消费者的营业推广方式。

（1）赠送促销。

1）赠送样品或试用品促销。向目标消费者免费赠送样品或试用品，鼓励目标顾客试用的促销方式。赠送样品或试用品是介绍新产品最有效的方法，缺点是费用高。样品可以选择直接邮寄、逐户分送、定点分送以及借助媒体分送，或在商店、闹市区散发，或在其他产品中附送，凭优惠券兑换等形式。

2）赠品促销。为鼓励购买其产品，向消费者免费赠送奖品或礼品。通常是购买某件产品，赠送该品牌旗下的其他产品或其他厂家生产的产品。赠品可以放在促销商品包装内附赠，或与促销产品捆绑赠送，或凭票到指定地点领取等。

赠品促销策划的主要工作有选择赠品、策划赠送方式、估算活动费用、制订活动计划等内容。赠品促销策划应注意以下问题：切忌长期使用同一赠品；无节制使用赠品；不要用产品做赠品。

（2）折价促销。通过降低商品或服务的正常售价给消费者提供经济利益，以激发消费者购买欲望，促进商品消费。折价促销常见的方式有：①直接打折；②数量折扣；③附加赠送；④加量不加价。

折价促销方式促销效果明显，活动容易操作与控制，能有效打击竞争产品，能有效培养新顾客，维系老顾客。

折价促销策划的主要内容有价格政策分析与调整、制订折价促销计划、折价数量预估、费用估算、折价包装设计与运用等。折价促销策划应注意以下问题：长期或经常使用折价促销会贬损产品品牌形象，不利于培养顾客忠诚度，容易引起竞争对手反击，造成两败俱伤。

（3）优惠券促销。企业以一定方式向目标顾客免费赠送优惠券，在购买某种商品时，持券可以免付一定金额的促销方式。

优惠券按照发放折扣形式可分为标明优惠折扣比率的优惠券、标明折扣金额的优惠券。

优惠券按照发放对象可分为零售商型折价券、生产厂商型折价券。

优惠券的发放方式有以下几种：

1）直接送达消费者。如街头发放、零售店自取、邮寄等。

2）借助媒体发放。将折价券印刷或加塞在报纸、杂志等媒体上，或通过网络下载等方式将折价券送达消费者。

3）随商品销售发放。将折价券印刷在包装、购物小票上或加入产品包装物中。

优惠券促销策划的主要内容有设计优惠券、制作优惠券、测定兑换比率、核算兑换成本、制订活动细则等。

（4）集点换物促销（印花促销或积分促销）。消费者凭借购买凭证换取相应的奖励。作为凭证的通常是产品的包装或包装上的某一特殊标志，如瓶盖、包装上的图片等，也可以是企业发放的积分卡。此法适用于消耗快、购买频率高的产品，能够有效激励消费者重复购买。但是，如需消费者长时间收集点券，会使其失去耐心。

集点换物促销策划的主要内容有设定目标、设计购物凭证或集点券、设计或选择赠品、核算促销成本、选择优惠时间、设置兑换手续和安排参与的部门等。

（5）有奖销售（抽奖促销）。消费者购买某种商品或积累购买达到一定数量或金额时，可以参加企业事先安排的抽奖活动。抽奖的形式有摇奖、摸奖、转奖、兑奖、刮奖等。

有奖销售能够直接促进销售额的提升，促销费用稳定且易控制，适当的奖品有助于提升品牌形象。此法受法律法规制约的程度较大，对促销方案设计和活动组织实施的要求较高。奖品选择适当与否是促销活动成败的关键。

有奖销售（抽奖促销）策划的主要内容有：设置或选择奖品、费用预算、法律咨询、制订规则等。其中法律咨询环节十分重要，策划有奖销售活动，策划人应当事先向律师、公证机关和工商管理部门进行咨询，了解相关法律法规以及相应的公证程序和手续、是否需要经过工商行政部门批准等。

（6）会员制促销。企业以某项利益或服务为主题，将消费者组成团体，开展宣传、销售和促销活动。成为会员的条件有：交纳一定的会费或购买一定数量的产品，会员可以在一定时期内享受入会时约定的权利。企业采用会员制，可以了解顾客信息，认证顾客身份，进而锁定目标客户群，建立长期稳定的市场，培育顾客的忠诚度，规避直接竞争。

常见的会员制形式有优惠会员制、积分会员制和便利会员制三种。

（7）路演（Roadshow）促销。是企业在超市卖场内外或其他场所开展现场宣传活动，与终端消费者进行直接沟通，树立产品形象、推荐或销售产品的促销方式。

路演促销策划的程序：

1）设定活动主题。即明确路演的宣传口号，以加深消费者对产品及企业文化的理解和记忆。主题应简洁、健康，紧扣推广内容，符合企业形象，体现企业为消费者带来的切实利益。

2）选择路演的形式。常用的形式有劲歌、热舞、游戏、魔术、曲艺、模特表演、产品信息发布、产品展示、产品试用、优惠热卖、现场咨询、抽奖、礼品派送、比赛、有奖问答等。

选择路演形式的原则：有利于营造热烈的现场气氛；把产品巧妙融合到宣传活动中。

3）选择恰当的路演时间和地点。

4）精心组织路演活动流程。

其他针对消费者的促销方式还有以旧换新、免费试用、返券促销、信贷促销、竞赛和游戏以及服务促销等。

2. 针对中间商的促销策划。详细内容见表8-14。

表8-14 针对中间商的促销策划方式一览表

类别	形式	主要内容
进货折扣促销	现金折扣	厂商给予在约定时间内提前付款或用现金付款的客户一定比例的折扣，以鼓励客户尽快付清货款
	数量折扣	厂商向大量购买本企业产品的中间商提供的价格折扣
	提前采购折扣	厂商对在销售淡季和提前购买产品的客户给予的价格折扣
	进货品种折扣	厂商根据中间商进货品种结构给予的折扣
	职能折扣	厂商根据中间商承担营销职能的情况不同给予不同折扣
	协作表现折扣	厂商根据中间商的忠诚度和协作情况给予的不同折扣

继表 8-14

类别	形式	主要内容
补贴促销	焦点广告补贴	厂商对中间商在销售现场布置焦点广告进行费用补贴
	合作广告	产销双方签订协议，约定共同分担广告费，为厂商的产品在当地进行广告宣传
	商品陈列展示补贴	厂商给予中间商一定的补贴，要求中间商将其产品陈列在显著的位置
	产品示范展示和现场咨询补贴	厂商派促销专员占用中间商场地和设施进行产品功能示范展示或咨询活动而给予中间商的补贴
	降低零售价补贴	厂商要求中间商在促销期间降低售价优惠消费者而给予中间商的补贴
	点存货补贴	厂商为促进销售，承诺在某次促销活动中根据中间商实际销量给予中间商一定金额的补贴
	恢复库存补贴	点存货补贴促销结束后，为激励中间商恢复库存给予的补贴
销售奖励促销	返利、运输工具、销售工具、灯箱广告、人员培训、旅游、考察、度假等	厂商事先设定销售目标，中间商在一定时间期限内达到目标，即可获得奖励目标可以是单一的销售量目标，也可以是综合销量、品种、回款以及价格执行等综合指标
销售竞赛	销售量竞赛	以一定时期内中间商销售本企业产品的数量和金额作为竞赛目标，优胜者获奖
	陈列竞赛	根据中间商陈列本企业产品的数量、位置和陈列美观性进行比较，优胜者获奖
	店铺装饰竞赛	厂商根据中间商利用厂商提供的 POP 广告和自有器材对店铺进行装饰的效果进行评比，优胜者获奖
	销售技术竞赛	以中间商业务员或店员为对象，从接待、劝说、推销、商品知识、商品功能现场展示、包装、理货、数额金额计算、库存管理、商品货价、拜访技巧、售后服务技术等方面进行评比，优胜者获奖
	创意竞赛	针对广告用语、新产品命名、新产品开发、老产品改造、商品陈列、焦点广告等方面的设计创新和改进展开竞赛
其他	租赁促销	
	互惠贸易	
	订货会	
	展销会	

3. 针对销售人员的促销策划。

（1）销售竞赛。在一定时期内，在企业内部各销售小组或推销人员之间开展的竞赛。竞赛项目的目标有销售额、销售增长率、目标达成率、拜访客户数、开发新客户数、货款回收率、销售毛利、销售知识技术、客户访问技巧等。

竞赛奖励除单纯的物质奖励外，还有晋升、晋级、授予荣誉称号、颁发荣誉证书等精神奖励以及免费观光旅游、带薪休假、参加培训等综合性奖励方式。

（2）销售奖励。除推销人员正常的薪金外，按照事先约定的规则，对完成销售业绩目标的人员给予的奖励，如提成、分红等。

（3）其他促销措施。包括培训和协助。培训有入职培训和继续培训，目的在于通过提高推销人员素质以促进销售。协助的主要内容有为推销人员提供统一着装，提供工具、样品、模型、销售手册等销售用具和道具以提高销售效率。

（四）营业推广策划程序

1. 确定营业推广目标（参见表8-5）。营业推广目标的确定，就是要明确营业推广的对象和要达到的目的。只有明确推广的对象，才能有针对性地制订具体的营业推广方案（参见表8-5）。

表8-15 营业推广目标一览表

促销对象	促销目标
消费者	促进新用户试用、促进新用户购买、鼓励重购、鼓励提高单次购买量、提前购买、强化品牌忠诚度、说服消费者放弃竞争品购买本企业产品等
中间商	鼓励大批量进货、鼓励购买新品、鼓励重复购买、鼓励淡季购买和销售过季产品、强化中间商的品牌忠诚度、鼓励中间商改进商品陈列、鼓励规范渠道管理等
销售人员	鼓励实现销售目标、完成销售任务、推广新品、开拓新市场、开发新客户、提高业务技能和水平、提高工作积极性等

2. 策划营业推广方案。

（1）营业推广方案的类别。营业推广方案根据促销时间的长短可分为长期性营业推广方案、全年节日营业推广方案、短期性营业推广方案、事件性营业推广方案和随即性营业推广方案。长期性营业推广方案，是选定一个促销主题制订全年不同时期的一系列营业推广活动。全年节日营业推广方案，针对全年法定节假日及消费者不同需求特征，确定营业推广主题，策划营业推广方案。短期性营业推广方案，营业推广期限较短，通常为一个月或以内的营业推广方案,如新店开张促销、店庆促销等。事件性营业推广方案,是为配合社会性政治性事件发生而进行的营业推广。随机性营业推广方案,是带有偶然性、应随机性事件发生而进行的营业推广策划。

(2) 营业推广方案的主要内容。一份完整的营业推广方案包括以下主要内容(见表8–16)。

表8–16 营业推广方案主要内容一览表

组成部分	具体内容
营业推广主体	策划人、主办单位、组织实施人员等
营业推广对象	参加条件与范围
营业推广目的	活动主题与意义等
营业推广目标	促销效果预估
营业推广方式	活动内容、规则、传播媒体等
营业推广地点	活动地点、活动区域范围
营业推广时机	活动借势的时间性机会
营业推广时限	活动起止时间、持续时间、活动频率等
营业推广规模	活动投入、产品范围、市场范围等
营业推广预算	人力、物力和财力预算
营业推广效果评估	实施效果与预期目标的偏差以及原因分析

(3) 营业推广方式和工具的选择。营业推广的方式方法众多,每一种方式方法都有其特点及适用范围,如果使用不当,则适得其反。因此,选择合适的推广方法和工具是取得推广效果的关键。企业在进行营业推广策划时,要根据目标对象的接受习惯、产品特点和目标市场状况等来综合分析选择营业推广的方式方法和工具。

(4) 安排促销组合。营业推广要与市场促销其他方式如广告、人员销售和公共关系等整合起来,相互配合,共同使用,从而形成营销推广期间的更大声势,取得单项推广活动无法达到的效果。

(5) 确定营业推广时机和期限。营业推广的市场时机选择很重要,如季节性产品和节日、礼仪产品,必须在季前节前开展营业推广,否则就会错过时机。确定促销期限,即确定营业推广活动持续时间的长短。推广期限要恰当,过长,消费者会丧失新鲜感,产生不信任感;过短,一些消费者还来不及接受营业推广的实惠,达不到推广的目的。

（6）确定营业推广预算。通过营业推广规模的大小、持续时间的长短和活动频率等指标确定人财物的投入。

3. 实施营业推广方案。营业推广方案的实施，各有关部门要明确责任与具体的工作内容，分工合作，共同营造热烈的促销气氛，吸引更多的消费者积极参与，以达到营业推广的目的，实现营业推广的目标。

4. 评估推广方案实施效果。策划营业推广方案时，要对方案实施效果进行预估，形成营业推广目标；方案实施后，要对实施结果进行评估，评估的参照即是营业推广的目标。评估的目的在于总结经验教训，以便把今后的工作做得更好。

 思考与实习

一、思考题

1. 试述品类创新的各种方法。
2. 试述产品组合策划的主要内容。
3. 试述包装策划与其他营销策略策划的关系。
4. 试述服务策划的主要内容。
5. 试述价格策划的主要内容。
6. 试述渠道策划的主要内容。

二、实习项目

1. 某食品企业，主要生产冷饮产品，该企业准备开发一种新型的含有酒精成分的冰激凌，请运用所学知识，进行产品策划，并将策划的内容形成规范的产品策划书。

2. 阅读案例："捆绑销售"与价格安排，回答问题。

先来回顾一件发生在20世纪30年代关于国际商业机器（IBM）的反垄断案例（详见张五常教授的《经济解释》卷二第八章第二节）。当时的计算机远不如现在的使用方便，运算时需要使用一种纸卡（Punch Card），计算机运算多则纸卡用量也多。IBM要求其计算机用户必须使用其供应的纸卡，因而引起对IBM把对计算机的垄断伸延至纸卡的指控。

事实却是，在没有计量器（Meter，现在常用于商业复印机）的年代，纸卡变相成为衡量计算机用量的工量，IBM 的做法，实际是把计算机的价格由固定月租转变成多用多付，即使用量越大，则付款越多（使用量由计算机使用的IBM纸卡的多少来衡量）。

当然，IBM有两种价格安排选择：

（1）放弃要求用户必须使用其供应的纸卡，以固定月租出租计算机给所有租客。

（2）完全免租机费，要求用户必须使用其供应的纸卡，把计算机的租金"放进"纸卡当中，计算机的租金因而变成按用户的使用量收取。

目前，苹果把 iPhone 与电信服务"捆绑"，然后与电信服务公司按 iPhone 用户的电讯服务收入分成的安排中，和上述计算机与纸卡相同，iPhone 就是计算机，而电讯服务就是纸卡。手机不再以"部"定价，而是按不同用户使用手机的用量定价。

由于用户对产品的使用量差异很大，使 IBM 和苹果倾向使用"按用量定价"的方法。如果 IBM 和苹果使用固定价格，价低则不能从高用量的用户处获利，价高则会赶走低用量用户。部分人固然打算用尽 iPhone 的各种功能，部分人却只视之为潮流饰物。

资料来源：黄键明：《定价策略：iPhone 现象揭示策略失当危险》。

（1）企业该如何选择定价策略？从此案例中受到什么启发？
（2）你所了解的使用"捆绑定价"策略的企业和产品还有哪些？

3. 因经销商不得力造成销售业绩不理想，A 企业的新领导人 H 想要更换经销商。当 H 尝试实施这一想法时，遇到出乎意料的阻力。阻力来自以下几个方面：①企业内部。一是企业元老对原有经销商的长期感情培养造成的人情障碍；二是企业相关业务人员担心长期与经销商达成的利益分配协议被触及，造成利益受损。②来自被更换的经销商。由于面临被生产企业抛弃，经销商心理极不平衡，因而，在力所能及的范围内，处处给企业设置障碍，最典型的手法有两种：囤积货品，扰乱市场秩序，毁坏品牌形象；以大宗欠款对企业施压。③来自整个渠道。经销商大面积的负面传播，动摇了原有渠道的军心，同时向本地区同行和终端客户散布谣言，为企业重新寻找经销商设置障碍。

假设你是企业的营销经理，请根据案例资料，为该企业制订一套能够顺利实现经销商更换的方案。撰写并提交规范的书面报告。

4. 以小组为单位模拟招聘推销员。内容包括：①拟定并制作招聘启事和海报；②照招聘程序模拟招聘。

要求：以小组为单位撰写并提交招聘策划方案。

5. 某企业研制开发出一种具有预防驼背功能的书包，请为该企业策划一套新产品推广公关方案。

【精彩个案】

板城烧锅酒青岛市场营销策划方案

乾隆醉酒厂股份有限公司精品系列项目板城烧锅酒——龙印，在板城烧锅的产品组合策略中所处的位置非常重要，它可以拉升板城烧锅品牌的高度，使之在消费者心目中形成一个整体的品牌印象，板城烧锅酒浓厚的历史文化底蕴足以支撑起板城烧锅——龙印在白酒高端市场的营销运作。

市场背景分析

白酒业尤其是中低档次白酒产品市场，竞争十分激烈。《中国白酒行业发展报告》指出，在白酒产品中，高、中、低档次白酒的产量和利润分别是"金字塔"和"倒金字塔"型，高档白酒比例最小，约为20%，所创造的利润却最大，占50%多；中档白酒的比例和利润均约为35%；低档白酒的比例最大，利润却最小。在此背景下，板城烧锅在青岛市场的营销管理体系以"战略联盟一体化"和"利润中心最大化"两个重要的战略思想为指导，以期达到与经销商在战略上的双赢。板城烧锅酒以其独特的产品价格定位，力争在中高档白酒市场占据重要地位。

青岛市分为三大区域：市内六区：市南、市北、四方、李沧、崂山、城阳；黄岛开发区和胶南，这个区域直接辐射日照、临沂和连云港；青岛周边地区：胶州、即墨、诸城、平度等县级市。

青岛作为中国七大消费先导城市之一，汇集了国内诸多知名品牌白酒，是白酒的主销城市。白酒在青岛市场有着悠久的历史和广大消费群体，白酒在酒类市场的占有率可达21.6%，年销售总额90.13亿。中高档白酒目前终端价格在200～880元之间，市场份额为15%。

青岛市场环境分析（SWOT分析）

优势：

1. 有板城烧锅品牌无形资产的支持。
2. 产品品质有保证。
3. 有强大的资金和后台支持，能最大限度地降低经销商的风险。
4. 有实战及理论功底深厚、营销实战经验丰富的营销队伍协助经销商一同开发市场。
5. 有国内著名的酒类营销策划高手全程跟踪策划。
6. 重视终端管理，构筑深度而缜密的营销网络。

劣势：

1. 地域性强。板城烧锅洗礼酒虽是现在的中国名酒之一，但其发展的态势与影响力远不及茅台、五粮液、剑南春等知名品牌。
2. 目前给予经销商的政策空间与同类竞争产品相比，明显处于劣势。
3. 广告力度不够。宣传推广表现过于温和。"板城烧锅酒——可以喝一点"，没有视觉和感官冲击力。

机会：

1. 各白酒品牌的高端产品在全国一直无上佳表现，板城烧锅酒——龙印的进入正好可以填补这一空档。
2. 收入的增长，消费水平的提高，大众对白酒高档产品的消费认同度越来越高。
3. 青岛白酒高端市场的竞争格局还不十分明朗，板城烧锅酒进入市场的壁垒不会很大。

问题：

1. 产品的生产成本过高。在制定特约经销商政策时较为被动。
2. 板城烧锅品牌在全国市场的动作力度不大，地域性较强。
3. 产品特色不鲜明，产品文化内涵不够丰富。

营销战略规划

1. 战略目标。

（1）确保板城烧锅酒在同类竞争产品中的品牌知名度达到第一，市场占有率达到第一。

（2）以地级市为一级营销战略单位，基本完成12个地区的网络终端和二级代理构建工作。

2. 战略规划。

（1）2007年8～9月为培育期间，利用报纸、电台、广播大力宣传板城烧锅酒的文化内涵。主题宣传口号为：板城烧锅酒，好运年年有。将以"龙印"产品为主导，推出1期口号："龙印一品鸿运至尊"

10月1日产品正式上市，使用强力促销，在青岛重点销售终端推出限量、限时"喝龙印 送鸿福"活动。（准备2000～5000件真皮外套、品牌公文包或女士时装〈市场价格950元左右〉配合"龙印"开展买一送一活动）。

确定青岛省三大区域的战略终端市场位置：市内；开发区；青岛周边的400家大型酒店和商场。

（2）确定青岛世纪安泰板城烧锅酒营销公司为青岛区域市场的营销指挥中心；建立160人促销和网络终端维护团队。同时在青岛及附属区域3000家消费终端战略中心市场铺货，协助经销商进行市场深度开发。

（3）2007年10月至2008年5月底，三大区域的网络部署率达到80%以上。

（4）三大区域的市场管理人员完成从终端市场管理向区域市场管理的角色转换。

3. 战略联盟。推行厂商战略联盟一体化和利润中心最大化的营销模式。从战略联盟的角度考虑，构建一级营销网络。把一、二级网络和零售终端商发展成战略联盟成员。

4. 战略部署。战略部署推进的核心是："一个战役三步实施"。

一个战役是产品消费理念宣传。

三步实施是以媒体为平台，广泛深入宣传板城烧锅酒的文化内涵以及"龙印"产品能给人带来鸿运的概念。

第一步用3个月的时间，构建板城烧锅产品在青岛市场的终端营销网络。

第二步用4～6个月的时间，对青岛市三个战略区域的终端营销网络进行维护和深度开发，继续宣传"板城烧锅酒，好运年年有"的概念。培育起高档酒年销售额度高达2000万人民币的市场规模，为中档酒进入市场做好铺垫。

第三步用6个月的时间，构建青岛市三大区域包括其所辖县域市场的终端营销网络，培育起年销售额度达到2500万～4000万的中档酒市场规模。

营销组合策略

1. 促销步骤及其费用。

（1）8月青岛啤酒节期间，聘请省内和市内高端人士进行宴请现场品尝。启动高端阶层（费用约5万元，包括20份赠品和40瓶"龙印"酒）。

（2）9月份，利用软性广告宣传板城烧锅酒的文化内涵。突出主题——板城烧锅酒，好运年年有。《青岛早报》、《半岛报》每周2期，连续各8期（总费用16万元）。

（3）9月中旬完成新产品上市的新闻发布暨招商大会，完成大商户网络构建。在海天大酒店或者香格里拉召开新闻发布会，邀请山东电视台、青岛电视台、日报集团、半岛报、济南时报等新闻记者50~100人，青岛主要酒水批发商和大酒店、超市负责人100~200人左右（总费用40万元，包括礼品）。

（4）9月底，各家媒体全面报道："板城烧锅酒，好运年年有"、"龙印一品鸿运至尊"，宣传轮番轰炸，同时铺货各重点终端市场（广告费用60万元）。

（5）10月开始，促销礼品随货发送。营销团队进入终端市场进行现场铺货宣传促销（青岛超大型酒店120家，一般费用5000~20万元不等；大型商场40家，进店费用、一般单品2万~5万元；2000件礼品价格40万元；合计费用350万元左右）。

（6）其他促销和人员费用暂时忽略不记（应该可以由市场利润负担）。

（7）后续广告投放根据市场销售额来决定，总费用为销售额的20%~30%。

2. 产品策略。以"龙印"为主打品牌，"酒篓"和"五年陈"为副品牌，以"龙印"的成长带动"酒篓"和"五年陈"副品牌的发展。考虑到青岛消费人群对酒质、口感、香型的偏好，对较低度高度白酒的认同度，初步确定主推两种产品品项。其中38~44度占60%；52度以上40%。

3. 价格策略。考虑到"龙印"的特殊目标消费群体，终端价格设定在880~950元之间。

4. 渠道策略。以地市级区域市场为一个营销战略基本单位向下延伸，是作为"1+1+N+1"模式的一个基本的载体。针对青岛各区域市场而言，第一个1代表乾隆醉酒厂；第二个1代表青岛区域市场的总经销；N代表若干个零售终端商，最后一个1是二级代理。

资料来源：中国糖酒网，2007年8月1日。

第九章 广 告 策 划

重要提点

- 广告、广告策划、广告促销之间的关系
- 广告策划的几大原则
- 广告策划的完整程序
- 广告策划书撰写的方法与窍门

【导读】广告是现代市场营销中的一个局部要素,或可以称之为市场营销组合中的一个非常重要的环节。在现代营销理论中,广告与其他营销要素有机组合、互补互动,为企业的整体营销目标服务。在营销传播中,重要的是把广告放在市场营销活动中去认识,从市场营销的基本概念、核心理论和营销新潮流、新动向、新观念,去深刻地了解和把握广告与市场营销的关系,确立广告在市场营销中的地位和作用。

广告策划无疑是广告活动中一项实务性的具体作业,作为一个广告经营机构业务的中枢工作,不是单凭"拍拍脑袋"便可以完成的。所以,要根据促销的策略,娴熟地、成功地操作广告策划,其前提就是要真正认识、通晓、融会贯通广告策划与促销的关系;知晓它的基本原理;把握它的目的、意义、原则和要求;了解它包括的各种类别和运行的一般程序;学会具体作业时,特别是广告策划书撰写的方法和技巧。

第一节 广告策划与促销

广告是商品经济的产物,广告从本质上来说,是一种经济活动、经营活动,它在生产—销售之间架设桥梁,沟通产品信息,扩大产品销量,为企业创造利润。促销需要广告,而广告活动是需要策划的;广告策划是营销策划的一部分。

一、市场营销与广告

其实,市场营销,无论4Ps理论、6Ps理论,还是4Cs理论……都离不开广告。在市场营销的具体运作中,"组合"是一个非常重要的概念。例如4Ps的促销要素中,就离不开"组合",其中就可以分解为广告、公共关系、人员推销和营业推广活动等等。广告在市场营销中有其独特的地位和重要的作用。

(一)广告在市场营销中的地位

在市场营销组合中,广告在促销组合中处于一个显著的位置,一方面,它所处的位置是无可替换的;另一方面,广告是促销领域的一个局部要素,是促销组合的一部分,只有与其他要素组合才能发挥作用。因此,在综合促销活动(广告)和商品销售量的关系上,广告虽然是决定销售量(销路)的一个极其重要的因素,却不是唯一的因素。即使有出色的广告,如果其他要素不能相互配合,仍难达到令人满意的销量。服从总体目标,诸要素有机组合、相互作用,正是现代市场营销的特点。

(二)广告在市场营销中的作用

在促销组合领域中,广告与公关、人员推销与营业推广活动都有向消费者传递某一产品或劳务的特点,使消费者产生印象、好感、理解以至购买或使用。换句话说,它是一项促使消费者心理变化的信息传播活动。

在促销组合的各个因素中,广告所起的作用又有几个特点值得注意。促销组合各要素对消费者心理的影响在不同的时期会产生不同的效果。

1. 在消费者对传递出来的产品与劳务信息处在感知阶段时,广告的作用最大。但随着发展,广告效果会减弱,人员推销的作用会增大。

2. 推销不同类型的产品,不同的促销组合的作用也不同。推销生活资料,广告效果会更好，而推销生产资料，推销员的作用很重要。

二、营销传播与广告

（一）整合营销中传播的意义

随着时代的发展、商业的繁荣、市场的变化、科技的进步，特别是作为龙头产业的信息业的惊人进展，传播媒介和消费者都发生了很大的变化，企业在营销中的传播意义就显得十分重要。

1. 图像传播越来越盛行，对企业来说，将会更多地以图像、声音、符号、标志、象征等传播形式，将信息传达给现实的和潜在的消费者。这样，企业整合各种形式的传播媒介就变得越来越重要。

2. 不管信息来自什么媒介，它们都被消费者视为媒介信息；不论信息的内容是什么，它们都代表某种品牌、企业或营销组织。如何利用各种媒介有效地为企业的商标、品牌、产品和形象服务，整合营销传播就显得尤其重要。

3. 近年来，企业营销活动层出不穷，关于产品的信息越来越多，当消费者认为已经获得足够的产品信息来作购买决策时，会很自然地忽视和他们已知信息相冲突的信息。所以，企业通过各种传播方式所传递的信息必须一致、清晰且易于理解。

因此，企业在整合营销传播中力求突出如下几点：以消费为核心，以信息为基础，以建立消费者和品牌之间的关系为目的，以"一种声音"为规范，以多种传播媒介的整合营销运用为手段。

（二）整合营销传播策划与广告活动

从整合营销传播策划整套模式可以看出：整合营销传播的中心工作是，调动各种形式的传播手段，来完成设定的传播目标。首先是发展传播沟通策略，这意味着在什么样的背景环境（接触管理）下，传递何种信息。其次是根据传播目标，为整合营销传播制订明确的营销目标，然后确定用什么营销工具来完成这一目标。最后是选择有助于完成营销传播目标的战术（各种传播手段），包括广告、营业推广等促销活动在内的，只要能协助达成营销及传播目标，都可以使用。总之，在传播策划执行过程中，其过程如下：企业确定传播计划并执行——消费者反馈——企业从反馈中得到有用的信息——根据消费者及潜在消费者在沟通上的需要及需求，调整修正原来的传播计划，再将整个流程循环下去。

自20世纪90年代中期，我国开始引进整合营销传播理论并在实践中加以探索和推广，作为一种未来趋势的主题，是有广阔前景的。而整合传播的发展，大多仍以广告为主，其他传播技能为辅，例如常见的广告促销、直效市场营销、视觉管理（包括 CIS、品牌识别系统、包装设计……）等，这也是大多数以广告起家的营销策划人和策划组织加入到这个行列中来、提供相关的传播服务的原因。

三、营销活动中的广告策划

1. 广告策划在广告活动中的定位。一个广告活动是一个整体工程，广告策划在广告活动中的位置又如何确定呢？先让我们来看看一个广告活动的整体工程的图示（见图 9-1）：

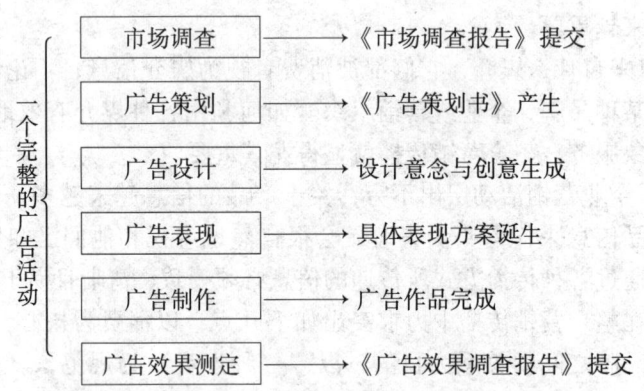

图 9-1　完整广告活动程序图

可见，广告策划是一个完整的广告活动必不可少的启动性环节。所以，推出一个广告活动，广告策划不可缺少。

2. 广告策划的定义。广告策划有各种定义和说法，从实务操作的角度来看，广告策划应该是在市场调查与分析的基础上，为实现营销目标，编制系统的广告策略、广告定位、创意表现、投入预算及其实施方案的作业过程，从而使广告活动合理化和广告效果最大化。

> **❋小资料**
>
> **广告策划的概念引入中国大陆**
>
> 策划,英文表述为 Strategie Planning,营销、广告界使用的广告策划概念由美国引入日本(亦称企划),20世纪60年代由日本引入中国台湾地区,80年代后又由台湾地区引入中国大陆。

3. 广告策划的特点。
(1) 专业性和科学性。广告策划编制是建立在市场调查与分析基础上的。
(2) 方向性和前瞻性。广告策划居于整个广告活动的前期,迈出的是方向性的一步,预示着广告活动的合理性和广告效果的最大化。
(3) 全局性和整体性。广告策划从某种意义上说,就是统领整个广告活动的一个纲领性的文本。
(4) 创意性和操作性。广告策划包括该广告活动较详细、较具体的表现和实施方案。

4. 广告策划的原则。
(1) 目的性。广告策划以服从客户的市场营销为目的,要注意考虑客户的投入与产出,讲究实际效果,充分注意其经济效益以及社会效益。
(2) 指导性。广告策划是承担对整个广告活动的指导性的方案文本,它应该成为跟进的广告作业的行动蓝图。
(3) 系统性。广告策划是客户整个市场战略系统的子系统,而广告策划自身的过程又是一个系统思考和规划的过程,系统性理论贯串于始终。
(4) 创意性。创意是广告策划不竭生命力的源泉,独特与创新的富于个性的广告策划才是成功的广告策划。而成功的广告策划,会使整个广告活动充满活力。
(5) 可操性。广告策划的具体施行方案,必须在实际中能有效操作,脱离现实环境的操作方式和程序的策划,过于繁杂艰涩的策划,或者不兼顾客户预算投入的策划,都是缺乏可操作性的。
(6) 灵活性。广告策划毕竟是前瞻性工作,处于整个广告活动的前期,在市场发生变动的情况下,不完全排除做动态的合理修订。广告策划应注意适当地调适,与时俱进地保证掌握广告活动的主动权。

5. 广告策划的要求。
(1) 对广告客户的要求。广告策划是广告公司向广告客户提供的服务,从广告策划的要求出发,作为广告客户本身,应该做到以下几点:

1）广告客户应该有明确的市场战略、营销计划和广告目标。
2）广告客户应该具备强烈的广告策划意识和对广告策划意识的足够重视。
3）广告客户应该关注广告公司的广告策划作业,并提供足够的协助。
4）广告客户应该支持广告公司按广告策划去进行有关广告活动,并随时跟进检查督促。

(2) 对广告公司的要求。广告业务机构（即广告公司）是为客户提供广告策划服务的组织,它们应该保证达到如下的要求:

1）广告公司要保证有广告策划能力,换言之,它们应该拥有专业的策划人员,甚至在组织架构中有独立设置的策划部。
2）广告公司要保证其策划作业的规范性、专业性、效率性,所提交给广告客户的"广告策划书"应该符合行业水平。
3）广告公司保证商业信誉度高,并与社会（尤其是媒介）保持良好的合作关系,以使其广告策划乃至整个广告活动能顺利进行。
4）广告公司保证与广告客户联体互动、合作沟通、风险共担、利益共享,广告策划成功乃至整个广告活动成功才能达到双赢。

6. 广告策划的类型。我们可以从广告的目标和广告的实务两大类别来看广告策划的不同类型。

(1) 按广告目标来划分广告的类型。一般可以分成单个广告策划与整体广告策划。

1）单个广告策划。单个广告策划是指由广告部门（包括广告业务机构和工商企业的广告业务部门）单独性地对一个广告活动进行的策划。例如在中秋节前,饼家为推销月饼,策划推出在报纸媒体上刊登平面广告;例如春节来临,旅游公司开辟了一条新的线路,在电视上播出电视广告;又例如某歌星的演唱会前,策划了一场歌迷见面会;等等。

2）整体广告策划。整体广告策划是指由广告部门（包括广告业务机构和工商企业广告业务部门）所进行的一种较大规模的、系列的、整体的包括各种不同的广告活动的综合的大策划。整体广告策划又叫系统广告策划。例如宝洁公司推出的"高露洁"牙膏的立体化、全方位、大规模的,包括各种形式组合的广告发布和众多的推广活动,以及长期性、系列性、影响力大的广告策划活动。单个广告策划是狭义的广告策划,整体广告策划是广义的广告策划。

从某种意义上说,整体广告策划可以看做多个单个广告策划的集合体。由于单个广告策划主要针对个体广告进行,往往集中而单一,目标性很强,巧而精。整体广告策划较为庞大而复杂,是为同一目标而对一连串不同的广告活动的策划,所以也是体现广告专业水平不断提高、专业功能不断加强和广告代理制不断完善的结果,是现代广告活动的必然发展趋势。

下面是单个广告策划和整体广告策划的比较（见表9-1）。

表9-1 单个广告策划和整体广告策划比较一览表

特点项目＼类型	单个广告策划	整体广告策划
目标	实用、及时的销售效应	对销售的发展和效益寻求稳定、长期的提高
战略	落实阶段性的营销与广告策略	执行企业和品牌的长期性的营销与广告策略
效果	短期、实效、立竿见影	长期、深化、综合整体效应
内容	单独地对某一特定广告活动进行策划	较大规模的、系列的、整体的、各种不同广告的综合的大策划
规模	相对单一的小规模	整体性的大规模
范围	一般为局部的单一市场	企业营销所覆盖的大市场与涉及面比较广泛
媒体	选用相应传播效果较实际的媒体，不排除单一媒体	通常都通过媒体策划，运用复合性的媒体组合来传播，讲究覆盖面和发布频率、数量
作业	比较简单	比较复杂
费用	占客户该时期内广告费预算的某一部分	应该是客户该时期内的全部广告费投入
要求	提供单个广告策划书	提供高水平整体广告策划书，是广告公司专业水平的综合体现
观念	体现对广告活动的科学性、计划性、合理性的支持和进程规律化的保障	体现客户从生产导向到顾客导向、从推销观念向营销观念的完全实现
特性	说明即使是普通单纯的广告活动，都离不开广告策划	说明广告业务机构提供的服务进入专业的高阶段，确立广告策划在大规模广告活动中的重要地位

（2）按广告实务来划分广告策划的类型。大致可以分为促销活动策划、企业形象（CIS）策划、品牌策划、观念传播策划、公关广告策划、布展活动策划等，具体内容参见表9-2。

表 9-2　各类实务广告比较一览表

类别\项目\特点	促销活动策划	企业形象（CIS）策划	品牌形象策划	观念传播策划	公共关系策划	布展活动策划
目标	针对销售活动	传递企业形象识别系统	传递企业符号系统价值	通过接受观念从而接受产品	寻求对企业组织的理解、美誉、合作	在特定时空较全面展示企业及其产品
战略	实现直接促销，打销售战	旨在长效性强固形象，增强信任度、知名度	努力让品牌成为一种市场竞争力的优化符号	建立（改变）观念而导致行为（消费）	内求团结，外求发展，展开企业外交	集中展示，全面、复合、强化宣传
特性	速战速决	打持久战	打持久战	先抑后扬	微笑外交	集中轰炸
效果	立竿见影	长效性	长效性	诉求于率先使用和早期使用者最有效	长效性	即效性
内容	产品或服务信息及促销刺激	企业形象识别系统包括理念识别（MI）、行为识别（BI）、视觉识别（VI）	品牌符号价值的传播、推广、延伸、经营等	观念的建立、传递、强化，及引导出产品或服务信息	公益性、感谢性、祝贺性、致歉性、服务性、祈求性、响应性、引导新潮流的广告等	根据特定的时空，按布展主题调动各种媒体和手段组织设置企业与产品信息
适用	产品生命周期中的投入期	产品生命周期中的成长期、成熟期	产品生命周期中的成长期、成熟期	产品生命周期中的即将投入期以及产品转型期	特别适用于处理危机期和企业美誉度要求提高时期	企业、品牌和产品都需要扩大影响时期或促销期、竞争激烈以及新产品投放期

续表 9-2

类别\特点\项目	促销活动策划	企业形象（CIS）策划	品牌形象策划	观念传播策划	公共关系策划	布展活动策划
媒体	可用各种媒体	在各种媒体运用中侧重可视性媒体	可用各种媒体	可用各种媒体	除各种媒体外，还可举办活动	展场
作业	相对较简单	较复杂而量大	较复杂而量大	较为巧妙	随机应变	充分利用好展场
费用	可控数	投入较大	投入较大	可控数	按预算分配	可控数
要求	一般广告业务机构都可完成这类策划	委托较为专业的广告业务机构去承担	委托较为专业的广告业务机构去承担	要求策划人员对观念广告有较深刻认识和策划经历	拥有越丰富的社会关系资源越好	要求对布展活动有人力资源和技术资源的广告业务机构去承担

四、广告策划对促销的意义

（一）广告策划使营销传播中的广告活动科学化

广告策划在广告作业初始，便精心构建了一个科学的规划，确立了核心和灵魂，避免或减少了失误，有人甚至形容它体现为一种"走向未来的意志"，从而使营销传播中的广告环节有明确的工作导向。

（二）广告策划使营销传播中的广告进程合理化

广告策划能带给广告活动计划和方案，使行进过程能预知和可控，从而让广告机构的经营趋向透明，使营销传播活动处于可监控和制约之中。

（三）广告策划使营销传播中的广告效果最大化

广告策划能描述和标示出广告效果的指标，专业而规范的广告策划，还能对广告效果作出相应的承诺，从而使广告预算的投放能更加合理，进而达到促销效果的最大化。

> **❋ 小资料**
>
> 广告策划的促销活动
> ——广东王老吉凉茶 400% 销量增长的促销策划
>
> 2002 年年底,加多宝找到成美(广州)行销广告公司,初衷是让成美为罐装王老吉策划并实拍一条奥运会广告片,要以"体育、健康"口号来进行宣传。但广告公司认为,加多宝的问题不是一条片子就能够解决的。一个月后,成美提交了广告策划书,企业接受该策划书的建议,对罐装王老吉的原有广告策划书进行了全面的调整。
>
> 新广告策划书的调整之一:在传播上尽量凸显罐装王老吉作为饮料的性质。在第一阶段的广告宣传中,王老吉都以轻松、欢快的形象出现,强调正面宣传,避免出现症状式的恐怖诉求,把罐装王老吉和保健品区分开来。
>
> 新广告策划书的调整之二:强调"上火"的概念,淡化"凉茶"的概念。以"预防上火"作为罐装王老吉的一个主打口号。由于上火是一个全国性的中医概念,而不仅仅像凉茶概念那样局限于华南地区,这就把罐装王老吉带出了地域品牌的局限。广告公司的策划者十分自信地说:"做好了这个宣传概念的转移,只要有中国人的地方,罐装王老吉就能活下去。"
>
> 新广告策划书的调整三:区分王老吉和竞争对手的市场定位。在市场上没有同类产品时,避免传播王老吉的悠久历史,把罐装王老吉和王老吉药业的产品区分开来。同时强调罐装王老吉"预防上火"的功能。在广告中,罐装王老吉常常和火锅、烧烤等容易上火的享乐活动挂钩,力图使消费者产生这样的印象:罐装王老吉是此类享乐活动的必备饮料,这就使罐装王老吉具备了可口可乐、康师傅等所不具备的特性,成功地完成了罐装王老吉的市场区隔。
>
> 新广告策划书给企业带来了巨大的效益:2003 年罐装王老吉的销售额比 2002 年同期增长了 400%,由 2002 年的 1 亿多元猛增至 6 亿元,而且其产品开始走出广东和浙江。在央视广告播出后不久,全国各地的订单就如雪片般纷纷而至。
>
> 资料来源:《红罐王老吉品牌定位战略》,载《哈佛商业评论》(中文版)2004 年 11 月号。

第二节 广告策划的程序

广告策划在具体的作业中,是通过操作性强、专业高效、科学合理的方法和步骤,明确地将有关的广告目标、广告的策略、广告创意、广告预算、广告效果测定以及其实施计划固定下来，经讨论修改最终形成文本（广告策划书）。

以上的作业流程大致可以分成为以下四个阶段。

一、客户信息收集阶段

这是广告策划作业启动的第一步。广告公司中的业务部门与客户接触后，与客户充分沟通，尽量详尽了解和研究客户信息。其中可以采取的做法有：

1. 召开客户说明会，让客户全面介绍企业地位、历史、人员、优势和特色方面的信息；介绍企业产品、技术、工艺、销售、竞争以及市场环境等方面信息。

2. 了解客户对广告活动，特别是对广告策划的要求和所需实现的目的和意图；了解客户投放广告的历史及其评价。

3. 成立项目作业小组，落实项目负责人（AE）及成员。

4. 项目作业小组开会，研究客户信息，建立客户档案，制订作业方向。

二、市场调查分析阶段

这是广告策划的基础步骤。项目负责人开始履行推进项目工作进程的工作职责，制订项目投入策划的前期作业——市场调查分析。具体工作如下：

1. 制订市场调查计划，确定市场调查的目标、范围、对象、方法等。

2. 由项目组负责，经常与本公司的市场调查部、业务部协同工作，或委托专业调查公司，进行相关的专项调查。

3. 市场调查结果的综合、整理、研究和分析。内容应该包括：①企业分析；②产品分析；③消费者分析；④市场分析；⑤撰写市场调查与分析报告。

三、广告策划拟定阶段

这是广告策划的关键步骤和中心环节。在此阶段，由项目负责人牵头召集项目的客户总监、创意总监、业务经理等，根据与客户沟通收集到的与客户有关的新信息和市场调查分析报告，对广告策划内容进行深入研讨，其中不乏多次、多类型的"动脑会议"，也不排除邀请客户参与其中听取意见。其中有关"创意表现"策划作业更是本阶段最核心、最有价值、最具操作意义的重心部分。本阶段的具体内容、重点及成果分述如下：

（一）阶段的具体内容——按部就班

1. 广告目标的拟定。
2. 广告策略的拟定。
3. 广告定位的拟定。
4. 广告创意及表现的拟定。
5. 广告预算的拟定。
6. 广告效果测定计划的拟定。

（二）阶段的重点作业——创意表现

在广告的目标、策略和定位的指导下，确定创意的方向。在核心创意基础上，可以拟定文案，各种媒体的表现和运用方案也可以形成。诸如：

1. 报纸文案撰写设计样稿。
2. 刊物文案撰写设计样稿。
3. 海报文案撰写设计样稿。
4. 电视广告脚本及分镜头脚本、分镜头图样稿。
5. POP双关型样设计样稿。
6. 促销用品型样设计样稿。
7. 其他广告样式设计样稿等等。

创意表现阶段，作业完成的内容要由项目负责人召开"创意说明会"进行介绍并听取客户的意见反馈和评估，经过反复修正，形成实施计划，才能定稿。

（三）阶段的成果——广告策划文本

广告策划拟定阶段的成果，就是生成的广告策划文本，即广告策划书的完成。

四、广告策划执行阶段

这是广告策划的最后阶段，广告公司在广告策划书的指引下，进行广告设计发布并完成后期结算、评估工作。其过程一般如下：①广告的设计制作；②广告实施发布；③委托调查公司（或自己）做广告效果测定；④业务结算；⑤总结评估。

有关广告策划程序可用图9-2表示。

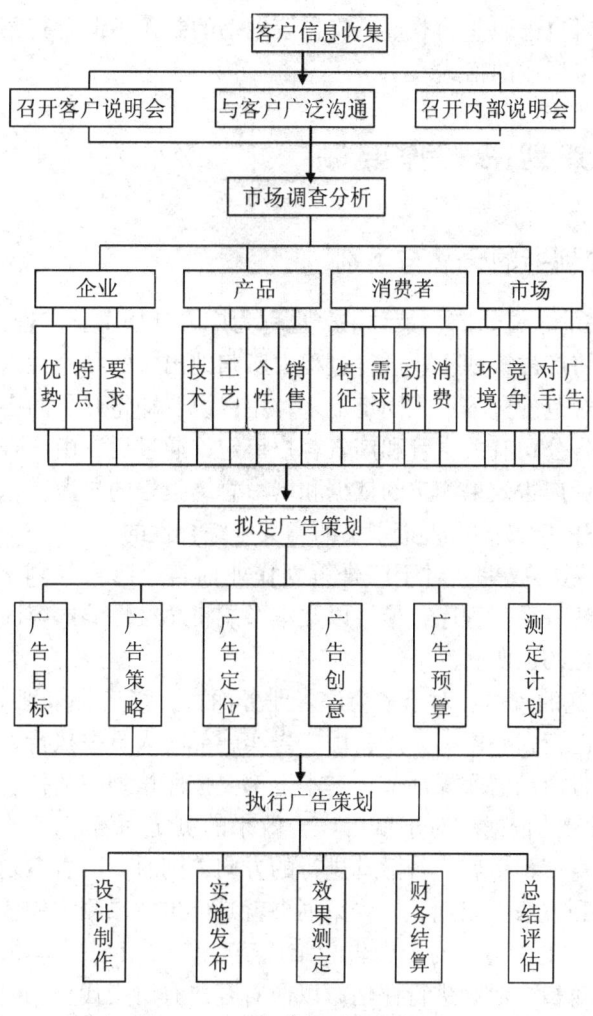

图9-2 广告策划程序略图

第三节 广告策划书制作方法

在把广告看做是营销活动的重要环节,在广告策划观念已深入人心的今天,一份专业的、有创意的、标准的、漂亮的广告策划书,就是广告公司交给客户的关于自身业务质量水平的第一份鉴定书。翻阅广告策划书,便可打开窥探广告公司人才库的一扇窗口。所以,一份所谓"好"的广告策划书,不仅是广告公司提供的服务质量标志,也

是对客户的尊重和对自己职业的尊重。广告策划书的制作不但有其原则要求和规范的程序，而且还有其约定俗成的格式。

一、广告策划书制作要领

（一）广告策划书的含义与类别

1. 广告策划书的含义。广告策划书，也称为广告计划书、广告企划书。

广告策划书是将广告策划作业进行过程中所归纳出来的结论性内容，用文字、数据以及图像等按一定规范的文本形式固定下来，用以说明即将开展的广告活动的完整部署和合理步骤，供广告公司有关主管和广告客户审定，通过后，由广告实施部门的人员去执行，并可作为日后广告效果测定的依据和撰写总结报告的参考。

2. 广告策划书的意义。广告策划书的意义是综合性的。

（1）是广告策划的成果。对于广告策划作业而言，广告策划书是一个作业成果，是经过了广告策划的一系列程序，最终以文本形式将总结性的内容固定下来，是完成广告业务中该环节任务的证明。

（2）是广告实施的蓝本。对于整个广告业务而言，当广告策划书完成并提交审定，标志着第一项工作已正式完毕。兹后，由广告实施部门人员去执行，进行设计制作、投放广告。而后的广告活动的实操环节，基本上都要按照策划书的指引去履行兑现。

（3）是广告测定的依据。对于事后广告效果的测定而言，广告策划书就是一个依据。广告策划书本身就预示着广告活动进行的方向，同时，广告策划书也标明广告发布后效果测定的指标和方法。因此，广告策划书就是广告效果测定的依据之一。

（4）是广告总结的参考。对于广告总结而言，广告策划书提供了一个参考。当广告活动完成后，要对整个活动进行评估，以便对客户有所交代，同时也是对广告公司的业务进行总结。进行广告总结，广告策划书就是一个最好的参考物。

（5）是广告公司服务的标志。对于广告公司而言，广告策划书是广告公司向其客户提供服务的质量标志，从中可以看出公司的策划能力，甚至可以看出公司的业务水平与服务态度。能否拿得出一份专业的、有创意的、标准的、漂亮的广告策划书，确实是一个广告公司交给客户的第一份答卷，而且是很重要的一份答卷。所以，从这个意义上说，一份广告策划书，就是广告公司签注给客户的自身服务质量水平的第一份鉴定书。

（6）是客户的信心所在。对于客户而言，广告公司能提供一份令自己满意的广告策划书，已经可以证明合作有了一个良好的开端，也意味着广告效果的实现有一个好的基础。因为通过广告策划书，客户不但可以初步认识广告公司的服务水平，而且也可以了解广告公司的策划能力和拥有的人才职业性、专业性和创意水平,从而在一定程度上强固了对该公司的信心。如果对广告公司提交的策划书不满意,客户完全有理由中断后续的合作,使广告业务中途夭折。

(7) 是广告策划人的价值所在。对于广告策划人而言,能够提供让公司满意、让客户满意的策划书,证明自己的价值所在,证明自己的能力,证明自己的成功。

3. 广告策划书的类别。广告策划书大致可以分成下面几个类别,每个类别又有不同种类:

(1) 按容量来分,可以分成两大类。

1) 单个广告策划书。单个广告策划书,其实是一个广告活动各环节分拆出来相对独立的各个单个的广告策划书。按一个广告活动的过程顺序列出便有广告调查策划书、广告策略策划书、广告目标策划书、广告定位策划书、广告主题策划书、广告创意策划书、广告实施策划书、广告媒体策划书、广告预算策划书、广告效果测定策划书。

2) 整体广告策划书。整体广告策划书,就是以上各个单个广告策划书的综合。所以整体广告策划书其实就是对一个完整的广告活动的整体策划的文本。

(2) 按内容来分。广告策划书的种类就和广告策划的各种类型保持一致,可分为促销广告策划书、企业形象广告策划书、品牌形象广告策划书、观念广告策划书、公关广告策划书、布展广告策划书等。

(3) 按地域来分。即按广告发布所覆盖的地域来划分,可划分为国际性广告策划书、全国性广告策划书、地区性广告策划书、地方性广告策划书等。

(二) 广告策划书制作的原则与要求

1. 广告策划书制作的原则。在服从广告策划的大原则下,广告策划书制作的具体原则有如下几点:

(1) 专业性原则。要充分体现广告策划的专业性。换言之,就是广告策划书应当是不折不扣的广告策划书,而不应当将其制作成其他的形式。几种不正确的制作文体:一是把广告策划书写成了营销策划书;二是把广告策划书变相写成了广告文案文本或是广告设计的效果图;三是把广告策划书变相写成了广告预算开支分配表;四是把广告策划书变相写成了媒体发布计划等。出现这些误区的关键就是不专业,反映出制作者没有认识或没有能力把广告策划书制作成文本形式,将广告策划作业完整过程中所归纳出来的结论性内容固定下来。追溯根源,就是对广告策划未能理解或理解肤浅。

(2) 严谨性原则。广告策划书本身具有纲领性、指导性和计划性,广告策划书制作必须是严谨的。这种严谨性体现在如下几点上:

1) 逻辑性关系。广告策划书整体结构,是按照逻辑主线去安排的,即提出问题

——分析问题——解决问题。从一份策划书的目录编排上就可以看出这种渐进的逻辑关系（关于广告策划书的目录格式将在本章第二节中谈及），体现出逻辑的严谨性。

2）层次性推进。广告策划书有完整的结构，由各个部分严谨地构成。问题的设立与解决，由小而大，由部分而整体，环环相扣，一个问题一个问题去解决，一部分一部分去完成，层层推进，体现出层次的严谨性。

3）重点性突出。广告策划书，是指导性、纲领性的文件，而明确重点问题（例如广告定位、广告创意、广告预算等）的决策，必须是整个文本的重心和重头戏，而且往往也是通过重点来彰显广告策划的水平所在。广告策划书制作要找准并经营好重点，把重点突出出来，体现主次分明的严谨性。

(3) 配合性原则。广告策划书不仅是全部广告活动的一个环节，是一个预见性、超前性的构思，还是一个后续作业的工作蓝本。所以广告策划书必须有充分的配合性和可操作性。

1）与外部营销环境配合。广告策划书的拟定，要实事求是，要根据整体营销环境和市场需要变化去制订。脱离实际、凭空想象、闭门造车的广告策划书是很难让客户通过的，即使蒙混过了关，最后也只会浪费了广告客户的广告费。

2）与整合营销策略配合。广告策划书必须在整个广告策划的明确意图下制订，最终必须体现客户的整合营销策略的最高宗旨，成为落实企业营销策略的计划文本。

3）与其他业务部门配合。广告策划书制订出来，便是广告活动的一个实践蓝图，其他如设计部、媒介部、市场调查部等部门，都是按这个蓝图去作业的，所以广告策划书拟定的内容必须充分考虑其他部门在实施时的可操作性。切忌交给客户的策划书讲得冠冕堂皇，通过后却难以操作而无法实现。

4）与资源配合。广告策划书拟定，不但要考虑到客户资源（广告预算）的接受程度，而且也要考虑到广告公司自身的资源实况。特别是后者，不但要考虑物力资源，也要考虑人力资源。如果操作实施有关内容时，少人缺物，或力所不能及，广告策划书便成了一纸空文，骗人害己。

2. 广告策划书制作的要求。广告策划书要让广告公司有关部门审查接受，要让客户审定通过，要让实施部门理解执行，作为文本的要求，在内容和形式上，有几点要求是必须做到的：

(1) 清晰简洁——在内容上要科学规范、翔实具体、有理有据、简单有力。

(2) 扼要明白——文字表达要准确鲜明、中心突出、纲举目张、言简意赅。

(3) 图文并茂——图表、图示要清楚简约，附图、插图效果好质量高，数据要便于检索，整份文本制成要规范统一。

(4) 印制精美——打印、装帧要大方得体，要体现广告公司的风格，要自备副本。

涉外业务，应当配有外文译本。

> ✽ 小资料
>
> **舒尔茨对广告策划书的要求**
>
> 美国丹·E.舒尔茨在《广告运动策略新论》中写道：世界上没有十全十美的广告策划书，可以都适应每位广告运动计划者的需求，但广告策划书都要基于简单（Simplicity）、扼要（Substance）、明白（Clarity）这三个主要目标。

（三）广告策划书写作的准备与程序

广告策划书写作的准备工作包括材料准备和人员准备。

1. 材料准备。广告策划书制作前一定要有市场调查、产品分析、企业状况分析、竞争对手分析、消费者研究、媒体概况研究等分析研究工作，取得充分而详细的资料。另外，还要有对诸如媒体租用、制作力量、发布方式等方面的可行性了解。当然还要尽量掌握广告预算可公开的数额。

以上材料对拟写广告策划书都是必备的，而且要求尽量详尽，这对准备参加投标竞争的广告策划书则尤为重要。对文本没有使用的一些原始资料和分析材料，要归好档，以备随时取用。

2. 人员准备。广告策划书制作的参与人员，可以分为前期人员和写作人员。

1）前期人员。广告策划书制作前期的调查阶段、分析阶段和研发阶段，各阶段都有相应的分析和整理材料、综合和撰写分析报告的人员，为广告策划书文本撰写准备好有关的材料和报告。

2）写作人员。广告策划书制作的具体写作人员，当然是广告策划作业小组的人员，他们应具有相当的策划和创意能力，较为熟悉市场情况，具备广告设计和表现、媒体运作等基本常识（若能精通，那更是不可多得的人才）。他们思维缜密，逻辑性强，想象力丰富，表达能力强，文笔较好。

广告策划书最后的执笔可以是几人合作，也可以是单个人独立完成，但无论怎样，一份广告策划书的文本，在观念、思维逻辑以及文字和风格上都要力求统一。

二、广告策划书制作的格式

（一）广告策划书的基本格式

广告策划书制作，可以说"文无定法"，有各种各样的写法，只要它能真实准确地

反映策划的内容，别人能够理解，实施者能够操作，都是可以接受的。但一般来说，较为科学规范，既全面又简约，而且逻辑严谨的广告策划书，通常有其基本格式。当然，所谓基本格式既非其中缺一不可，也非一成不变。在基本格式基础上，根据广告活动的个性和特殊性，根据广告策划人的习惯和风格，也可在某些项目上有所增删。

（二）广告策划书的目录

以下是可供参考的广告策划书基本格式的目录。

目　录

前言
市场分析
客户分析（企业分析）
产品分析

客户（企业）营销战略
广告战略拟定
广告对象及地区

广告主题设定
广告创意
广告文案方案
广告媒体发布计划

广告预算
广告效果测定评估

建议

附录

（三）广告策划书的制作模具

这里说的制作模具，是为了使写作广告策划书时，能有个参照的较详细项目指引，本意并不希望把广告策划书制作变成"千人一面"。

表9-3提供用做参考的是属于产品推销广告策划书制作模具。

表9-3 产品推销广告策划书制作模具

目录\分项	细分项目	备注
封面	1. 策划书名称 2. 委托策划客户名称 3. 代理策划广告公司名称 4. 策划书制作日期	设计要朴素、大方、得体,封面纸质用硬页制作,策划书放置文件夹内
摘要	1. 受委托策划的项目 2. 策划达到的主要目的 3. 策划的主要结论内容	摘要概括要简明清晰,一目了然
目录	即策划书的提纲	在策划书完成后,有关涉及项目,按先后顺序列录
前言	1. 制作策划书的缘起 2. 受委托策划的中心要求 3. 受委托策划的最终目的 4. 策划作业的简略经过 5. 策划书将解决的问题	通过前言,可以了解策划的大概过程和策划书的大概内容
市场分析	1. 市场环境 (1) 总体市场现状 (2) 市场发展趋势 (3) 市场可变的因素 2. 竞争状况 (1) 客户行业之间的竞争态势 (2) 客户目标对手的状况 (3) 来自客户业外的竞争态势	市场是动态发展的,有时是瞬息万变的,所以应该掌握最新信息
客户(企业)分析	1. 企业的概况和目标 2. 企业的社会形象 3. 企业的知名度、荣誉度 4. 企业的优势和特点 5. 企业目前存在的不足	关于企业的概括,可以关注其人力资源和科技力量,对其优势和不足分析都要中肯,过犹不及

继 9-3 表

目录 \ 分项	细分项目	备 注
产品分析	1. 产品的生命周期分析 2. 产品的性能、用途分析 3. 产品的独特个性分析 4. 产品的附加价值（如文化价值、心理价值、精神价值等）分析 5. 与同类产品优势的比较 6. 其他（如包装、价格、售后服务等）分析	产品分析主要是找出其利与不利之处。而产品的个性分析（即与其他同类产品区别的独特性）会直接影响广告定位、广告战略和广告创意
客户（企业）营销战略	1. 客户销售的目标 2. 客户销售的重点 3. 客户销售渠道分析 （1）销售地区 （2）销售数量 （3）销售渠道 （4）零售点 4. 客户产品定位策略 （1）功能定位 （2）差别化市场定位 （3）高中低档次产品定位 （4）消费观念定位 （5）心理位置定位 5. 存在问题分析	对客户销售现状的分析要实事求是，对其存在问题的分析要一针见血。不要回避问题，但也不要夸大问题，分析研究的目的是充分利用优势，避免或弥补劣势
广告战略拟定	1. 对销售提升的预定目标 2. 对客户和产品知名度、荣誉度提升的预定目标 3. 对产品市场占有率提升的评估 4. 与竞争对手比对优势的提升预定目标	一些指标性的目标，可以用数量或比例值来表示广告对象及地区

继 9-3 表

目录\分项	细分项目	备注
广告对象及地区	1. 广告对象（目标消费者）的确定 （1）年龄 （2）性别 （3）职业 （4）收入（含消费能力） （5）特点（群体特点、消费特点、选择媒体特点等） 2. 广告发布地区 （1）针对的主要地区 （2）兼顾的其他地区 （3）该地区的媒体特点 （4）该地区的受众接受媒体特点 （5）该地区的文化、人文特点	分析并锁定目标消费者很重要，而且对目标消费者选择媒体的特点，以及对广告发布地区的媒体情况的了解和分析也十分重要
广告主题设定	广告主题拟定考虑的三个因素 1. 广告决策 2. 产品的个性 3. 消费者的需求 广告主题 = 广告决策 + 产品个性 + 消费者需求	这就是通常人们称为的"意念"，即广告作品想要告诉消费者的一种想法，是广告作品需要说明的一种基本观念
广告创意	广告创意核心内容由两部分构成："概念 + 点子" 1. 广告主题（意念）传达的方式——概念 2. 对这种传达方式赋予生命方法——点子	生成的广告创意必须是从内容到形式上创造性的出新和突破
广告文案方案	1. 平面广告文案 2. 音像广告脚本 3. 其他形式广告（如 DM、POP、路牌、包装广告等等）的文案（其中包括设计效果图的设计图样）	一些大型策划书中有关文案方案部分，可以附件另列。例如电视广告的脚本（连效果图），就可另外以附件提供

继 9-3 表

目录＼分项	细分项目	备　注
广告媒体发布计划	1. 媒体的选择 2. 媒体的组合战略 3. 媒体的广告量分配 4. 各媒体的广告发布周期与频率 5. 媒体的预算分配	媒体的组合战略和各媒体的发布周期、频率的设计，是很讲究科学性、合理性和效率性的
广告预算	1. 调研费 2. 策划费 3. 设计费 4. 制作费 5. 媒体租借费 6. 劳务费 7. 管理费 8. 税费 9. 机动费	广告预算开列要合理，讲究节约，力求准确，增加客户对策划书的信任度
广告效果测定评估	1. 测定方案的设定 2. 测定方法与手段 3. 测定作业的实施 （1）经济效果 （2）社会效果 （3）接受效果 4. 测定效果评估	广告效果测定，有时会委托社会上的专业市场调查公司去完成，以示客观公正
建　议	通过对客户委托的广告策划作业，发现的一些可以向客户建议的意见，不妨以诚述之	若无真知灼见，此项建议可免，不要画蛇添足
附　录	1. 另有的附件 2. 有关提供参阅的材料、文件、文献	有则附录，无则免之

第四节 广告策划书撰写技巧

在实务操作过程中,广告策划书还有它撰写的要诀,参加"比稿"用的广告策划书上也有其特殊处理的方法,这就是广告策划书撰写的技巧。

一、广告策划书撰写要诀

(一) 简洁精练

写作时注意文笔简洁,写好后修改时要删去多余的文字,一些修饰性用语、文学性用语和形容词之类,要严格控制。整份文件应以清晰实用的风格来与客户沟通策划人的观念,使广告策划书易读、易懂、易接受。

(二) 力戒冗长

文本要全面,但不要长篇大论。很多广告策划书之所以不成功,是因为篇幅给读者造成很大压力,令人不愿卒读。文本的冗长常常是因为撰写人重复和啰嗦,缺乏概括能力和表述能力。

著名美国广告策划大师丹·E.舒尔茨认为,虽然有时你必须或屈服于此法则,但通常没有广告策划书应该超过50~60页,如果写得长于此数,则极有可能是写得太长了。处理"页数"过多问题的一种方法,是把图表、曲线图以及支持证明资料以附录方式来解决,这样,如果你的读者需要更多的资讯,他们可以利用,然而,你不必把你的策划书写得太细而把基本的资料都堆在一起。

(三) 重视摘要

广告策划书的前面有个全部文本的摘要,对策划书进行高度概括,让人一目了然,因此,一定要写好这开门见山的摘要。同时,也要经营好各部分开始时简短的"引语",以便做到纲举目张,使读者能快速领会其将要阅读部分的提纲要领。

(四) 善于归纳

广告策划书涉及的内容较多,从市场到企业,从产品到销售,从消费者到媒体,从广告创意到实施,从预算到效果评估……为了让读者能心中有数,各个部分都应通过分析和研究，然后下个结论。归纳的东西，就是要让读者特别注意并记住的东西。

（五）少用代名词

广告策划书要让读者明白，这是策划人提出的观点和做法，是用事实和数据说明问题的。所以略去诸如"我"或"我们"等引证的代名词，更显得顺理成章，也表示一种自信。其实，读者并不太在乎广告策划书中是谁的观念或谁的意见，而只重效果。

（六）过硬数据

在广告策划书中出现有关的数据，应翔实具体，不要用"大约"、"几乎"、"左右"、"差不多"之类的字眼。特别是出现在预算中的数字如果含混粗疏，会让读者怀疑广告策划人的专业性和职业性，严重到会因此而否定整个广告策划。

（七）注意细节

整个广告策划书制作过程都要重视每一个环节以至每一细节。例如，在广告策划书制作完成后，打印本要仔细校对，不但校对文本、文句、字、标点符号，还要校对字型字体、版式，甚至色彩也要好好校对（如果是彩印的话）。总之，细节问题不容掉以轻心。

二、"广告文案"从广告策划书中分离的做法

广告策划书中的广告文案，有两种方法处理。

（一）在广告策划书的目录和正式内容中有"广告文案"专门部分

一般提交给已建立了业务关系的广告主的广告策划书，广告公司都会把"广告文案"作为策划书文本中的一个重要部分，清楚明白、图文并茂地表述出来，体现出规范性、科学性、专业性和操作性。

（二）广告策划书与"广告文案"分离

广告策划书与"广告文案"分离，换言之，"广告文案"做附件另附。这种处理方法是基于以下两种情况考虑：

一是避免策划书篇幅过长，字数太多；一些复杂的文字与图像（如电视广告，如平面设计效果）的广告文案版本另外独立出来，也便于实务操作时使用。

二是在一些"比稿"的活动中，有意将策划书与"广告文案"分离。

所谓"比稿"，就是俗称的"竞投"，这是广告行业为争取新客户通常用的方法，

广告主邀请一些广告公司准备广告策划，通过阐析其提案，从中比较、选择最优者进行合作。这种比较是一种竞争，为了保护自己所拟的"广告文案"的利益，以免"曝光"以后被人抄袭或影射，所以有些参加"比稿"的广告公司把有关"广告文案"与提交的策划书分开处理，当与广告主有较为明确的合作意向，才公开"广告文案"部分，这是一种合理的自我保护做法。

当然，如果广告主作出承诺，参加"比稿"的广告公司也会乐意公开"广告文案"的，因为毕竟有与没有"广告文案"，对整个广告策划书内容也是至关重要的，由此可见广告文案在策划书中的地位。

广告策划书及其中的广告文案撰写，虽然没有划一的死板模式，但一般而言，还是有其规律性和基本格式的。从事这项工作的人都应该严格养成规范性、专业性撰写广告策划书（包括广告文案）的职业习惯。任何马虎草率、随意性的广告策划书或广告文案，都会给客户留下职业素质不良的坏印象。

 思考与实习

一、思考题

1. 什么是广告策划？它对促销有什么意义？
2. 简述广告策划概念引入我国大陆的历史。
3. 广告策划的特点和原则是什么？
4. 广告策划对广告客户、广告公司有何不同要求？
5. 列举广告策划的类型以及实例。广告策划书制作时遵循的原则是什么？
6. 寻找一些读物中的"广告策划书"实例，对比一下前面所列的有关广告策划书的基本格式，试找出其相同之处与不同之处，并诚述自己的看法。
7. 广告策划书撰写有什么要诀？你能够补充些更好的诀窍吗？

二、实习项目

1. 自己选取一个较为熟悉的著名品牌，广泛收集它所进行过的营销传播活动的资料，研究并分析下列几个课题：
   （1）该品牌的企业、产品的情况如何？
   （2）该品牌的营销战略是什么？它的整合营销又是怎样的？
   （3）该品牌的促销性广告最有影响的有哪些（如电视广告、报纸广告、路牌广告等）？
   （4）该品牌产品布展活动（例如在销售现场设置）的情况如何？
2. 广告策划书制作模拟实习（自我练习）。这个自我练习的内容设定如下：

每3~5人为一组，分策划、设计、文案、市场调查等不同的角色。除策划书制作模拟外，要配合策划书制作商标、标准字、报纸稿、杂志稿、海报、广播稿、包装、电视广告脚本等。这一连串过程又以市场调查及广告策划书的制作最为工作量大而复杂，皆需数周的收集资料和分析研究，一再修改后才能定稿。

提交的实习报告，要求如下：

(1) 题目：产品销售整体广告策划。要求：每组3~5人，每个小组选定一个广告产品（没有限定范围）。

(2) 作业内容。

① 市场分析
- A. 市场占有率、销售与利润、产品分析、USP
- B. 竞争对手
- C. 目标市场的分析
  - a. 年龄
  - b. 性别
  - c. 经济
  - d. 学历
  - e. 喜好
  - f. 使用状况
- D. 季节性
- E. 地区性
- F. 问题点与机会点

② 市场目标

③ 市场战略

④ 广告目标与战略

⑤ 促销活动战略

⑥ 媒体目标与战略

⑦ 预算与媒体分配

⑧ 广告制作
- A. 报纸广告
- B. 杂志广告
- C. 车厢广告、广播广告、户外广告 电视广告、SP的宣传品
- D. POP

(3) 评分方式。

团体分数 50%

个人分数 50% { 25% 效果表现
　　　　　　　 25% 准备工作

【精彩个案】

以下列举的,是本书作者之一王国全 20 世纪 90 年代为金马广告广州分公司所撰写、向万家乐企业提供的"PDK – T20 型'达发'饮水净水消毒器"市场推广的广告策划书版本之一(非最后实行版本)。

**万家乐 PDK – T20 型"达发"饮水净水消毒器
广告推广策划书**

一、导语

二、产品分析

三、市场分析

四、广告策略

五、广告主题

六、广告媒体实施计划

七、广告文案设定

八、广告效果测定估算

九、广告预算及分配

十、建议

一、导　　语

　　PDK – T20 型达发饮水净水消毒器推广广告计划,是以商品广告诉求为范围,重在突出"普通家庭必备的保健用品"的宣传内容,其广告对象主要指向广州地区普通市民用户及饮用水单位等早期使用者。第一阶段广告目标为创立品牌,实现知名度,广告应达目的,是创造出消费者对象为健康而产生的必要消费要求。整个广告战略放在开拓市场上。整套广告系列以"告知"为策略,使用组合媒体实施发布,促进销售。

二、产品分析

　　(一) P(净化) – D(消毒) – K(杀菌)。本产品集净化、消毒、杀菌于一身,且能软化水质,并一次性过滤完成,是目前只具有净化功能的所有过滤水器难以企及的。

（二）结构工艺科学先进。本产品内部结构工艺采用药物介质（载银离子树脂为介质），所以不但能净化水，而且能起杀掉病毒（肝炎、大肠杆菌、伤寒、痢疾杆菌）、有害物质（氯化物、工业溶剂、农药）和清除大部分重金属（砷、铬、镉、铅、锌）及除去致癌物质（亚硝酸银，并除异臭、异味）。这比起只能净化水质的一般滤水器以载溴或载碘的活性炭为介质先进、科学、安全得多，效能也大得多。

（三）价格便宜。价格只相当于国内一般滤水器价格或同类进口产品的1/4。长期使用，只需要定时更换药物介质的过滤芯而已。

（四）制件标准化。能直接安装配套在家用水龙头上，且体积小，轻巧方便。有与现代厨房器具配套的豪华漂亮外观，安装简单，操作如常。

（五）节省燃料支出。使用一个药物介质滤芯，以T2型为例，可过滤饮用水（可满足一家3口10个月以上用水），为家庭节能，减少燃料费开支。

（六）军用转民用的神秘性。此产品技术原为军工科研成果。众所周知，传说在中越自卫还击战中，在"猫耳洞"中的我军战士使用的"魔笛"（吸用恶劣水质的野地水而不受感染病菌），便是这产品的前身。先进军工科技使PDK达发颇带点神秘性，易诱发消费者的信任感和崇拜感。

（七）出口转内销的印象好感。此产品墙内开花先在墙外香，在外销时大受消费者欢迎，现在转入国内市场推出，这种先外后内，极易做成产品的品位好印象。

（八）符合国家国际标准水质要求。产品经防疫部门鉴定和第一军医大学测定通过，并有翔实权威测定鉴定报告书，符合以下两个文件要求：中华人民共和国《生活饮用水卫生标准》、国际《世界卫生组织生活用水建议值》。

由此，归纳PDK达发的特点是：物美价廉的净化、消毒、杀菌最新最先开的滤水装置。最突出的产品个性是：净化、消毒和杀菌一次性完成——PDK。

三、市场分析

（一）市场需求

1. 广州地区近年来频频发出自来水水源水质遭受污染的警报。例如某村水厂因其水源水质受工业污染，在部分地段3~4月被迫连续停止供水41天。奥论媒介常见防疫部门和自来水公司吁请排污单位抓好治污保证、使水源不受污染的警告。这种连自来水公司也防不胜防的威胁，唯有在家庭用水口最后把好关。

2. 广州人口最稠密的老城区，自来水地下输水管道历史悠久，已呈老化，这是看不见的污染。广州高层住宅、公寓、宿舍、宾馆林立，按公用事业设计规定，14层以上住户，一律使用天台蓄水池用水，由于维护和保养未尽规范，难以保证饮用水的清洁和消毒。这些都会形成饮食用水在漫长的输送过程中的二次污染，而且这种污染完全不在自来水公司和防疫部门监控下保护，唯有家庭在出水口设防。

3. 大排档（即露天小饭店）、个体饮食店、路边店、农贸市场的饮用水，洗冲熟冷食用水，难以保证是沸水消毒，唯有的制约，只能是保证自来水的绝对清洁、无毒无菌。

（二）市场研究

由于以上的市场需求，也曾启动过滤水科技产品的蜂起和竞争，但目前市场上的滤水装置产品，一般的仍只停留在"净水"功能上，或"矿化"、"磁化"添补上。

鲜有的能与PDK达发竞争的同类对手产品只有"AA"和"BB"。

——"AA"是两用滤水功能，既可供原水，又可供滤水，但却用机械阀调节，易产生肉眼看不到的渗漏，造成原水和滤水的混乱。实验证明，一滴原水，足以使一杯滤水的细菌总数成百倍地增加。

——"BB"在上海市场投入，却并非以家庭为主，且售价在90元人民币以上。由此可见，在广州地区这个市场上，由于：

——强化了净水消毒杀菌（PDK）功能的一次性完成；

——唯一的过滤用法，保证每滴水都经过处理；

——广州人生活水平较高，讲究饮食文化，健康身心的需求强烈，厨房文化开始萌生，使用器具既求实用又求美观（豪华）；

——产品价钱便宜，安装方便；

所以，PDK达发更会为广州消费者接受。

四、广告策略

（一）广告产品定位

产品在市场上的价值定位应从消费者心理需求的最大满足出发，应使消费者对PDK达发的个性有足够的重视，那么定位应使用"功效定位法"为主，并辅以"市场定位法则"，即：

——功效定位："保健用品"。

——市场定位："普通家庭"。

所以PDK达发产品定位设定为"普通家庭保健品"。

（二）广告产品策略

在广州市场，PDK达发无疑是处在产品生命周期的引入期，其产品策略应确立为：

1. 广告阶段：初级阶段。
2. 广告目标：创品牌，让社会、市场认识"集PDK于一身"的达发。
3. 广告目的：创造需求，创造出消费者为保身心健康使用PDK达发必要性的认识。
4. 广告战略：开拓市场，特别是广州市场。
5. 广告策略：重在告知。向消费者告知PDK达发的品牌与其保证健康的原因，加以展示（示范其构造、工艺物质）。
6. 广告对象：普通的市民家庭和饮用水单位，特别是早期使用者、试用者。他们可能是：具备起码保健常识的家庭购物决定者，高层住户，曾受传染病感染受害者，关心自己健康者，家有老人、小孩者，以及标榜卫生条件好的饮食业和裸露厨房的大排档，等等。

（三）广告目标市场策略

根据是"普通家庭保健用品"的定位，照应到投入期的广告创牌产品策略，PDK达发在第一阶段广告中宜使用无差别市场广告策略。即拟在6月15日~7月15日向一个较大的目标市场——广州地区普通家庭、市民们，运用多种媒体组合，做同一主题内容的广告，这样较有利于运用多种媒介宣传统一的广告内容，能迅速提高消费者对产品的认知度，达到创品牌目标。

五、广告主题拟定

从广告决策与产品个性及消费者需求结合出发，统一的产品主题拟定为——"进入每个家庭，保证每一个人的健康"。

六、广告媒体实施计划

整套无差别市场广告系列中以告知为策略，使用组合媒体同时实施发布。

（一）新闻发布会

利用舆论媒介的权威性与信度、真度，迅速传递PDK达发进入市场的信息，新闻发布会策划如下：

1. 邀请各新闻单位，尤以"三报两台"[《羊城晚报》、《南方日报》、《广州日报》与广东（广州）电视台广播电台]为主。

2. 邀请舆论权威作肯定宣传。如请防疫部门负责人，专家，保健医生，传染病、肠胃病、儿科医生，环保专家，儿童福利工作者，中小幼教部门负责人，公用事业部门（自来水公司）有关人员出席。选择舆论权威应尽量注意客观性和公益代表性，以增加产品信任度和产品的社会效应。

3. 厂家研制者介绍产品开发的科技原理和制作工艺先进性，展示产品构造并作现场安装，发布内容强调：

——先进科技；

——军工的神秘感；

——先出口后内销的先入为主感；

——和一般净水器迥然不同；

——和同类产品拉开的优越差距；

——在不得罪自来水公司和环保部门的前提下，强调二次污染、水质复杂的危险性；

——价格便宜，适合普罗大众消费水平；

——切实许诺售后服务一条龙。

4. 宣传企业和产品为保障人民健康而竭力的形象。

5. 赠送产品，鼓励来者试用（留下地址，上门安装）。

（二）广告文化开展

近年来，消费者接受信息的触角已有意无意习惯于从"购物指南"、"新科技（产品）

介绍"、"科技人员专访"收集商品信息,从知识、文学、趣味于一炉的小品文、小通讯处搜捕。所以似《羊城晚报》的《晚会》,《广州日报》的《家庭百事》等等,都很受青睐。

PDK达发很宜在创品牌知名阶段用此类方式推广,并大可设定用"故事性"等推出,如似《"神笛"的故事》等有情节的文章。另拟科技小品《自来水的二次污染》、《谁是污染水杀手》等,都很有传奇性、刺激性、信息性,肯定能诱发消费者的好奇心和好感。

(三)POP(现场售点广告)的设立

新科技产品,消费者特别担心信度,家庭日用品又特别重视安装、维修、寿命诸问题的咨询。POP是"做到终点的广告",是做到消费者手上的广告,作为进入市场的"陌生人"——PDK达发有必要更多地在POP中接近消费者,去拉拉家常。PDK达发POP广告策划如下:

1. 在商场橱窗,或大厅,或售点柜台,或推销点播放广告片录像。此广告宜为系列性。

(1) 一版本为在常规媒体中播放过的广告片。

(2) 一版本为2~3分钟的详细产品介绍,以及与一般净水器功能比较展示,可以图示或卡通状,以理性诉求为主。

(3) 一版本为更详尽的此产品的源起、研制、军工试用资料录像,制造流程,使用方式,安装、维修、换件方法以及鉴定材料、数据显示等内容。

以上三版本宜连续反复播放,如因预算所限只择一条,以第二版为宜。

2. 组织推销员现场推销、展示。

推销劝说内容重点:广州水源水质忧虑与警告;PDK达发的优越个性;健康的重要性;产品的价格优势;售后服务的优良。

推销示范要求:灵活拆卸展示内部结构;迅速示范安装,教会更换药物介质过滤芯;推销员主动示范喝饮经过过滤的自来水;等等。

推销摆设道具:产品说明书、效果测定水质含量比较表(重点揭示细菌总数和大肠杆菌总数),以及各级防疫卫生部门、科研机构鉴定影印件。

3. 销售点张贴悬挂海报印刷广告。

(四)常规媒体广告

1. 倾斜于印刷广告。印刷广告有宽松弹性篇幅,容纳新产品必需的较详细的信息传送。提示:

(1) 报纸广告应图文并茂,以文为主,版面简单清朗。可考虑分点罗列产品个性特点,勿忘售后服务许诺的资料。

(2) 招贴(海报)广告的标题要突出,"保健"的主题要鲜明。版面要突出产品外观写实摄影彩照,及分拆出来可更换的药物介质过滤的实物照,整组照片透露出轻盈豪华美观的品格。可不用模特或其他的衬托,整幅海报力求画面整洁,底色以冷色调的天蓝渐变过渡到白色,使人陡增清新、净洁、明丽、纯洁、怡静的联想和通感,富有诱惑魅力。

2. 电视广告。电视广告中的创意表现如下:

(1) 理性诉求是卡通和图解展示产品个性长处。
(2) 感性诉求广告类。
1) 以家庭卫生教育感化（创意显示）。
——母亲对运动完后大汗淋漓的儿子随便喝自来水的惊讶和反对；
——带点神秘状的父亲魔术般地及时装上PDK达发；
——母亲转忧为喜，转怒为笑；
——儿子开怀大喝状；
——父亲含蓄微笑，皆大欢喜。
2) 家庭卫生氛围渲染（创意显示）。
——现代化厨房环境；
——主妇在装有PDK达发净化器前使用表演；
——道白（内容：自有PDK达发能解后顾之忧的解说）；
——小儿缠膝想要拧PDK达发开关，父亲近前深情地亲吻；
——合家一派幸福，温情脉脉，无比之陶醉状。
3) 警吓式严重后果冲击（创意显示）。
——家中（或在大排档）进食；
——大人、小孩感染疾病；
——救护车鸣叫飞驰；
——医院走廊匆匆脚步；
——化验室紧张肃然气氛；
——急诊室外长椅上，家属恐惧惊骇的神色；
——口罩上化验员冷峻的眼光盯着举起的试管；
——医生手中化验单上"大肠杆菌"之类的赤字；
——病床上病人的辗转呻吟；
——医生（做主持人）手持PDK达发作严肃的推荐。
3. 广播广告（电台广告）。可以考虑适量的广播（电台）广告，广告词提示：短促有力，富有对消费者的强烈刺激，有足够的鼓动性，品牌的多次重复。广告时间提示：早、午、晚备餐时间发布。
4. 其他。暂不考虑。

七、广告文稿设定

组合媒体均可在如下广告文稿中选择。
（一）标题
1. "何止净水这么简单"（针对不范式理性诉求）。
2. "想健康，快把'达发'装"（针对警吓式感性诉求）。
3. "洁水如蒸馏，万杯无纤毫，达发净水消毒器，是你健康的保证"（借改白居易诗

《初饮衙政，衙退登东楼作》中"水如镜面，千里无纤毫"）。

4."一箪食，一瓢饮，在家居人不须其忧，你也不失其乐，达发净水消毒器，万家乐，乐万家。"（此句借改《论语·雍也》孔子赞颜回语。针对温馨家庭气氛诉求，并能强化"万家乐"商标品牌）。

5."九曲黄河万里水，达发滤水万乐家；万家乐，乐万家。"（借改刘禹锡《浪淘沙》词：九曲黄河万里水，浪淘风簸自天涯。如今直上银河去，同到牵牛织女家。可配合"二次污染"作半警吓性感性诉求）。

6."金猴奋起千钧棒，达发澄清万户流，达发净水消毒器——是你增强健康的保证"（借改毛泽东词，电视画面可配卡通猴……孙悟空……手拿百变金箍棒……PDK达发净水器……截断翻滚的细菌夸张的颗粒，迅速装配好，立即流出清泉）。

7."保证每一滴水都得到过滤，PDK达发——污水的杀手！"

（二）广告口号

拟可用，或不用，或与标题同一（即亦以此口号作标题）。供选择：

1."您想全家都健康，为什么不从现在就开始使用达发净水消毒器？"
2."想要得到健康，快把'达发'装。"
3."不装'达发'的厨房，不是合格（卫生）的厨房。"
4."水喉装达发，全把细菌杀（粤语）。"

（三）广告正文

根据各媒体广告另拟（略）

八、广告效果测定估算（有删略）

（一）广告效果测定预测

为检查广告决策和监督实施，也为改进第一阶段设计，提高第二阶段信心，有必要在第一阶段广告作事后效果测定，当做广告推广的预测估量，可设定：

在广州地区推广第一阶段广告，只要抓紧"告知"策略和"保健"的诉求焦点，以广州人的文化和消费水平意识，产品知名度不成问题，广告能促销是肯定的。

（二）测定办法

1. 销售效果测定。第一阶段广告周期结束后掌握销售量增加率，拟用广告效果比率法或广告效益法作计算测定。

2. 广告本身效果测定。拟用销售点前随机抽样回答或测试消费者对广告的理解度和记忆度，了解度的比率。

九、广告预测及分配（略）

十、建　议

——希望产品能在"矿化"、"磁化"功能的添加上，研究可行性；
——对外观的耐久性和寿命期限作更准确更大的保证；

——继续对流速的增大和形体的制作上作改进。

相信改进后对产品销售和广告推广有好处。

资料来源:王国全:《广告个例评析与实习》,河北高科技中心1992年版,有删节。

第十章 创意策划

重要提点
- 整合营销策划的思想、技能、实施
- 关系营销策划的目标、流程系统、实施
- 知识营销策划的方法、策略设计
- 网络营销策划的步骤、实施方法

【导读】一般的营销策划只能帮助企业保持今天的市场,只有不断地创新才能开拓明天的市场。企业营销策划的核心和灵魂在于创新。把创新理论运用到市场营销中的新做法,包括营销观念的创新、营销产品的创新、营销组织的创新和营销技术的创新,要做到这一点,市场营销人员就必须随时保持思维模式的弹性,让自己成为新思维的开创者。创新的意义在于领先。整合营销、关系营销、知识营销和网络营销都是近些年来企业界必须关注的新概念和新方法。

第一节　整合营销策划

在 20 世纪末到 21 世纪初的几年时间，整合营销学无论是在世界还是在中国都备受推崇，在中国，整合营销学不仅广泛传播开来，而且也成为许多中国策划人或咨询专家包装自己的"核武器"，而号称现代营销学之父的菲利普·科特勒无疑是这一武器的缔造者。整合营销思想对企业如何在现有条件下提高各种营销工具的使用绩效、对如何设计高效的营销组合都有重要的启示。

一、整合营销的含义和特点

（一）整合营销的含义

菲利普·科特勒认为：企业所有部门为服务于顾客利益而共同工作时，其结果就是整合营销。整合营销发生在两个层次：一是不同的营销功能——销售力量、广告、产品管理、市场研究等——必须共同工作；二是营销部门必须和企业的其他部门相协调。

营销组合概念强调将市场营销中各种要素组合起来的重要性，营销整合则与之一脉相承，但更为强调各种要素之间的关联性，要求它们成为统一的有机体。在此基础上，整合营销更要求各种营销要素的作用力统一方向，形成合力，共同为企业的营销目标服务。如图 10-1 所示。

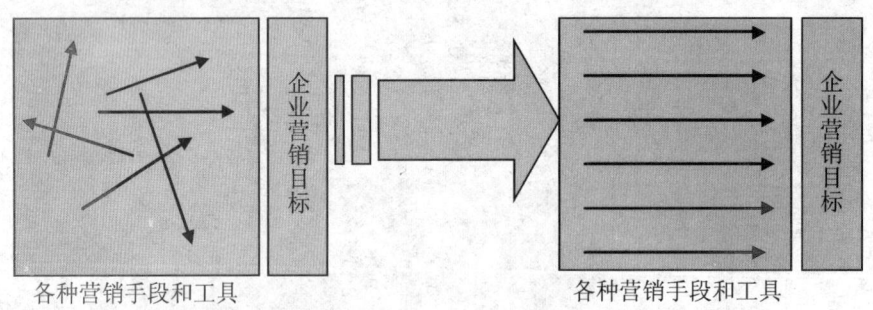

图 10-1　整合营销示意图

(二) 整合营销的特征

1. 以整合为中心。整合营销重在整合,通过整合打破以往仅仅以消费者为中心或以竞争为中心的营销模式,着重于企业所有资源的综合利用,实现企业的高度一体化营销。用于营销的主要手段就是整合,包括企业内部的整合、外部的整合以及内外部的整合。整合营销的整合既包括企业营销过程、营销方式以及营销管理等方面的整合,也包括对企业内外的商流、物流及信息流的整合。

2. 讲求系统化管理。区别于生产管理时代,那种将注意力主要集中在生产环节和组织职能的企业管理,以及混合管理时代那种基本上以职能管理为主体、各个单项管理集合的"离散型管理",整合营销时代的企业由于所面对的竞争环境复杂多变,因而只有整体配置企业所有资源,企业中各层次、各部门和各岗位,以及总公司、子公司、产品供应商与经销商及相关合作伙伴协调行动,才能形成竞争优势。所以,整合营销所主张的营销管理,必然是整合的管理、系统化的管理。

3. 强调协调与统一。整合营销就是要形成一致化营销,形成统一的行动。这就要强调企业营销活动的协调性,不仅仅是企业内部各环节、各部门的协调一致,而且也强调企业与外部环境协调一致,共同努力以实现整合营销,这是整合营销与传统营销模式的一个重要区别。

4. 注重规模化与现代化。整合营销是以当代及未来社会经济为背景的企业营销新模式,因而十分注重企业的规模化与现代化经营。规模化不仅能使企业获得规模经济效益,而且也为企业有效地实施整合营销提供了客观基础。与此同时,整合营销依赖于现代科学技术、现代化的管理手段,现代化可为企业实施整合营销提供效益保障。

二、营销观念的演进

营销观念的演进如图 10-2 所示。

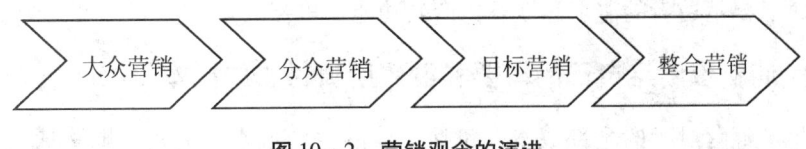

图 10-2 营销观念的演进

整合营销观念改变了把营销活动作为企业经营管理的一项职能的观点,而是要求所有活动都整合和协调起来，努力为顾客的利益服务。同时，强调企业与市场之间互动的关系和影响，努力发现潜在市场和创造新市场。以注重企业、顾客、社会三方共同利益为中心的整合营销，具有整体性与动态性的特征，企业把与消费者之间交流、对话、沟通放在特别重要的地位，是营销观念的变革和发展。

> ✱ 小资料
>
> **通俗理解整合营销**
>
> 整合营销的基本想法很类似于现代战争，它围绕基本促销目标，将一切促销工具与活动一体化，打一场总体战，如同现代战争中将空军（广告）、战略导弹（有冲击力的社会公关活动）、地面部队（现场促销与直销）、基本武器（产品与包装）等一切消费者能够感受到的武器整合为一体，使企业的价值形象与信息以最快的时间传达给消费者。

三、整合营销的 4C 观念

20 世纪 90 年代以来，新的现实改变了世界局势，改变了企业经营获利的方式，而作为社会的细胞，家庭及每个家庭成员也都在改变。人们从传统家庭价值观的压力下解放出来，有更多的生活形态可以选择，家庭组成的变化，不仅意味着基本家庭用具、生活用品需求的增加，并且由于受教育程度不断提高，人们更多地通过分析选择真正适合自己的物品，市场想要掀起某种消费热潮越来越难，消费者越来越具有个性。一方面是产品的同质化日益增强；另一方面是消费者的个性、多样化日益发展，于是日渐兴起的 4C 观念，更新和强化了以消费者需求为中心的营销组合。

（一）消费者的需要和欲望

要求企业在营销活动中要把重视顾客及其需求放在第一位，强调创造顾客比开发产品更重要，满足消费者的需求和欲望比产品功能更重要。

（二）消费者满足自己的需要和欲望所肯付出的成本价格

企业生产经营过程的全部成本，包括企业的生产成本、消费者购物成本及时间耗费、体力和精力耗费与风险承担。企业要想在消费者支持的价格限度内增加利润，就必须努力降低成本。

(三) 购买的方便性

企业要深入了解不同的消费者有哪些不同的购买方式和偏好,把便利原则贯串于营销活动的全过程:在售前及时向消费者提供充分的关于产品性能、质量、价格、使用方法和效果的准确信息;售货地点要提供自由挑选、方便停车、免费送货、咨询导购等服务;售后应重视信息反馈和追踪调查,及时处理和答复顾客意见。

(四) 与用户沟通

企业不能只依靠广告强化单向劝导,而要着眼于加强双向沟通,增进相互理解,实现真正的适销对路,培养顾客忠诚。

四、整合营销策划的实施

(一) 整合营销策划的前提

1. 革新企业的营销观念。要树立大市场营销的观念;要树立科学化、现代化营销观念;要树立系统化、整合化营销的观念。
2. 整合企业的营销。对企业内外部实行一体化的系统整合:整合企业的营销管理;整合企业的营销过程、营销方式及营销行为,实现一体化;整合企业的商流、物流与信息流,实现三流的一体化。

(二) 整合营销执行需要的技能

1. 营销诊断技能。营销实施的结果偏离预期目标,或是实施中遇到较大阻力时,需确定问题的症结所在并寻求对策。
2. 问题评估技能。营销实施中的问题,可能产生于营销决策,即营销政策的规定;可能产生于营销规划,即营销功能与资源的组合;也可能产生于行使营销功能方面,如广告代理、经销商。问题发现后,应评定问题所处的层面及解决问题所涉及的范围。
3. 营销贯彻技能。为使营销计划贯彻实施快捷有效,必须运用分配、监控、组织和配合等技能。分配技能指营销各层面负责人对资源进行合理分配,使其在营销活动中优化配置的技能。监控技能指在各职能、规划和政策层面建立系统的营销计划结果的反馈系统并形成控制机制。组织技能指开发和利用可以依赖的有效的工作组织。配合技能指营销活动中各部门及成员要善于借助其他部门以至于企业外部的力量有效实施预期的战略。

4. 评价执行结果技能。将营销活动整体的目标，分解成各阶层和各部门的目标，并对各分目标完成结果和进度及时进行评价，这是对营销活动实施有效控制和调整的前提。

> ✱ 小资料
>
> ### 整合营销沟通（IMC）
>
> 美国广告代理商协会认为，"IMC 是一个营销传播企划的概念，它注重以下综合计划的增加值，即通过评价广告、直接邮寄、人员推销和公共关系等传播手段的战略作用，以提供明确、一致和最有效的传播影响力"。
>
> "整合营销传播之父"唐·舒尔茨教授认为，"IMC 不是以一种表情、一种声音，而是用更多的要素构成的概念。IMC 是以潜在顾客和现在顾客为对象，开发并实行说服性传播的多种形态的过程"。
>
> 从操作层面看，将广告、公共关系、大型活动、销售促进、包装设计、企业形象识别系统和直效营销等营销手段进行整合运用，即形成整合营销传播。
>
> 从观念层面看，整合营销传播的创新在于导入传播概念，核心是面对市场的"立体传播"和"整合传播"。

（三）整合营销策划的实施措施

在整合营销实施中，涉及资源、人员、组织与管理等方面。

1. 优化配置资源。实现资源的最佳配置，既要利用内部资源运用主体的竞争，力求实现资源使用的最佳效益，又要利用最高管理层和各职能部门，组织资源共享，避免资源浪费。

2. 选择、激励人员。人是实现整合营销目标的最能动、最活跃的因素，要组成有较高的合作能力和综合素质的非长期团队小组，保证圆满完成分目标；通过激励措施不断增强人员信心，调动积极性，促使创造性变革的产生。

3. 建立学习型组织。整合营销团队具有动态性特点，而组织又要求具有稳定性。要建立组织中人们所共同持有的意象或景象，即共同憧憬，保持个人与团队目标和企业目标高度一致，并强化团队学习，创造出比个人能力总和更高的团队，形成开放思维，实现自我超越。

4. 监督管理机制。高层管理务求使各种监管目标内在化，如通过愿景培养各成员、各团队自觉服务精神，通过激励培养塑造企业文化，通过团队中人员、职能设置强化团队自我管理能力。团队自身也承担了原有监管应承担的大量工作，在最高层的终端控制下,自觉为实现企业营销目标努力协调工作。

(四)整合营销策划中的广告策略

广告策划是整合营销策划的重要组成部分,也是整合营销成功的关键。消费者可以通过各种接触方式获得信息,可通过各种各样的媒体接受各种形式、不同来源的信息,这些必须保持"一个声音"才能获得最大限度的认知。因此,广告策划必须对各种传播媒介进行整合运用(关于广告策划的具体内容,参看第九章)。

整合营销的核心是使消费者对品牌产生信任,并不断维系这种信任,与消费者建立良好的信任关系,使其长久存在于消费者心中。整合营销的广告策略所力求避免的,是传统传播方式造成的传播无效和浪费。

综上所述,整合营销观念的确立并不是对传统广告理论的全面否定,相反,它是对传统营销观念的一种延展和综合,其中既有对传统营销模式的继承,同时也表现出了自己前所未有的创新价值。进一步说,整合营销是对以往广告思想的继承和发挥,并以新的形式确立了其划时代的地位。

❋ 小资料

整合营销战略策划的解读

实施整合营销战略的主要内容包括:

第一,设立整合营销中心,协调营销传播中所有可管理的部分,分管其下属的企划公关、产品研发、销售服务三大职能部门,负责具体市场营销工作,如广告、公共关系、人员直销、销售促进等,将之调整为一个连贯的、统一的整体。同时,以营销为中心,协调各个部门之间的工作为营销服务。发挥各类资源优势,推动全员营销局面的形成。

第二,规划企业的内部资源。建立相应的组织机构,从组织上保证整合营销的实施。通过部门整合,将原先分离于数个部门中相互有关联的岗位和部门整合为一个职能部门,避免部门和岗位的重复设置及水平沟通障碍。消除政出多门的现象,减少沟通环节,提高工作效率。同时,将品牌价值扩展到内部供应链每一环节的管理上,如果内部营销传播计划不与外部营销传播计划相一致,可能会使大量的营销传播花费被浪费掉。

第三,建立合理的信息管理系统。使整个公司的 PDCA 循环建立在以信息为核心的基础上,根据信息系统提供的准确信息,由决策系统进行决策,然后根据决策和相关信息由相关部门制订相应计划,再由执行部门根据计划下达指令给相应机构去实施,最后由执行部门反馈情况给相关部门及时进行检查和反馈。通过决策系统、计划系统、

> 执行系统和检查反馈系统对信息的共享和充分利用来完成整个循环。
> 　　第四，推动企业财务与战略决策系统整合。通过关注顾客获取顾客价值信息，使得公司能以可评估的"投资回报率"为基础来进行营销传播投资，公司可以得知整合营销传播能给公司带来的价值。这就使得企业从每一个方面，从产品质量、人力资源到售后服务进行战略、组织等方面的全面改造，以真正发挥整合营销的作用。
> 　　资料来源：董雅丽、陶李：《整合营销战略》，载《企业管理》2004年第6期。

第二节　关系营销策划

一、关系营销的概念

关系营销（Relationship Marketing）的概念是贝瑞（Berry）在1983年最先提出的，并在20世纪80年代末至90年代得到迅速发展，最终在西方市场营销学理论界掀起一场革命。

菲利普·科特勒的"全面营销理论"提出，当今世界企业竞争从对抗到建立战略联盟，从只对顾客开展营销到开展全面营销，即对供应商、分销商、最终用户、员工、金融机构、政府、媒体、联盟者、竞争者和公众开展营销。

关系营销就是保持顾客，即为了满足企业和相关利益者的目标而进行的识别、建立、维持、促进同消费者的关系，并在必要时终止关系的过程，这只有通过交换和承诺才能实现顾客对公司及其产品的满足和忠诚，实现企业目标。实现企业内部营销需要具备诸多条件，如制订能激发员工积极性的发展目标、建立优秀的企业文化及树立先进的经营哲学、具有完善的激励机制。此外还要具有同内部营销相适应的组织设计，如设置"关系经理"，其真正的核心任务是成为沟通的中心，促进企业与员工、客户的双向沟通。

二、关系营销策划的流程系统

关系营销的研究范围包括所有的内部和外部利益相关者，主要包括企业员工、影响者、供销者、消费者、竞争者等五个方面，其相互关系如图10-3所示：

企业与各个利益相关者结成休戚与共的关系，关系营销就是要充分利用各种不同关系的特性，为企业发展谋求更大的利益。各个利益相关者在关系营销中发挥着不同的作用。

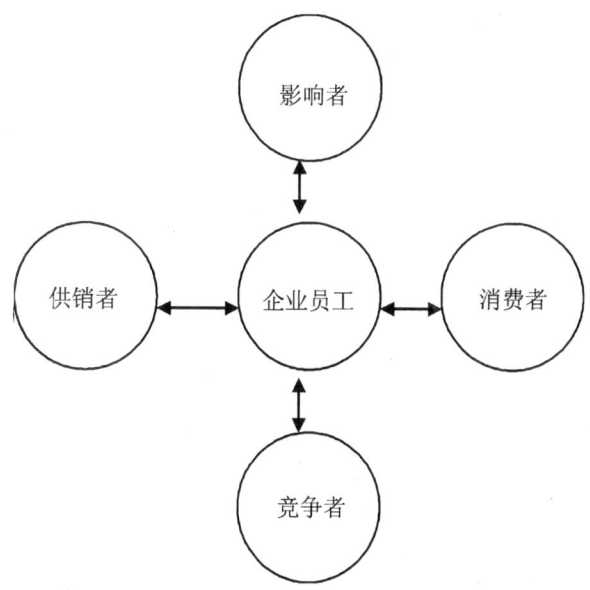

图 10-3　企业营销基本关系

（一）企业员工在关系营销中的作用

将员工纳入营销组合中作为一个要素予以考虑，其根本的一点就在于认识到了员工既影响营销工作本身，又影响公司与客户的接触交往。

（二）竞争者在关系营销中的作用

信息化社会中，同行业中的企业不仅仅只存在你死我活的竞争关系，通过实施各种不同程度的合作，更能符合整个行业的利益。因此，与竞争对手开展合作、建立战略联盟是关系营销一个重要的方面。

（三）顾客在关系营销中的作用

顾客在关系营销中的利益，包括企业和产品给顾客带来的诸如安全、信用、可靠等方面的利益。企业要实现赢利目标，必须依赖顾客。企业需要通过搜集和积累大量市场信息,预测目标市场购买潜力,采取适当方式与消费者沟通,变潜在顾客为现实顾客。同时,要致力于建立数据库或其他方式,密切与消费者的关系。对老顾客,要更多地提供产品信息,定期举行联谊活动,加深情感信任,争取其成为长期顾客,所花费的成本肯定比寻求新顾客更为经济。

(四)供销商在关系营销中的作用

顾客的利益需求各种各样,供销商作为企业重要的合作伙伴,因分工而产生的渠道成员之间的关系,是由协作而形成的共同利益关系。企业为有效实施关系营销策略,必须广泛建立与供应商、经销商之间密切合作的伙伴关系,以便获得来自供销两个方面的有力支持。

(五)影响者在关系营销中的作用

各种金融机构、新闻媒体、公共事业团体以及政府机构等,对企业关系营销活动都会产生重要的影响,企业必须以公共关系为主要手段,争取他们的理解与支持。例如社区是以地缘为纽带而连接和积聚的若干社会群体或组织之间的关系,是构成企业关系营销中不可忽视的一环,企业需要社区提供完善的基础设施和有效率的工作,社区也希望企业为社区建设提供人、财、物的支持。

> ✾ 小资料
>
> **客户关系营销的三个层次**
>
> 美国学者贝瑞(Berry)和帕拉苏拉曼(Parasuraman)归纳了客户关系营销的三个层次,为客户关系培养提供了有益的指导:①一级关系营销。利用价格刺激对目标公众增加财务利益来维持关系。②二级关系营销。增加社会利益,同时也附加财务利益,主要形式是建立顾客组织,包括顾客档案,正式的、非正式的俱乐部以及顾客协会等;③三级关系营销。与客户建立结构性关系,客户可以得到其他来源不能得到的价值,由此提高客户转向成本。
>
> 资料来源:曾水银,《关系营销:梯度推进》,载《中国民族大学学报》(人文社会科学版)2004年81期。

三、关系营销策划的主要目标

关系营销更为注意的是维系现有顾客,丧失老主顾无异于失去市场、失去利润的来源。有时企业推行"零顾客背离"(Zero Defection)计划,目标是让顾客没有离去的机会。这就要求及时掌握顾客的信息,随时与顾客保持联系,并追踪顾客动态。因此,仅仅维持较高的顾客满意度和忠诚度还不够,必须分析顾客产生满意感和忠诚度的根本原因。由于对企业行为绩效的感知和理解不同,表示满意的顾客,其原因可能不同,只有找出顾客满意的真实原因,才能有针对性地采取措施来维系顾客。满意的顾客会对产品、品牌乃至公司保持忠诚,忠诚的顾客会重复购买某一产品或服务,不为其他品牌所动摇,不仅重复购买已买过的产品,而且会购买企业的其他产品;同时,顾客的口头宣传,有助于树立企业的良好形象。此外,满意的顾客还会高度参与和介入企业的营销活动过程,为企业提供广泛的信息、意见和建议。

四、关系营销策划的特征

(一)信息沟通的双向性

关系营销需要与客户建立和保持良好的关系,并以此作为信息和感情交流的通道,加强渠道的双向沟通,扩大企业的影响,谋求合作与支持。

(二)战略过程的协同性

营销管理者与利益相关者为了协同地达到对双方都有益的共同目标,可能都需要调整自己的行为,建立长期的互利关系。

(三)营销活动的互利性

关系营销的基础就在于交易双方相互之间的利益互补,离开了各自利益的实现和满足,就不可能建立良好的关系。

(四)信息反馈的及时性

关系营销要求建立专门的机构,搜集利益相关者的信息,并实时地加以反馈,提高动态应变能力。

五、关系营销策划的实施

一个完整的关系营销实施过程应该包括"发现需求—满足需求并保证顾客满意—营造顾客忠诚"三个环节。如何发现并满足顾客的需求是传统营销理论的研究重点,而顾客满意度更是检验营销策略成功与否的主要指标。但关系营销更看重的是最后一个环节——营造顾客忠诚，并且提出了顾客忠诚度概念。因为忠诚顾客不但主动重复购买企业产品和服务，为企业节约了大量的广告宣传费用，还将企业推荐给亲友，成为了企业的兼职营销人员，是企业利润的主要来源。最好的顾客与其余顾客消费额的比例，在零售业约为16∶1，在餐饮业是13∶1，在航空业是12∶1，在旅店业是5∶1。因此，提高顾客忠诚度就成为关系营销实施的一个主要目标。

实施关系营销必须从公司理念、组织结构和流程等多方面进行调整。具体地说来，关系营销的实施步骤应该包括以下几个方面。

（一）设计关系营销组织

关系管理机构是企业营销部门与其他职能部门之间、企业与外部环境之间联系沟通和协调行动的专门机构。其主要作用是：收集信息资料以充当企业的耳目；综合评价各职能部门的决策活动，充当企业的决策参谋；协调内部关系，增强企业的凝聚力；向公众输送信息，沟通企业与公众之间的理解和信任。

（二）建立关系营销数据库

建立顾客信息库是实施关系营销的核心，企业在每位顾客初次购买产品或服务时，通过数据库，建立详细的顾客档案，企业借此可准确找到目标顾客群，降低营销成本，提高营销效率。通过经常更新数据库，保持与消费者的沟通和联系，强化消费者与企业的密切关系，这是实施关系营销的基础。

（三）实施客户关系管理

要求以客户为中心来构架企业，完善对客户需求快速反应的组织形式，规范以客户为核心的工作流程，建立以客户需求为驱动的商品流转和服务机制，培养客户对品牌的忠诚度，扩大市场份额。通过为企业的专业人员提供全面、个性化的客户资料，并强化跟踪服务，提高运用信息服务客户的能力，使他们能够协同建立和维护一系列与客户和生意伙伴之间卓有成效的一对一关系，从而使企业能够提供更加快捷周到的优质服务，提高客户满意度，吸引更多客户，增加营业额。

> ✻ 小资料
>
> **松下企业的主要关系**
>
> 管理者与下属：管理工作的一个特点是通过别人来把工作做好。松下认为，用力量或理论或许行得通，却无法产生很大的功效，以德服人才是最重要的。领导者具有令他人仰慕之德，才能产生领导者应有的权威及其他各种力量。因此，松下经常提醒管理者必须努力提升自己的美德，要能够时时了解对方的心境，并时刻不忘自我修炼。
>
> 员工与企业：松下不仅主张作为企业应该奉献社会，而且把这种思想灌输给每一个员工。他要求每个员工都能认清自己的使命，正确看待工作的目的。松下希望员工能与企业结成命运共同体。
>
> 员工与员工：为了和人们共同生活，能够正确遵守彼此间正确的关系才是最重要的。彼此有感情，互相守义气，共同感谢生命的心。松下要求员工能意识到与人共同生活的重要性，常怀感恩之心，与人交往时要注意不忘恩、不忽略感谢、尊重义气。因为在工作岗位上，汇合了许多年龄、性格、对事情的观点各不相同的人，而要使彼此之间工作顺利，就必须讲究礼节。
>
> 企业与顾客：松下认为，如果生产者与消费者界限分明，从各自的立场单方面地考虑生产和消费，工作就不可能进行得很顺利，对双方都没有好处。因而他主张，生产者与消费者互为一体，即在消费时必须了解生产者的工作和辛苦，而生产时要不断地考虑如何才能做出又好又便宜的东西，以满足消费者的需要。对所有的产品，都应该站在消费者的立场，以消费者的监护人自居，再三地检讨产品的性能、品质，对产品质量的要求愈严愈好。只有这样，才能缔造真正坚固的生产与消费的基础。
>
> 资料来源：王方华、洪祺琦著：《关系营销》，山西经济出版社1998年版。

第三节　知识营销策划

一、知识营销策划的含义及特点

(一) 知识营销策划的含义

知识营销策划就是贯串在高科技和企业技术创新活动之中的超前决策，它是以创新产品为对象，以知识、技术为媒体的营销理念和方式，以产品的科技创新和创新产品的知识促销、知识服务为突破口，从而培养和创造一个崭新的生活体系的全部过程及其活动。

（二）知识营销策划的特点

作为新时代营销活动的创新，知识营销与传统的营销模式相比，有着完全不同的营销思路：传统营销将占有正确的市场作为目标，以营销管理成本取胜，是内向型的营销模式；而知识营销则以创造来确定市场为目标，以新知识、高科技概念取胜，是外向型的营销模式。具体而言，知识营销策划的特点突出表现在以下几点：

1. 市场理念创新。从策划满足需要到创造需要。正如索尼公司总裁盛田昭夫所言，我们的计划是用新产品领导公众，而不是问公众需要什么东西。公众并不知道生产什么，而我们知道。因此，我们对产品及其用途进行重新思考，力求通过对公众的教育和宣传来创造一个市场。

2. 市场定位创新。从策划"寻找"到"引领"。如美国杜邦公司是执世界化学工业牛耳的大企业，在全球65个国家经营业务。近年来，杜邦公司宣布面向21世纪的杜邦将放弃成功经营65年的"产生优势产品，创造美好生活"的企业经营与形象定位战略，重新将企业发展战略定位在以可持续发展为核心的创造科学奇迹上，全力以赴向生物科技领域进军。杜邦公司正是利用"知识经营"的特点，充分发挥知识营销的魅力，寻找到恰当的发展轨道，找到适合其发展的市场"生存空间"，从而可以自始至终保持世界企业和产品的领先地位。

3. 市场占有创新。从策划占有市场份额到关注企业主导市场能力。在这方面，美国企业表现出色，从计算机芯片286到奔腾Ⅲ，从模拟通讯到数字化通讯，美国企业正是依靠创新提高了主导市场的能力，逐步成为高科技市场中的主导力量。例如，柯达公司实施的"站在传统与未来之间"的技术创新方案，开发出数字成像技术，成为广大消费者可信赖的朋友，并引领市场走向未来。

4. 营销资源创新。策划从内到外，追求共享。例如，耐克公司作为世界上最大的体育用品经营企业，其工作中心主要放在设计与销售上，而制造和生产则充分利用外部资源。戴尔公司也是如此，这足以体现出企业利用内外部资源创造营销效益的魔力所在。

5. 消费沟通创新。策划从浅层沟通到深层沟通。例如，张裕葡萄酒正是通过一种"葡萄酒文化"的传播活动取得成功的，它的营销过程实际上就是知识的传递过程，张裕通过各种讲座、专栏，努力向消费者传播"葡萄酒文化"，使消费者"日久生情"，慢慢地走进它、接受它，而且产品与消费者容易"地久天长"。可见，知识营销一箭双雕，在取得经济效益的同时也获得了巨大的社会效益，实现了企业与消费者的"双赢"。

二、知识营销策划的内容

知识营销策划的内容可以从宏观与微观或者说从战略策略与战术策划方面来理解。

（一）知识营销战略策划

其内容主要有：

1. 树立知识营销观念。将营销知识观念贯串于营销活动的始终，作为企业市场营销活动的指南。在生产投入上以综合性的、领先性的、密集性的知识为首选因素；在技术管理上，要以高效率、高节能、高环保为标准；在包装装潢上，以可回收、可利用、无污染、有利健康为准则。

2. 加强知识营销的"四化"建设。

一是营销行为持续化。企业用可持续发展眼光，在营销的每个环节输入环保意识，实现企业的可持续发展。

二是营销网络化。企业充分利用现代网络所提供的高效便捷手段，建立企业内部的管理网络和外部的营销网络，开展"零库存流通"、"外订内制"等现代营销活动。

三是营销个性化。企业针对消费者或用户的个性特点和特殊偏好，开发出特殊的产品及服务以满足其需要。

四是营销柔性化。企业要做到管理柔性化、生产柔性化和渠道柔性化。

3. 开发知识型产品。知识型产品集知识密集、高科技、高智能、高环保为一体，是 21 世纪产品发展的主要趋势，企业应对此加以足够的重视，积极开发知识型产品，顺应并领导 21 世纪的潮流。

4. 知识营销人才的培养。企业应通过创办知识营销培训学校，强化营销实战训练，以国际营销人才交流的方式，发展、创造出一批现代"知识营销人才"，为企业在未来的市场竞争中提供人才保证。

（二）知识营销战术策划

重点抓住"知识"二字。具体包括：

1. 知识产品策划。知识营销的产品是一种知识产品，即高新技术、知识密集型的产品，包括信息技术、生物技术、航天技术、激光技术、自动化技术、新能源技术、新材料技术等，其中最主要的是信息技术，即微电子技术、计算机技术和光纤卫星通信。

从市场营销学关于整体产品概念的附加层来看，高新技术性的知识产品的附加利益更大，对于知识企业的知识产品的营销成功也更显重要。因此，信息社会中高新技术的

企业之间经营竞争的关键,就在于其知识产品能提供多少优质附加利益,如用户咨询、购买信贷、及时交货、售后服务和人们用知识价值来衡量的一切附加东西。

2. 知识产品定价策划。一方面,知识产品定价是以知识产品中凝聚的智力价值为主要基础,并由知识产品的消费者对知识产品中的知识含量的主观评价和有支付能力的需求最终决定。另一方面,知识产品定价还取决于知识产品供给方面竞争结局,或高或低,总体价格水平如何,归根到底取决于知识产品供给方人力资源竞争质量。

3. 知识产品分销策划。在现阶段,知识产品分销的广泛渠道是通过企业设立的销售分公司网络,把知识产品投放最贴近消费者的连锁超市、医药商店,方便消费者购买,迅速扩大市场份额。另一个重要的渠道就是通过建立俱乐部、会员制,提供俱乐部会员的特别、优惠服务,把产品直接售给消费者。如消费者购买某一名牌计算机或正版软件产品,该名牌计算机或正版软件产品的厂商会邀请消费者加入它们设立的俱乐部,成为会员,可以享受免费的计算机或软件的使用培训、问题咨询,未来提供低价的升级换代产品等。从发展趋势来看,知识产品分销将是网络分销,能最全面、以最少费用到达市场消费者手里。知识企业可利用电子数据交换,在地区内、全国范围内,甚至在国际互联网络上,开展网络化商品的交易。

4. 知识产品促销策划。知识企业可以组织专家去社区开展咨询、开设讲座、发放手册等,也可通过公共多媒体手段如电视广告、电台广播、有奖竞赛活动等,在市民中传播现代商品知识、文化知识,树立企业形象,增进市民的理智购买。比尔·盖茨投资2亿美元,从事成立盖茨图书馆基金会这样的事业,为全球一些低收入地区的图书馆配备最先进的电脑,又捐赠软件让公众接受电脑知识,盖茨这种先"先教电脑,再卖电脑"的做法是典型的知识促销。

三、知识营销策划的策略设计

4Ps是传统营销组合策略的核心,因而,知识营销策划也同样以4Ps为基础,同时由于其本身的特性,又为营销组合注入了新的内容,组成了新的营销组合策略:4Ps + 2K,而且,知识营销的组合策略企划重点是放在2K上,即相关知识(Related Knowledge)和顾客间的知识的传递(Knowledge Spreading)上。例如,为医治某种顽疾发明了一种疗效颇佳的家用医疗器械,这样,在该产品营销中向公众传递的相关知识就应该包括:①与产品相连的前续科普知识,即该顽疾发病原因、预防保健知识等;②与产品直接相关的功能、作用机理等知识;③与产品相关联的后续科普知识,即产品用后注意事项、预后保健等知识。而顾客间知识的传递,则是已接受者向未接受者传递知识。因此,企业在进行知识营销策划时,实施常规的4Ps的同时还应该配合以下策略,以突出

2K 的魅力。重点采用的策略有：

（一）控制产品文化内涵

在营销活动中，企业应将其产品知识与内含在其中的企业文化散播出去，在向消费者和社会宣传其智能产品和服务的同时，肩负着推广、普及新技术的重任。因为知识营销中的生产是知识密集型生产，而它的产品则是知识型产品，所以技术含量高、专业性强、功能复杂，消费者不可能具备足够的百科知识来识别自己的需求，从而难以形成购买和消费。在这种情况下，企业就必须对消费者进行"传道、授业、解惑"，通过知识营销策划，将企业的文化理念、精神和价值观灌输给消费者，形成文化认同感，实现产品知识信息的共享，消除顾客的消费障碍，从而实现市场需求的扩大，将"蛋糕"做得更大。中国联想便是这方面的典范。联想开办了许许多多、各种各样的电脑培训班，并对消费者进行面对面、手把手的指导，使更多的中国消费者掌握了电脑知识和技术，拓宽了市场。同时，这也是一种无形的广告，提高了联想的知名度和信誉，使联想稳稳坐上了中国电脑业的头把交椅。而可口可乐公司则又是另一个成功的例子，该公司销售的不仅仅是可乐，更是一种标准的美国文化，正是这种文化上的共鸣，使它更容易走进青少年心里，因为在他们眼中，"喝可口可乐"，生活才够"酷"，这样的结果，使得可口可乐雄霸碳酸饮料市场，势不可挡。由此可见，企业在营销活动中应尽量使消费者从中学到更多的东西，接受文化、美学等多方面的熏陶，使消费者在购买之外还能有一种额外收益的感受。这有助于产品的销售，也正是知识营销策划的焦点所在。

另一方面就是，企业在营销活动过程中还应该向消费者、同行和社会学习。因为企业在营销过程中不断地向顾客传播它的产品知识及文化，与顾客进行多方面的沟通，在这样一个互动的过程中交流必然是双向的。随着宣传力度的不断加强，消费者对产品知识的了解也在深入，致使消费者对产品有更多、更高的要求，这样，为了满足消费者的需求，企业就应该不断地寻找不足，汲取"营养"，逐步完善，最终达成彼此间整体的和谐，实现双赢。

（二）更注重与顾客建立战略性的营销关系

一般情况，营销关系可以分为三个层次：

一是交易性的营销关系，即企业和顾客之间的关系因为交易而存在，交易完成关系也随之结束。

二是一般性的营销关系，即企业与顾客之间建立起一般性的友谊和社会关系，但这种友谊和关系却是"君子之交淡如水"，不足以建立起消费者对品牌的忠诚度，很容易就"一拍两散"。

三是战略性的营销关系,这是最高层次上的营销关系。通常,企业与顾客之间在技术结构、知识结构、习惯结构上已建立起稳定的关系,顾客对厂商及其产品已有一种深度的认同感,并成为产品长期、忠实的消费者。例如,英特尔公司一直致力于和它的客户建立起这种关系。一家公司的工程师们曾同一位英特尔公司做市场调查的人员谈起过一种存储芯片,这几位工程师告诉他,这种芯片是一种高技术的复杂产品,由于开始时几乎全部购自英特尔公司,所以以后也是如此。他们解释道:"我们已经习惯于从英特尔公司购买芯片了,因为我们和它们之间有广泛的业务联系,而且我们也知道它们的进程,对英特尔公司非常信任。"英特尔公司正是依赖于这种牢固的战略性营销关系而茁壮成长的。

(三) 加强营销队伍建设

知识经济时代,产品的科技含量和知识密集程度不断提高,而对于非专业型的普通消费者来说,产品蕴藏的知识与消费者所掌握的知识存在很大的差异,因而随着产品的文化技术含量的增高,就越需要用知识来赢得顾客。一方面,加强科普知识的宣传。比如上海交通大学昂立股份公司,为促进自己高科技产品微生态试剂的销售,在"以科普为先导,以知识拉动市场"的经营思想指导下,投入近千万元,开展"送你一把健康金钥匙"科普活动;进入社区举办知识讲座,广泛地向市民赠送生物科学书籍,并通过媒体举办科学知识竞赛。虽然这些科普活动不夹杂产品促销,期间并不要求参加者购买产品,但通过提高市民的科学健康理念,引发了人们对生物科技品的需求,从而创造了广阔的市场空间。昂立的高新科技产品以知识营销为载体走向全国,成为国内高科技生物产业的"大哥大"。在短短10年中,国内微生物试剂市场从零发展到如今近百亿元的规模,知识营销功不可没。正是有了知识营销这个先导,国内高科技生物产业从无到有,茁壮成长,促进了知识经济的发展。另一方面,则要求销售人员了解自己的产品和相关的知识,做好向消费者的推荐工作,使之增加对该产品的需求。

(四) 注重无形资产投资,不断创造新的需求市场

把高技术含量的产品与知识化营销方式结合起来,在增加产品的附加值、扩大产品销售的同时,又可以以知识推动营销,培养、创造出新的市场。正是通过知识、信息的不断刺激,促使潜在市场转化为显示市场。可见,知识营销更注重无形资产的投资,以此为契机,加快科技开发、生产、应用、销售等,并将各个环节紧密地衔接在一起,形成一个生产——销售——再生产的良性循环系统。这样,企业在销售产品与服务的同时,也潜移默化地改变着消费者,将新的文化、理念或生活方式渗透到他们当中。例如,亚都公司在推出加湿器的同时,策划了"湿度"的概念,使消费者了解到,人们

生活的环境指标，不仅有清洁指标和温度指标，而且还应有湿度指标。在人们追求更好的生活环境的同时，引发人们对湿度的需求，从而开发出加湿器的市场。可见，企业家在这样一个"十倍速变化"的时代，如果仍将眼光限定在科研开发上，而不注意向消费者推广新概念、新知识的话，那么，他和他的企业必将退出"时代舞台"。所以，对企业而言，不惜耗费巨资建立一个新概念，普及一种新观念，就是看到了其中所蕴藏的巨大商机。

> ✱ **小资料**
>
> ### 周大福——珠宝的文化内涵
>
> 珠宝首饰作为一种特殊的商品，具有市场区隔明显、消费人群集中等特点，其目标消费群主要为女性，因此，围绕时尚、新潮等消费心理，周大福推出了适合中国国情的系列产品组合。
>
> 1. "绝泽"珍珠系列
>
> 所有的美丽都离不开水，珍珠正是水的化身、水的结晶，是品格高贵的象征。"绝泽"珍珠系列将颗颗富有灵性与生命力的珍珠置于流畅、唯美的线条之中，增添了女性的清新风格，含蓄却耀目，是热爱自然、追求意境的女性之首选。
>
> 2. "绝色"红蓝宝石系列
>
> 绝色红蓝宝石系列将性感魅惑、甜蜜动人与浪漫鲜明、前卫个性的元素完美结合，将女性妩媚动人的气质演绎到极致，打造出了一款款古典浪漫又兼具现代时尚气息的饰物，是摩登女郎心中之至爱。
>
> 3. "水中花"系列
>
> 铂金"水中花"系列的设计概念源于"铂金如水"。
>
> 主打吊坠和指环以女性"心湖中的涟漪"为主题，设计时尚优雅，将清雅与灿烂完美协调，灵巧地勾勒出盛放的花儿在平静心湖中泛起的丝丝涟漪，就像"水中花"般含蓄，但却是心湖中真实而恒久的灿烂回忆，其清新、高雅的格调，让人浮想联翩。
>
> 4. "Disney公主"首饰系列
>
> "Disney公主"首饰系列设计主要以六个深受欢迎的迪士尼童话公主故事为主题，整个系列均围绕着公主的华丽、优雅及纯洁等特质设计而成，包括钻石系列、18K金、铂金及纯银系列，其中钻石系列中更首推限量版"公主方钻石首饰"，增添一份尊贵非凡的气派，给首饰增添了灵性与神秘。
>
> 5. "惹火"系列
>
> "惹火"单颗美钻系列吊坠和戒指，借助层次空间与柔美线条的完美结合，诠释极度的女性化风潮，在动感与和谐中，运用奇妙的层次空间令钻石展现无以伦比的折射光芒，而撩人的曲线更是寓意了无限舒展的女性魅力，让新潮的女性叹为观止。
>
> 周大福珠宝饰品之所以能够成功占领市场，与其首创推出的999.9纯金饰品这一

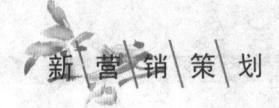

> "市场奇兵"有很大的关系,它打破了业界传统而狭隘的眼光,开创了金饰制造新工艺的先河,领导了消费新潮流,为周大福以后的快速稳定发展奠定了雄厚的经济基础。现在,周大福首创的999.9纯金首饰已经成为香港的黄金成色标准与典范。

四、知识营销策划的方法选择

知识营销是一种适合中小企业乃至大企业在销售中使用的新方法,其方法的选择、使用要掌握以下几个要点。

(一)正心诚意,戒骄戒躁

心要正,意要诚,以满足潜在目标市场人群对知识的渴望为市场机会,抓住国人生活水平由温饱到小康到富裕的机遇,抛开传统的零售网点,直接服务目标人群。用过硬的产品、真诚的态度、完善的服务建立企业的诚信形象,树立产品良好的口碑。

(二)结合企业产业特点,选择知识营销的突破口

由于市场中各企业、产业都有自己的优势和特点,在进行知识营销时应立足于自身的优势和特点,选择知识营销的有效突破口,方能赢得市场,达到企业预期的效果。

(三)正确进行产品市场定位,是知识营销的另一个关键

只有产品的市场定位正确,才能够更清晰地明确目标人群并建立起合理的价格体系,并在进一步把握目标人群所有特征及潜在需要的基础上更好地满足目标顾客的需求,以达成产品销售。知识营销作为一种销售方法,对大型企业的产品销售同样具有启示。大企业投巨资所打造出的品牌,与终端潜在消费者尚有一段距离,即品牌知名度并不等于产品的销售量。更有一些知名产品的销量,达到一定程度后,理论上销量上升的空间还很大,各方面工作在传统营销框架内又没有大的缺欠,但销量就是徘徊不前,原因是品牌太高大了,别人都知道它,但品牌的亲和力不够。知识营销用知识满足顾客潜在需求的同时把产品送到目标顾客的身边,缩短了目标顾客与知名品牌的距离并借助于品牌优势,使产品销售突破放量,并且知识营销的方法还可以稳定品牌的产品销量,减少品牌形成后,产品销量对提示性广告的依赖程度。

(四)将知识讲座战术战略化

知识讲座,通常是一种战术性的临时促销手段,要将这种战术高频化、系统化、专

业化、规范化，从而达到最大限度促进销售的目的。与老年协会、行业协会、妇联、街道办事处、居委会等政府或非政府组织合作，将与产品相关的系列知识讲座，以公益科普的形式直接送到社区、乡村、企业、机关、学校，辅以适量的品牌广告及产品功能广告，直接在讲座现场形成销售，从而避免了过于频繁的中间环节和相关的巨额营销费用，进而减少产品销售对大量广告投放的依赖，以此降低营销成本、企业投资风险和企业资金压力。

（五）明确产品销售的终端是所有潜在的目标顾客，而不是产品一般的专柜

广告是为了说服潜在目标顾客购买公司产品，知识营销也是为了说服终端潜在顾客购买公司的产品。良好的产品、优质的服务树立产品口碑，并以良好的口碑作为产品进一步推广的动力，从而为产品销售打下基础。同时，有计划的口碑推广所树立的品牌是顾客心目中的品牌，而不是广告的品牌，由此解决了广告投放量减少或广告停止后，产品下滑迅速的问题。这将有利于品牌的形成，并有利于延长产品的生命，增加顾客忠诚度和美誉度。

知识营销的方法与一般行业通常使用的促销方法不同。知识营销是针对目标顾客的潜在需要而有针对性的满足，并通过这种真诚的满足，配合适量的广告宣传、借助政府或非政府组织的信誉达到目标顾客之间的信任。这种方法需要在明确目标顾客的前提下，讲明原理并提供全套可行的方案。当然，这种方法中，可以根据目标顾客的具体情况建议其使用企业生产的产品，也可以不建议使用，是专家对广大消费者的一种服务。知识营销以其回避传统营销通路的特点，克服了销售通路中的诸多问题，并直接销售回款，而且降低了产品销售对生产企业巨额广告投入的依赖程度，市场运作中可控制因素增长，启动资金小，进而降低了投资风险，减轻了中小企业的压力。

（六）周到的服务——售前、售中、售后服务

在知识经济时代，学习成为生存的必需，但是，我们这些普通的消费者仍然无法与科技时代"同呼吸"，随着产品中知识和信息含量的与日俱增，消费者就需要时刻与产品保持同步，于是，企业就需要提高相应的服务，从"传道"到"授业"，再到"解惑"，实际上，这就是我们常说的售前、售中、售后服务。当然，此时的售前、售中、售后服务不是简简单单地只靠"热情"就能够做到的，它需要的是更多、更广泛的知识，更熟练的技能，更周到、细致的服务，只有如此，消费者才可能由表及里地对产品有一个深入的了解，才能够真正做到"买得开心，用得放心"，并由此增加了知识，真

正从产品中受益。

第四节 网络营销策划

网络营销作为一种新型营销方式,在实现企业最终目的即通过满足消费者需求进而满足企业自身的需求(即获得利润)上与传统的营销并无二致。所不同的是,在网络营销中,营销者可充分运用十分发达、畅通的通讯网络技术为企业的营销目标服务,国际互联网和商业在线服务成为强有力的营销工具。

> ❋小资料
>
> **联手网易打造全国性品牌——让雪花啤酒进驻人心**
>
> ——如何在啤酒这一消费趋同性较强的市场中获得竞争优势?
> ——如何将开展多个年头的四人制广场足球推向全国,借力体育在目标消费者中获得广泛认知?
> ○策划与行动
> ——网易体育频道栏目赞助;
> ——构建品牌互动交流平台,并作为国内四人制广场足球系列赛的官方活动网站,利用网易用户活跃度高的特性,通过用户与用户的交流,使受众充分地利用该平台进行互动;
> ——流媒体广告补充电视传媒死角。
> ○最终效果
> ——华润啤酒的市场总监侯孝海先生这样形容与网易的合作:网易为那些年轻、时尚的消费族群提供了一个"家园式"的交流平台。正是这样的"家园式"平台,让企业避开了对消费者"强迫式"的宣传弊端,在互动中增强了企业与消费者的交流,拉近了企业与消费者之间的距离,从而提升了企业的品牌形象,提高了产品的市场占有率。我们相信,随着雪花啤酒全国性品牌推广战略的不断推进,雪花与网易的合作一定会向更多、更深、更广的层次发展的。
>
> 资料来源:鹏国:《"雪花啤酒"借力网易打造全国性品牌》,中华广告网,2004年11月9日。

一、网络营销的概念与特征

网络营销是指企业为实现营销目标，借助电脑通信、联机网络和数字交互式媒体开展营销活动的营销方式。

（一）市场全球化

Internet 在全球范围内的迅速崛起给企业带来了新的商机，使企业商业活动向着区域化、全国化、国际化、全球化发展，使企业面临着一个更广阔、更具有选择性的全球市场。

（二）产品个性化

传统的营销产品都是规模生产而满足顾客的一般需求，顾客的个别需求却往往得不到满足。网络营销能够对顾客的个别需求做出一对一的反应，生产出富有个性的产品以满足顾客的个别需求。

（三）价格公开化

顾客可通过网络对所需的商品进行全球性的比较和选择，这样将大大提高价格的透明度，使价格竞争更加剧烈。

（四）渠道直接化

由于厂商通过网络直接与顾客进行联系，商品可直接从厂商到顾客手中，大大缩短了商品流通过程，使销售渠道更加直接化，加速了商品流、资金流、信息流，因此大大降低了中间商的作用。

（五）服务大众化

企业通过网络一天 24 小时、每周 7 天永不停止地为顾客服务。对于每一个顾客，无论其规模大小，无论位于世界的哪一个角落，只要联网，都可享受到全方位的服务。

（六）交易虚拟化

在网上，企业是虚拟的，商场是虚拟的，商品也是虚拟的。在网上看起来很大的一家企业可能只有几个人，甚至就是一家皮包企业；看起来很漂亮的商品可能是假冒伪劣产品，甚至根本就不存在；在网上支付的也是虚拟的电子化的货币。

二、网络营销策划的运作方式

网络营销作为在 Internet 上进行的营销活动，它的基本营销目的和营销工具是一致的，只不过在实施和操作过程中与传统方式有着很大区别。

（一）网上市场调查

主要利用 Internet 的交互式的信息沟通渠道来实施调查活动，它包括直接在网上通过问卷进行调查，还可以通过网络来收集市场调查中需要的一些二手资料。利用网上调查工具，可以提高调查效率和调查效果。Internet 作为信息交流渠道，是一个信息海洋，因此，在利用 Internet 进行市场调查时，重点是如何利用有效工具和手段实施调查和收集整理资料，获得想要的资料信息和分析出有用的信息。

（二）网上消费者行为分析

Internet 作为信息沟通工具，正成为许多兴趣、爱好趋同的群体聚集交流的地方，并且形成一个特征鲜明的网上虚拟社区，了解这些虚拟社区的群体特征和偏好是网上消费者行为分析的关键。

（三）网络营销策略制订

不同企业在市场中处在不同地位，在采取网络营销实现企业营销目标时，必须采取与企业相适应的营销策略，因为网络营销虽然是非常有效的营销工具，但企业实施网络营销时需要进行投入且有一定风险。同时，企业在制订网络营销策略时，还应该考虑到产品周期对网络营销策略制订的影响。

（四）网上产品和服务策略

网络作为信息有效的沟通渠道，可以成为一些无形产品如软件和远程服务的载体，改变了传统产品的营销策略特别是渠道的选择。网上产品和服务营销，必须结合网络特点重新考虑产品的设计、开发、包装和品牌的传统产品策略。

（五）网上价格营销策略

网络作为信息交流和传播工具，从诞生开始实行的是自由、平等和信息免费的策略，因此网上市场的价格策略大多采取免费或者低价策略。因此，制订网上价格营销策略时，必须考虑到 Internet 对企业定价的影响和 Internet 本身独特的免费思想。

（六）网上渠道选择与直销

基于 Internet 的网上直销模式，改变了传统渠道中的多层次的选择和管理与控制问题，最大限度地降低了渠道中的营销费用。

（七）网上促销与网络广告

Internet 作为一种双向沟通渠道，最大的优势是可以实现沟通双方突破时空限制直接进行交流，而且简单、高效和费用低廉。因此，在网上开展促销活动是最有效的沟通渠道。但网上促销活动的开展必须遵循网上一些信息交流与沟通规则，特别是遵守一些虚拟社区的礼仪。网络广告作为最重要的促销工具，主要仰仗 Internet 的第四媒体的功能。网络广告作为在第四类媒体发布的广告，具有传统的报纸杂志、无线广播和电视等传统媒体发布广告无法比拟的优势，即网络广告具有交互性和直接性。

（八）网络营销管理与控制

网络营销作为在 Internet 上开展的营销活动，必将面临许多传统营销活动无法碰到的新问题，如网络产品质量保证问题、消费者隐私保护问题以及信息安全与保护问题等。这些都是网络营销必须重视和进行有效控制的问题，否则网络营销效果会适得其反，甚至会产生很大的负面效应，这是由于网络信息传播速度非常快，而且网民对反感问题反应比较强烈、迅速。

> ✻ 小资料
>
> ### 龙行百度——借力"搜索引擎"掘金
>
> 在互联网发展如火如荼的时代，借力"搜索引擎"掘金，是企业推广的新型模式。旅游业相对于电子商务中的其他行业而言，具有得天独厚的优势，E-travel 已经成为电子商务最重要和最有潜力的一种形式。
>
> 专家预言：中国有望成为未来全球最大的旅游市场，旅游业可能是中国电子商务最早取得成功的领域之一。但对旅游企业来说，没有好的推广方式，即便占据了极好的资源，也可能会出现好酒深巷无人问津的情况。
>
> 龙行网（www.long369.com）是济南国联贝思科技有限公司的专门网站，是由旅美 MBA 技术团队创立的旅游电子商务品牌，主要提供酒店、机票打折预订、城市信息搜索等服务。
>
> 在运营中，面对激烈的市场竞争，公司 CEO 秦长岭没有掉以轻心。作为公司推广的决策人，他有着高屋建瓴的眼光。他认为，现在是信息化的时代，网络"游民"开始

> 越来越多地利网络来搜索旅游信息。人们出行旅游，总是想收集的信息越详细越好，而传统媒体上刊载的信息容量有所限制，而且资料也不易保存。
>
> 　　经过反复思虑和考察，秦长岭做出了一个大胆的决定，2005年下半年将宣传重点转移到网络推广上来！既然选择网络推广，他认为在中国本土有着强大品牌优势、成熟度高、适用人群广的搜索引擎平台才是旅游业吸引广泛在网络上"游民"的首选。这当然非百度莫属。
>
> 　　心动不如行动。2005年9月下旬，秦长岭开始在百度开通竞价排名服务。"自从去年投入百度竞价排名以来，我们先后设定了'预订酒店''预订机票'和'北京酒店''青岛酒店'等几百个关键词，并竞价到前几名，启用竞价排名当天，我们网站的访问量提高了3倍——由原来的每天3万上升至10万多，网络推广带来的网络订单成几何级递增！"
>
> 　　资料来源：百度公司：《龙行百度——借力"搜索引擎"掘金》，jingia.baidu.com/case。

三、网络营销策划的计划工作流程

网络营销计划主要包括以下内容。

（一）确定网络营销的目标

网络营销的目标一般有：通过网络广告向潜在顾客提供有关信息使之成为购买者，从而扩大销售量；提高品牌的知名度，树立企业的良好形象；吸引顾客，使之成为忠诚顾客而重复购买；减少营销费用和时间，提高市场竞争力；通过营销网络支持其他营销活动；等等。企业在实施网络营销时，必须根据其产品特点、竞争态势及自身的实力等因素，选择相应的营销目标，避免在目标不明确的情况下，盲目地进入网络而陷入困境。

（二）确定网络营销的战略重点

互联网络的功能使网络营销可以扩大企业的视野，重新界定市场的范围，缩短与消费者的距离，取代人力沟通与单向媒体的促销功能，改变市场竞争形态。因此，企业网络营销的战略重点也相应地体现在以下方面：

1. 顾客关系再造。在网络环境下，企业规模的大小、资金实力的雄厚程度从某种意义上已不再是企业成功的关键要素，企业都站在同一条起跑线上，通过网页走向世界，展示自己的产品。消费者较之以往也有了更多的主动性，面对着数以十万计的网址有了更广泛的选择。为此，网络营销能否成功的关键，是如何跨越地域、文化和时空的差距，再造顾客关系，发掘网络顾客，吸引顾客，留住顾客。

顾客关系再造即通过了解顾客的愿望，利用个人互动服务与顾客建立新型的关系，以维持和巩固企业的顾客网络。顾客关系再造的常用手段之一是提供免费信息服务。在美国的一家名为 Interactive Hypen Net USN 的日商企业，自 1996 年年底开始，在旧金山市提供免费的互联网络连线服务，用户只要负担开户费 29.95 美元，填写一份有关个人性别、学历、爱好与上网目的等个人资料，即可拥有免费的网络连线账号。手段之二是组建网络俱乐部。网络俱乐部是以专业爱好和专门兴趣为主题的网络用户中心，对某一问题感兴趣的网络用户可以随时进行信息交流。

2. 建立网上营销伙伴。网络时代的市场竞争是透明的，谁都能比较容易地掌握同行业与竞争对手的产品信息与营销行为。因此，网络营销争取顾客的关键在于如何适时获取、分析、运用来自网上的信息，如何运用网络组成合作联盟，并以网络合作伙伴所形成的资源规模创造竞争优势，是网上营销的重要战略内容。

建立网络联盟或网上伙伴关系，就是将企业自己的网站与他人的网站关联起来，以吸引更多的网络顾客。其主要措施，一是结成内容共享的伙伴关系。如一个在网上销售自行车的企业同在网上销售运动服装的企业结成伙伴，在它们卖出运动服装的同时，使顾客同时了解你的山地车并卖出山地车。二是利用交互链接和搜索引擎。交互链接是指相关网站间的链接，通过链接网站的推动，有助于吸引在网上浏览的顾客，便于他们一个接一个地按照链接浏览下去，以提高企业网站的可见性。把企业的网站登录在一个大的搜索引擎上是网上营销寻求伙伴关系的重要选择。因为有经验的互联网用户在网上查找所需的信息时，总是首先利用搜索引擎。

3. 货物配送。货物配送是网络营销的核心业务，同时也是市场竞争的关键环节，决定着网络营销的成败。因此，企业必须从建立配送中心入手，向顾客提供满意的送货服务，以树立良好的企业形象，在市场竞争中掌握主动权。

4. 选择网络营销的模式。网络营销的模式是企业实现营销目标的运作机制形式。在实践中，有效的网络营销模式主要有以下类型：

（1）提供满意的顾客服务，增加销售。网络营销信息沟通的双向互动性、信息阅读的可选择性与便捷性，使网上营销的企业更能有针对性地为目标顾客提供所需的服务，通过顾客服务，建立企业与顾客之间的密切关系，从而留住老顾客，吸引更多的新顾客，实现通过网上服务达到增加销售的目标。

（2）更新信息，刺激消费。企业可利用网络向顾客不断地提供新的信息，如新产品信息，产品的新功能、节能、环保以及新时尚等信息，并且适时地更换新信息，保持网上站点发布信息的新鲜感和吸引力，以激发顾客新的消费欲望，引导消费需求的变革，达到促进新产品销售的目的。

（3）方便顾客购买，降低销售成本。利用网络实施直复营销，对顾客而言必须方便购买，使顾客减少购物时的时间、精力和体力上的支出与消耗；对企业而言，实现简化销售渠道、降低销售成本、减少管理费用的目的。

（4）提高品牌知名度，建立忠诚的顾客群。企业可以通过网页的设计，突出品牌宣传，树立整体的企业品牌形象，建立顾客忠诚度，实现市场渗透，最终达到提高市场占有率的目的。

（5）吸引顾客参与，建立顾客忠诚度。新闻业、出版商等可以通过某网页，吸引顾客能根据自己的兴趣爱好参与网络上的互相交流，各抒己见，以此使顾客成为某种报刊、某部著作或某部电影、电视剧的忠诚读者、订户或观众。

5. 设计网络营销策略组合。网络营销的策略从涉及的方面来讲与传统营销完全相同，但表现的程度和侧重点不同。网络营销策略主要集中在产品、渠道和促销上。

（1）产品策略。网络营销中的产品策略主要是定制化营销。在网络环境下，巩固顾客、扩大网上销售的重要手段是通过定制化营销来提升顾客满意度。定制化营销是指利用网络的优势，一对一地向顾客提供独特化、个人化的产品或服务。由于网络沟通的互动性，使企业能更准确地掌握顾客的需求和反应，为顾客提供更个性化的产品。定制化营销并不是只适应于高度技术化和信息化的企业，同企业的规模也无直接的联系，而有更大更广的适应范围。

（2）渠道策略。网络营销的渠道策略是建立"双渠道"。所谓双渠道，是指企业同时使用网络直接渠道和网络间接渠道。网络直接渠道是企业自己设立网站销售产品，网络间接渠道是企业选择电子商务中间商为其销售产品。

在网络间接渠道销售中，有五大关键因素，即成本（Cost）、信用（Credit）、覆盖（Coverage）、特色（Character）、连续性（Continuity），简称"5C"因素。成本是使用电子商务中间商时的支出，包括中间商网络服务网站建立主页的费用和维持正常运行时的费用，其中后者是主要的。信用是指网络中间商所具有的信用程度的大小。网络中间商的信用程度直接决定着企业的形象和成败，必须认真选择。覆盖是指网络中间商的网络宣传所能波及的地区和人数。企业应选择那些网络站点影响区域较大、能有效传递信息、最终给企业带来经济效益的中间商。特色是指网络中间商在设计、更新过程中表现出的不同特点。网络中间商的特色受其规模、财力、文化素质、服务态度、工作精神的影响，为此，企业应根据自己目标顾客群的特点选择网络中间商。连续性是指网络站点寿命的长短。对于一个长期经营的企业来说，应选择那些具有连续性的网络站点。

企业在采用网上销售时，要考虑对其他销售渠道的影响。据 Cyber Dialogue 研究公司调查，1997 年美国的消费者用于购买网上服务和产品的总价值为 32 亿美元，但消费者上网寻找产品信息后再离线购买的达 42 亿美元。这一调查表明，成功的网上营销不仅会增加网上销售，而且会促进其他销售渠道的销售，当然也不排除影响其他销售渠道销售量的可能。因此，企业在进行网上营销时，必须与其他销售渠道协调一致。

(3) 网站策略。在企业进行网络直销时，需要建立自己的网站，也就需要研究网站策略。网站策略主要包括域名的命名与注册、网站的形式、站点的组成等内容。

域名在命名时要考虑企业已有的商标或企业名称、简单易记易用等要求，要根据其市场的分布范围决定注册国际域名还是国内域名。

网站的形式按目的划分有信息型站点、广告型站点、信息订阅型站点、在线销售型站点和组合型站点。信息型站点是通过设立电子公告牌宣传其产品、投资、服务等，其目的在于通过间接的途径获取经济效益。广告型站点是通过在网上广告宣传来增加收入。信息订阅型站点通过定期为顾客发送电子邮件提供信息。在线销售型站点主要是提供电子版的产品目录，在网上实现订货、结算、配送等活动。组合型站点是指上述几种形式的组合。

企业的站点由八个部分组成：一是主页，包括企业名称、标志、联系地址、电话、传真及最重要的新闻等。主页是网站的首页，是企业在网上的"门面"，必须认真设计。二是新闻稿档案，即企业发布的有关新产品或新开发项目的信息。三是参考页面，是为客户提供的与企业相关的特定主题的网络论坛。四是产品页面，主要内容包括产品名称、产品简介和价格清单。五是客户支持页面，专门用来为顾客提供服务和技术支持。六是市场调研页面，主要用于进行网上市场调查。七是企业信息页面，主要提供企业的资信信息，使顾客了解企业的市场运作状况。八是广告页面，提供内容独特、设计合理、顾客喜欢浏览的网上广告。

(4) 广告策略。网络广告是一种"推""拉"双向互动式的沟通，需要目标受众的主动链接才能实现。因此，广告策略的中心是提高顾客的访问次数。具体说来，网络广告策略主要有以下五种：

1) 在各搜索引擎登记。目前国内外有数十家的中文搜索引擎和分类导航站均允许企业免费在其上进行登记，如著名的 Yahoo!、Excite、Infoseek、Sohu. 网路神等。这些网站的受欢迎程度和交通量都很高，在这些站点上免费登记后，可以从中分流出一部分目标受众链接到企业的站点中去。

2) 积极利用互换链接的机会。企业为了提高网站的曝光度，要与其他企业进行互换链接。双方各自在自己网站的首页放置对方的广告图标并提供"热点链接"，任何一方不满意即可中止。需要注意的是，要确保对方站点的访问者会对你的站点内容感兴趣，并尽量选择那些访问人数比你的站点多的网址作为链接互换对象。

3) 加入广告互联网。广告互换网（Banner Exchange）是一种互惠互利的方式，能给所有的加入者带来更多的机会。凡拥有自己主页的用户都可以加入某个交换网络，你可以向该交换网的管理员申请一个号码,提交一幅自己主页的图片(Banner),得到一段超文本的代码加入自己的主页,这样,当有人访问你的主页时,主页上就会显示一个别人的 Banner,同时你可得到 0.5 或 1 分。根据互换网的显示交换比率,你的 Banner 也会在另一用户的主页上显示 0.5 或 1 分。通过这种方式,你的网页可以提高一定的访问量。

4)利用主页图片来宣传你的网站。主页图片(Banner)含有经过浓缩的广告语以及公司的联系方法:地址、电话、Fax、E-mail 等,通过静态或动态的精美别致的图形吸引浏览者的目光,产生强烈的广告效果。为了使主页图片的投放做到科学、经济而有效,首先,必须站在网络营销的高度策划标志广告。网络营销的核心是市场定位,这就要明确自己的经营对象,清楚广告的目的是树立企业形象,还是进行产品广告宣传或提供信息服务,了解希望的目标受众是哪个群体、哪个阶层的,应围绕这些因素来策划和确定标志广告投放的整体方案。其次,应准确选择投放标志广告的站点。投放站点要选择那些能将标志广告投放到你的目标受众群体经常光顾的站点。同时,标志广告的内容与其选择的站点的内容应相近或相同,还要考虑所选择的站点本身的经营策略、经营方法及效果。一般来说,所选择的站点应该是信息量比较大、信息的准确率比较高,定期更新或补充,栏目设置条理清晰而且丰富,栏目中的文字简洁、主题鲜明、重点突出,主页设计与制作比较精良的站点。

5)网络公关策略。与传统营销的公共关系相比,网络营销的公共关系其公众对象范围窄一些,主要包括新闻媒介、商业网络社区和社会公众。建立与维护新闻媒介的关系,主要策略是提供及时有效的信息服务,积极参加新闻记者和编辑主持的网上谈话节目,及时发现并满足记者与编辑的要求,等等。商业网络社区是围绕网上企业的业务关系及其站点的利益形成的以企业站点为中心的网络群体,由目标顾客、企业员工、供应商、投资商、分销商、代理商及目标市场的其他成员组成。建立与维护商业网络社区公关的策略是:通过网站直接发布企业新闻,以避免信息转送过程中失真;选择社区成员喜欢的题目举办网络论坛,以便与社区成员达成更多的共识;为网络社区成员提供多种形式的服务,与其建立更密切的关系。建立与社会公众的关系主要通过举办和参加网上公共论坛,其策略是:熟悉公共论坛的讨论环境,遵守公共论坛的行为规范,密切关注与本企业有关的讨论,积极与公共论坛成员建立关系。

6. 制订网络计划实施方案。网络计划实施方案包括达到网络营销目标的措施和时间安排。达到网络营销目标的措施涉及多个方面,有投资方面的措施、技术方面的措施、组织与人员方面的措施、策略方面的措施等。各种措施必须切实可行,便于操作。

7. 评价与反馈计划实施结果。网络双向互动的特点决定了网上企业随时会收到大量的反馈信息,企业应设专门的部门或专人对这些信息进行管理。在此基础上,评价计划执行的结果,并为以后的营销活动提供借鉴。

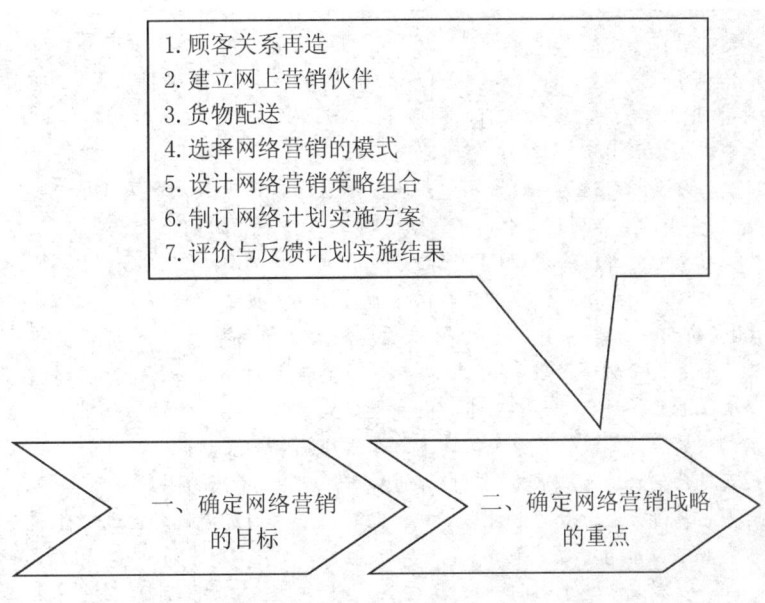

图10-4 网络营销工作流程

> ✻ **小资料**
>
> ### 海尔网络营销
>
> 作为中国家电企业的一面旗帜,海尔在网络营销上也走在了很多企业的前面。
>
> 早在2002年,海尔就建立起了网络会议室,在全国主要城市开通了9999客服电话的做法。在"非典"时真正体现出它巨大的商业价值和独有的战略魅力,海尔如鱼得水般地坐在了视频会议桌前调兵遣将。
>
> 海尔公司2000年3月开始与SAP公司合作,首先进行企业自身的ERP改造,随后便着手搭建BBP采购平台。从平台的交易量来讲,海尔集团可以说是中国最大的一家电子商务公司。
>
> 通过BBP交易平台,每月接到6000多个销售订单,定制产品品种逾7000个,采购的物料品种达15万种。新物流体系降低呆滞物资73.8%,仓库面积减少了50%,库存占压资金减少67%。
>
> 海尔通过整合内部资源,优化外部资源,使供应商由原来的2336家优化至978家,国际化供应商的比例却上升了20%,建立了强大的全球供应链网络,有力地保障了海尔产品的质量和交货期。不仅如此,更有一批国际化大公司已经以其高科技和新技术参与到海尔产品的前端设计中,目前可以参与产品开发的供应商比例已高达32.5%,实现三个JIT(Just in Time 即时),即JIT采购、JIT配送和JIT分拨物流的同步流程。

目前，通过海尔的 BBP 采购平台，所有的供应商均在网上接受订单，并通过网上查询计划与库存，及时补货，实现 JIT 采购；货物入库后，物流部门可根据次日的生产计划利用 ERP 信息系统进行配料，同时根据看板管理 4 小时送料到工位，实现 JIT 配送；生产部门按照 B2B、B2C 订单的需求完成订单以后，满足用户个性化需求的定制产品通过海尔全球配送网络送达用户手中。目前海尔在中心城市实行 8 小时配送到位，区域内 24 小时配送到位，全国 4 天以内到位。

在企业外部，海尔 CRM（客户关系管理）和 BBP 电子商务平台的应用架起了与全球用户资源网、全球供应链资源网沟通的桥梁，实现了与用户的零距离。目前，海尔 100% 的采购订单由网上下达，使采购周期由原来的平均 10 天降低到 3 天；网上支付已达到总支付额的 20%。在企业内部，计算机自动控制的各种先进物流设备不但降低了人工成本，提高了劳动效率，还直接提升了物流过程的精细化水平，达到质量零缺陷的目的。计算机管理系统搭建了海尔集团内部的信息高速公路，能将电子商务平台上获得的信息迅速转化为企业内部的信息，以信息代替库存，达到零营运资本的目的。海尔在物流方面所做的探讨与成功，尤其是采用国际先进的协同电子商务系统，进一步提升了海尔的核心竞争力。

资料来源：兰兰：《海尔网络营销》，载《东方早报》2007 年 4 月 23 日，有删改。

 思考与实习

一、思考题

1. 试述整合营销中的 4C 观念及其对企业营销活动的启示。
2. 试述关系营销的本质特征及实施。
3. 知识营销战略策划的主要内容有哪些？
4. 知识营销的途径策划主要包括哪些具体方法？
5. 与传统营销相比，网络营销有什么特点？
6. 网络营销战略的模式有哪些？

二、实习项目

××公司整合营销策划书

每 3~5 人为一组，按营销策划书编写的工作流程，分工合作共同完成一份××公司的整合营销策划书。由于工作量大，任务复杂，可分 4 周进行。

（1）建议如下：

第一周任务：目标公司选定

第二周任务：市场调查与资料的收集分析

第三周任务：本次整合营销策划的预期营销目标的确定和营销战略、行动

方案的制订

第四周任务：正式定稿打印装订成册

(2) 最后的策划书文本必须符合以下结构并按此秩序装订成册：

封面

前言

目录

摘要

正文（环境分析、SWOT 分析、策划目标、营销战略与具体行动方案、费用预算、行动方案控制）

结束语

附录

(3) 评分方式。

团体分数 50%

个人分数 50% { 25% 效果表现
                25% 准备工作 }

注：各人负责的部分要在报告后面注明。

【精彩个案】

麦当劳的整合营销

麦当劳是世界上规模最大的快餐连锁集团之一，在全球的 120 多个国家有 29000 多家餐厅。1990 年，麦当劳来到中国，在深圳开设了中国的第一家麦当劳餐厅，1992 年以来，麦当劳在中国迅速发展，在 17 个省的 74 个大、中城市开设了 460 多家餐厅，在中国的餐饮业市场占有重要地位。

作为世界首屈一指的快餐连锁集团，麦当劳近年来在全球各地市场受到了多方面的挑战：市场占有上，2002 年 11 月 8 日，麦当劳宣布从 3 个国家撤出，关闭 10 个国家的 175 家门店，迅速扩张战略受阻。在中国大陆，麦当劳的门店数仅为肯德基的 3/5。品牌定位上逐渐"品牌老化"。肯德基主打成年人市场，麦当劳 50 年坚持走小孩和家庭路线，"迎合妈妈和小孩"。但近年人们婚育观念的改变，晚婚和单身的现象日渐平常，消费核心群体由家庭群体向 24～35 岁的单身无子群体转变，麦当劳的定位以及品牌的概念恰与此偏离。投资策略上，麦当劳在中国一直坚持自己独资开设连锁店。至 2003 年 7 月底，麦当劳都没有采取肯德基等快餐连锁的特许经营的扩张方式。公司管理上，迅速扩张的战略隐患

逐渐暴露。麦当劳最引以为傲的就是其在全球的快速而成功的扩张,在2002年麦当劳缩减扩张计划之前,麦当劳在全球新建分店的速度一度达到每8小时一家,而这种快速扩张也使得麦当劳对门店的管理无法及时跟进,比如一些地区正在恶化的劳资关系以及滞后的危机处理能力。在广州麦当劳消毒水事件中,店长反应迟缓,与消费者争执,损坏了企业的品牌形象。民族和文化意识上的隔阂也给麦当劳带来了麻烦。与可口可乐、万宝路一样,麦当劳与"美国"这一概念捆绑在一起,其效应就如一把双刃剑,既征服了市场,也引来了麻烦。从中东乃至穆斯林掀起的抵制美国货运动,到"9.11"事件后麦当劳餐厅的爆炸事件,都说明了"美国"品牌的负面效应。现代社会,快餐食品对健康的影响逐渐为越来越多的人重视,这成为麦当劳的又一难题。2003年3月5日的"两会"上,全国政协委员张皎建议严格限制麦当劳、肯德基的发展;世界卫生组织(WHO)也正式宣布,麦当劳、肯德基的油煎、油炸食品中含有大量致癌毒素病毒。

在各种因素的综合作用下,2002年10月麦当劳股价跌至7年以来的最低点,比1998年缩水了70%,并在2002年第四季度第一次出现了亏损。为改变这种情况,2002年初,麦当劳新的全球首席营销官拉里·莱特(Larry Light)上任,并策划了一系列整合营销传播方案,实施麦当劳品牌更新计划:

2003年,麦当劳在台湾、新加坡等地推出了"和风饭食系列"、"韩式泡菜堡",在中国大陆推出了"板烧鸡腿汉堡",放松标准化模式,发挥本地化策略优势,推出新产品,顺应当地消费者的需求。2003年8月,麦当劳宣布,来自天津的孙蒙蒙女士成为麦当劳在内地的首个特许加盟商,打破了中国内地独资开设连锁店的惯例。2003年9月2日,麦当劳正式启动"我就喜欢"品牌更新计划。麦当劳第一次同时在全球100多个国家联合起来用同一组广告、同一种信息进行品牌宣传,一改几十年不变的"迎合妈妈和小孩"的快乐形象,放弃坚持了近50年的"家庭"定位举措,将注意力对准35岁以下的年轻消费群体,围绕着"酷"、"自己做主"、"我行我素"等年轻人推崇的理念,把麦当劳打造成年轻化、时尚化的形象。同时,麦当劳连锁店的广告海报和员工服装的基本色都换成了时尚前卫的黑色。配合品牌广告宣传,麦当劳推出了一系列超"酷"的促销活动,比如只要对服务员大声说"我就喜欢"或"I'm Loving It",就能获赠圆筒冰激凌,这样的活动很受年轻人的欢迎。2003年11月24日,麦当劳与"动感地带"(M-Zone)宣布结成合作联盟,并在全国麦当劳店内同步推出了一系列"我的地盘,我就喜欢"的"通信+快餐"的协同营销活动。麦当劳还将在中国餐厅内提供WiFi服务,让消费者可以在麦当劳餐厅内享受时尚的无线上网乐趣。2004年2月12日,麦当劳与姚明签约,姚明成为麦当劳全球形象代言人,姚明将在身体健康和活动性、奥林匹克计划以及"我就喜欢"营销活动和客户沟通方面发挥重要作用。2004年2月23日,麦当劳推出"365天给你优质惊喜,超值惊喜"活动,推出一项"超值惊喜,不过5元"的促销活动。在2004年2月23日至8月24日期间,共有近10款食品价格降到了5元以内。2004年2月27日,麦当劳宣布,将其全球范围内的奥运会合作伙伴关系延长到2012年,此举一次性地将其赞助权延长连续四届奥运会。这一为期8年的续约延续了麦当劳在餐馆和食品服务领域向2006年意大利都灵冬季奥运会、2008

年中国北京奥运会、2010年加拿大温哥华冬奥会以及2012年的奥运会的独家销售权利，还可以在全球营销活动中使用奥运会的五环标志，并获得对全球201个国家和地区的奥运会参赛队伍的独家赞助机会。

经过一系列的努力，麦当劳2003年11月份销售收入增长了14.9%，亚太地区的销售收入增长了16.2%，公司的股价逆市上涨，创下了16个月以来的新高。JP摩根集团2003年12月称，麦当劳在全球经营已经有了很大的改变，并将麦当劳的股票评级从"一般市场表现"调升至"超出市场表现"。

资料来源：链接：《品牌再定位——麦当劳品牌"变脸"》全球品牌网，2004年11月4日，有删改。

参 考 文 献

1. 吴桀. 策划学. 北京：北京师范大学出版社，2008
2. 张苗荧. 市场营销策划. 北京：北京师范大学出版社，2008
3. 孟韬. 营销策划——方法、技巧与文案. 北京：机械工业出版社，2008
4. 郭国庆. 市场营销学概论. 北京：高等教育出版社，2008
5. 王国全，梁鹏. 广告策划原理与实务. 北京：中国轻工出版社，2007
6. 王志纲. 策划旋风. 北京：人民出版社，2007
7. 郑锐洪. 分销渠道管理. 大连：大连理工大学出版社，2007
8. 孙德禄. 营销策划经理培训教程. 广州：广东经济出版社，2007
9. 菲利普·科特勒，凯文·莱恩·凯勒. 营销管理. 梅清豪译. 上海：上海人民出版社，2006
10. 何志毅等译. 市场营销原理（亚洲版）. 北京：机械工业出版社，2006
11. 李世杰. 市场营销与策划. 北京：清华大学出版社，2006
12. 王方. 市场营销策划. 北京：中国人民大学出版社，2006
13. 薛辛光，孙雷红. 营销策划实务. 北京：电子工业出版社，2006
14. 华章. 谋事在人. 北京：水利水电出版社，2006
15. 张学琴，李建峰. 市场营销实务. 北京：清华大学出版社，2006
16. 安德森. 长尾理论. 乔江涛译. 北京：中信出版社，2006
17. 罗农. 市场营销实训. 北京：对外经济贸易大学出版社，2005
18. 盛敏，元明顺等. 市场营销学案例. 北京：清华大学出版社，2005
19. 张昊民. 营销策划. 北京：电子工业出版社，2005